제국과 낭만

19세기 화가는 무엇을 그렸을까?

제국과 낭만

19세기 화가는 무엇을 그렸을까?

초판 1쇄 발행 | 2017년 6월 01일
초판 2쇄 발행 | 2017년 6월 22일

지은이 | 정진국
펴낸이 | 박영욱
펴낸곳 | 깊은나무

편　집 | 허현자 · 김상진
마케팅 | 최석진
디자인 | 서정희 · 민영선

주　소 | 서울시 마포구 월드컵로 14길 62
이메일 | bookrose@naver.com
페이스북 | facebook.com/bookocean21
블로그 | blog.naver.com/bookocean
전　화 | 편집문의: 02-325-9172　　영업문의: 02-322-6709
팩　스 | 02-3143-3964

출판신고번호 | 제313-2007-000197호

ISBN 978-89-98822-37-8 (93600)

이 도서의 국립중앙도서관 출판예정도서목록(CIP)은 서지정보유통지원시스템
홈페이지(http://seoji.nl.go.kr)와 국가자료공동목록시스템
(http://www.nl.go.kr/kolisnet)에서 이용하실 수 있습니다.
(CIP제어번호: CIP2017010174)

제국과 낭만

19세기 화가는 무엇을 그렸을까?

정진국 지음

깊은나무

책머리에

먼 옛날, 누군가를 똑같이 닮게 그리는 화가의 솜씨에 많은 사람이 놀랐다. 초능력쯤으로 여겼을 것이다. 그래서 타고난 재능을 발휘한 화가는 특별한 인물로 대접을 받았다.

화가는 여러 나라 군주에게 초대받고 정부특사로 파견되었다. 아름다운 초상을 그려주며 친선을 도모하는 정다운 외교사절이었다. 적국에 들어가 적장의 애인과 공주를 실물을 능가하는 영원한 여신의 모습으로 남긴다거나, 우상숭배를 엄하게 금하는 나라까지 들어가서 활약했다. 눈에 띄지 않는 밀사 노릇도 마다하지 않았다.

화가는 이래저래 막후정치와 인연이 깊었다. 군왕을 위해 일하든 이상향을 그리든 짜릿한 실감을 부추기는 "사실 묘사"에 뛰어났기 때문이다. 더구나 화가는 군주의 곁방에서 복장과 미용을 책임지기도 했던 만큼 실세로도 통했다. 이렇듯 화가는 우리가 짐작하는 것보다 훨씬 다양한 길로 정치에 끼어들었다. 우리가 기억하는 위대한 화가들 가운데 왕의 화장실 문고리를 쥐고 있던 사람이 어디 한 둘인가.

아무튼, 화가나 예술가가 "정치적 발언"을 한다며 펄쩍 뛰는 사람들이 있다. 그렇지만 정치인이 "예술을 이야기 한다"고 누가 펄쩍 뛸까?

어차피, 화가든 정치가든 엇비슷한 뜻을 품고 살아가지 않을까? 무슨 일을 하든 모두 "아름다운 세상"을 그리면서 "살만한 세상"을 만들어보겠다며 대의명분을 내세운다. 그런 세상을 정치가는 실제로 만들어내려 애쓴다. 정치인들은 선거철이 다가오면 하느님의 천지창조를 흉내 내지 못해 안달한다. 반면에 화가는 그런 세상을 정말로 만들지는 못할망정 이미지로서나마 보여주려 한다. 야릇한 환상이다.

우리의 꿈은 이상향을 겨냥한다는 점에서 어느 정도 낭만적이다. 권력을 잡는 꿈, 혁명으로 세상이 달라지는 꿈…. 그렇게 좋은 세상을 만들겠다고 다짐한다. 하지만 꿈을 꾸는 모든 사람이 힘을 키우지는 못한다. 권력은 항상 소수의 특권이라 말씀이다.

정치인은 힘을 바르게 쓰려고 키우다가 넘치는 힘을 주체하지 못해 엉뚱한 데 쏟고, 예술가는 아름다운 세상만 열망하다보니 현실을 외면하게 되고 너무 힘이 없어 탈이다. 그래도 훌륭한 화가들은 의식했든 아니든 양심까지 저버리지는 않았다. 화가들은 이국취미에만 젖어 살거나 낭만 타령만 하지 않았다. 제국의 영광과 나란히 그 패배와 치욕, 여러 민족의 저항도 주시했다. 좀 더 안목이 깊은 화가는 개인의 삶에서 드러나는 사회의 모순도 주목했다. 화가들은 아름다운 풍경만 그리지 않았다. 더러운 사건도 그렸다.

19세기 내내 지구촌은 그 어느 때보다 극심하게 변했다. 강력하게 무장한 제국들은 세계질서를 제멋대로 주무르려 했다. 마치 세계가 태초부터 그랬다는 듯 자기네 입맛에 맞는 질서를 자연스레 굳히기 위한, 패권정치를 뒷받침하려는 주의 · 주장이 쏟아졌다. 세계를 언제든 뒤집어엎을 수 있다는 데 너도나도 광분했다.

아직 사진과 영화가 널리 통용되지 않던 시대였기에 화가들은 문인 못지않게 시대상을 열심히 기록했다. 화가들은 때때로 정치세력을 우상화했다. 화가들은 거물을 과장하고 미화할 수밖에 없는 약자의 입장에 있었지만 기본 사실에 충실하려는 뜻을 완전히 버리지는 않았다.

화가들은 자기 시대의 모순과 갈등, 비극과 희망을 주시했다. 화가들은 정치경제의 실상을 그렸다. 요즘처럼 지구촌이 거대자본의 물결에 휩쓸려 하나의 장터가 되기 훨씬 전부터 이미 하나였던 세계를 주목했다.

그림은 절대, 몇 마디로 간추릴 수 없는 역사를 전하는 또 다른 수단이다. 예술이 사랑과 평화만 노래한다면 얼마나 좋을까. 진실만 폭로하고 아름다움만으로 우리를 사로잡는다면 또 얼마나 좋겠는가. 대륙을 뒤덮던 혁명과 제국주의의 탐욕과 기만, 식민지의 선홍빛 탄식은 어떻게 그려졌던가. 어쨌든, 화가들은 자기 시대의 정치적 격랑을 어떻게 겪었을까?

이제 19세기를 살았던 사람들, 그 그림 속으로 들어가 본다.

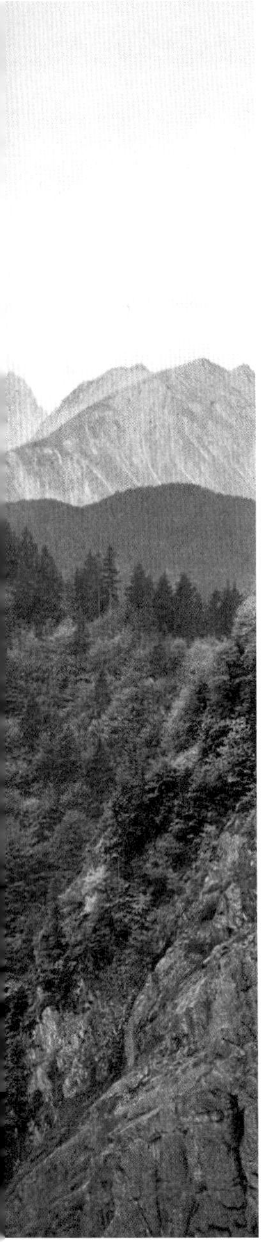

차례

Chapter 3 텅 빈 무대, 사하라의 비밀

Chapter 4 서세동점의 일화

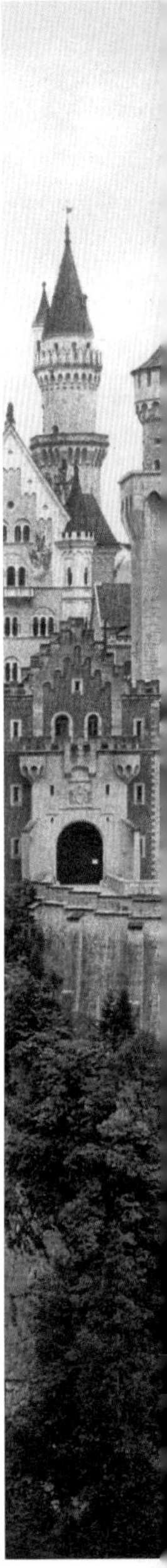

탈레랑은 나폴레옹이라는
섬마을 포병장교가 황제로 나설 때
극도로 당당해야 한다고 조언했다.
너무너무 뻔뻔하면, 그 누구도
“설마, 아무리 염치없어도 그럴 리가 있을까?” 하고
의심할 엄두조차 못 내도록 말이다.

Chapter 1

나폴레옹 제국의 여파

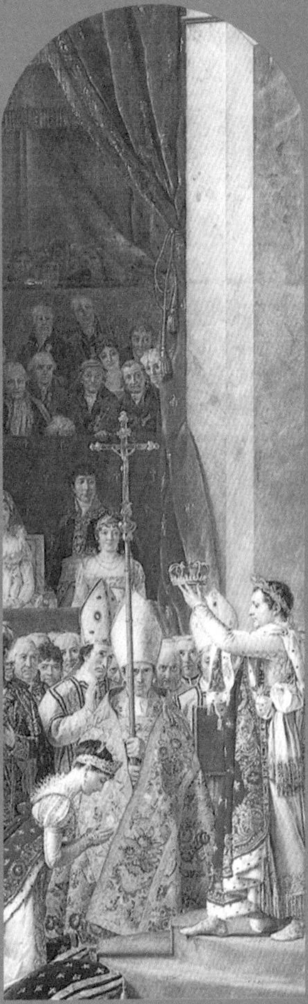

제국의 서막

〈나폴레옹 대관식〉 자크 루이 다비드

프랑스 파리의 루브르 박물관은 세계에서 가장 많은 방문객으로 늘 신기록을 세운다. 루브르 박물관에 들어간 사람들은 보통, 레오나르도 다빈치의 〈모나리자〉부터 보러간다. 항상 관중이 붐벼 소란한 방이다. '19세기 프랑스 회화'가 걸린 그 옆방도 붐비기는 마찬가지다. 사람들은 〈모나리자〉가 그렇게 '작은 그림'인 줄 몰랐다며 의아한 듯 고개를 갸웃 하고 옆방으로 건너간다. 그러나 이번에는 영화관 초대형 스크린만큼 어마어마한 화폭에 마주치고 입을 다물지 못한다. 걸작 〈나폴레옹 대관식〉이다.

〈나폴레옹 대관식〉은 1804년 12월 2일, 노트르담 대성당에서 거행된 나폴레옹 1세 황제의 취임식을 기념한 작품이다. 거장 다비드는 이 작품을 엄격한 관례에 따라 그리지 않았다. 현장감을 살려 사실적으로 그렸는데, 아직 사진이 없던 시대였으니까 당대인은 우리보다 훨씬 더 강한 실감을 느꼈을 것이다. 그림은 무대 턱밑에서 대관식을 올려다보는 장면처럼 그렸다.

혁명 정치인 다비드

자크 루이 다비드는 〈나폴레옹 대관식〉을 그리기 전부터 이미 유럽 정상급 화가였다. 그는 화가로서 뿐만 아니라 정치인으로서도 영향력이 막강했다. 다비드는 프랑스 대혁명 때 요즘 국회 같은 '국민공회'의 의장을 지낸 실세 정치인으로 1790년 대혁명 1주년에 기념제 조직위원장을 맡았다. 혁명의 대의를 선전하는 우두머리로서 봉건제도를 무너뜨린 새로운 공화국을 경축하는 국민대축제를 연출했다. 뿐만 아니라 다비드는 1793년에는 루브르 궁을 국립박물관으로 개조해 모든 국민에 개방하는 일을 주도했다. 이때부터 국민 누구나 박물관에서 그림을 구경하게 되었다.

혁명 전에 다비드는 고대 그리스와 로마 예술의 아름다움을 되살려낸 화풍을 개발했다. 이런 '신고전주의' 스타일을 배우려고 국내외 각지에서 다비드의 화실로 제자들이 몰려들었다. 그러나 혁명이 터지자 화실에는 갈등의 폭탄이 떨어졌다. 제자들은 그때까지 서로 모르던 다른 정치적 입장을 드러내고 동지와 적으로 갈렸다.

다비드는 혁명주체로 승승장구하며 수많은 사람의 목숨을 좌지우지했다. 혁명 절정기에는 공안위원회에서 살생부를 작성하여 모든 분야에서 혁명의 대의를 배신한 자와 외국과 내통한 자, 또 단두대에 질겁해 어디로든 도피한 왕당파, 성직자를 잡아들여 처벌하고 재산을 몰수했다. 예술가들도 그를 찾아가 목숨을 구걸했다.

처형된 왕비 마리 앙투아네트의 전속화가 엘리자베트 르 브룅과 동료들도 다비드에게 청탁할 수밖에 없었다. 르 브룅은 왕비의 최측근이니 역모를 꾀할 수 있다는 혐의를 받았다. 다비드는 르 브룅이 젊었을 때 초상을 그려줄 만큼 서로 친했고 또 친구가 억울한 줄 알았지만 국민여론이 너무 나빴기 때문에 어쩔 수 없었다. 르 브룅은 이탈리아, 오스트리아, 러시아를 여러 해 전전하다 혁명의 열기가 조금 식은 뒤에야 귀국할 수 있었다.

외교의 귀재 탈레랑

나폴레옹 대관식은 파리 시내 한복판 노트르담 대성당 제단 앞에서 치러졌다. 궁내부대신 탈레랑(1754-1838)이 행사를 조직했다. 탈레랑은 나폴레옹이 황제에 오르기 전, 통령 시절에 정책을 혼자 챙기다시피 하면서 자기 실속도 채웠다. "탈레랑이 보나파르트 통령 8년간 실질적 2인자였다."(프랑수아 퓌레)

프랑스는 영국과 전쟁 중이었다. 탈레랑은 나폴레옹에게 황제 자리를 권하며 프랑스제국 체제로 일사불란하게 적에 맞서자고 주장하는 한편 왕당파를 제거하고 나폴레옹이 절대권력을 쥐어야 한다고 했다. 혁명의 열기를 애국전쟁에 쏟아 영국을 무찔러 영구집권의 길까지 열어두자는 음모였다.

원래 프랑스 군주는 동북부 샹파뉴 지방의 랭스 대성당에서 신으로부터 옥좌를 받는 등극식을 치른다. 탈레랑은 이 전통을 무시하고 황제의 등극은 왕의 등극과 달라야 한다며 파리의 노트르담 대성당에서 치르자고 했다. "새로운 권력은 새 터에서 일어나야 합니다!"라고 고집했다. 흔히 이야기하듯 '새 술은 새 부대에 담아야' 한다며 케케묵은 부르봉 왕가의 종말을 알리고 왕당파의 맥을 완전히 끊어버리자고 했다. 탈레랑은 나폴레옹 황제가 새 시대의 주인임을 만천하에 과시하는 쇼를 연출하고자 했다.

탈레랑은 정세의 흐름을 읽는 천재였다. 혼탁한 시궁창이기 마련인 정계를 꿰뚫어 볼 줄 알았는데 탈레랑이 눈이 밝아서 그렇게 보았다기보다, 정치의 생리, 뻔뻔할수록 출세할 수 있다는 현실원칙을 잘 알았다.

탈레랑은 나폴레옹이라는 섬마을 포병장교가 황제로 나설 때 극도로 당당해야 한다고 조언했다. 너무너무 뻔뻔하면, 그 누구도 "설마, 아무리 염치없어도 그럴 리가 있을까?" 하고 의심할 엄두조차 못 내도록 말이다. 작은 도둑놈은 붙들리기 마련이지만 큰 도둑놈은 되레 큰소리치며 잘 살게 되는 현실을 간파했다고 할 수 있다.

탈레랑은 대중의 순박한 믿음을 교활하게 이용했다. 황당한 일을 겪어도 우리는 '인간의 탈을 쓰고 어떻게…' 라면서 항상 인간의 욕심보다 양심을 믿으려 한다. 순진한 사람일수록 인간의 어둡고 깊은 욕망을 별로 믿지 않고, 악마가 사람의 얼굴을 하고 나타나는 줄 모른다. 악마의 탈을 쓰는 인간이 어디 있을까? 악마가 인간의 탈을 쓰는 것이지. 그래서 천 년 넘게 '마녀사냥'이 계속되었을 것이고 그 비슷한 '악령추방의식'은 오늘날에도 사라지지 않는다.

탈레랑은 왕을 죽인 혁명으로 흘린 많은 피가 채 마르기도 전에 세상을 과거로 되돌렸다. 혁명의회보다, 또 왕보다 더 오만하고 지독한 독재로 돌아갔다! 십자가제단에서 황제의 권한을 받는다는 분위기를 잡아 황제를 교황보다 신성한 모습으로 보여주려 했다. 혁명가들이 뭐라고 했던가. 왕권은 천운이 아니라고 하지 않았나? 왕권이 부당하다며 만민의 이름으로 고발하고 처벌하지 않았나? 그런데 이런 혁명정신보다 한 술 더 떠서 대관식은 숭고한 혁명정신을 황권으로 배반하는 자리였다.

나폴레옹 1세는 황제에 오르기까지 운이 억세게 좋았는데 자신조차 믿기 어려운 야심이 크게 작용했다. 기필코 무엇을 잡겠다는 나폴레옹의 야망은 어떤 야수(野獸)보다 사나웠다.

나폴레옹은 고대 로마의 카이사르처럼 오리엔트를 정복해 세계를 완전히 움켜쥐려 했다. 잘 알려진 대로 카이사르는 원래 고대 로마 공화정에서 민주파(또는 민중파)였다. 그러나 카이사르는 금권정치가 판치는 세상에서 대중을 휘어잡을 자금이 부족해 빚에 쪼들렸다. 카이사르는 알렉산드로스 대왕 같은 군주들처럼 외국을 정복해 전리품으로 정치자금을 조달했다. 당시 민주주의는 우중민주주의(愚衆民主主義)의 전형으로 요즘 식으로 말하자면 대중선동과 매수가 판을 치는, '포퓰리즘'에 휘둘리는 민주주의였다. '어버이와 아줌마' 부대가 몰려다니고 폭력도 서슴지 않았다. 카이사르는 매수한 무리들을 조종하며 영구집권을 획책하며 많은 용병을 꾸렸고, 주민들에게 밥을 사고 축의금 봉투를 챙겨주어 표를 얻었다. 2000년 전에도 정치판은 오늘날과 다를 게 없었다.

나폴레옹은 카이사르를 빼닮았다. 무릇 카이사르와 나폴레옹을 우상으로 삼고 그들을 닮지 못해 잠을 설치는 사람이 얼마나 많을까! 나폴레옹은 카이사르의 화신이라 할만하다. 카이사르가 어떻게 했기에?

기원전 54년, 카이사르는 갈리아에서 북이탈리아로 돌아와 지역회의를 소집한다. 로마에서 올라온 수많은 청원자를 만나 부패정치 문제를 다루었다. 갈리아에서 큰 재산을 챙긴 카이사르는 거액을 로마 친구 발부스와 오피우스에게 놀리도록 했다. 돈은 자금에 쪼들리는 원로의원들에게 빌려주었다. 카이사르는 화려한 별장을 짓고 이탈리아 반도의 토지와 그림과 조각품을 구입했다.

카이사르도 마침내 폼페이우스처럼 로마에서 거대한 토목공사를 벌여 업자와 노동자에게 큰 돈벌이 기회를 주었다. 모든 국민이 사치를 알게 되었다. 계획은 거창했다. 오피우스와 키케로에게 비좁던 광장을 확장하도록 했다. 6천만 세스테르스라는 거금으로 신성한 언덕 아래쪽 불량주택가를 재개발했다.(…)

카이사르는 갈리아에서 긁어모은 자금으로 많은 사람을 자기 편으로 만들었다. 비서, 전령, 고문서보관소 사서, 건축가, 시종 등과 곳곳의 시장에서 일급노예들을 사들였다. 포로들 가운데 자기에게 유익할 인물을 신중하게 골랐다.(…)

카이사르의 정치는 이탈리아 대중심리에 놀랍도록 잘 들어맞아 대중은 시장경제 시대에 후끈 달아올랐다. 대중은 막강한 제국민이라고 자부하며 큰돈을 벌려고 조급해했고 쾌락과 사치, 사회생활과 사생활에서 위대한 것을 미친 듯 탐했다. 이런 욕망을 부채질했다.

밖에 나가 정복하고 안으로는 금전이 넘치는 것, 이것이 서로 불가분하게 얽힌 정치의 핵심이었다. 정복은 경기부양과 호황에 필요한 자금줄이었다. 이런 식으로 번영을 이루자 정복욕은 더욱 불타올라 그해 겨울 카이사르는 벨기에 원정에서 벌어들인 돈을 뿌렸다. 로마로 돌아온 자신을 찾는 정객들에게 거액을 대부하거나 그냥 쥐어주었다.

그뿐만 아니었다. 그 뒤 몇 해 더 큰일을 벌이려고 했는데 카이사르는 갈리아 원정을 5년 더 연장해 전쟁 초부터 모집한 군단 운영자금을 마련하려고 했다.

카이사르 일당은 정복에서 챙긴 자금으로 로마와 이탈리아에서 대토목공사를 벌이고 기업가와 상인, 노동자와 군인에게 돈벌이 수단을 주고, 정계와 원로원을 매수하고, 국민을 즐겁게 해줄 것이다. 특히 로마 변두리에 거대한 검투사훈련소를 지을 것이다. (굴리엘모 페레로, 〈로마의 흥망〉 제2권)

이런 모습은 토건세력에 일감을 나누어주며 권세를 누리는 요즘 우리나라를 비롯한 개발도상국의 실상과 별로 다르지 않다.

아무튼, 나폴레옹은 좋은 명분을 내세웠다. "혁명으로 왕국을 무너뜨리고 세운 프랑스 공화국을 지키려면 외국의 수구세력을 격퇴

해야 한다."고 주장했다. 그러나 나폴레옹은 공화국 혼란기에 쿠데타로 권력을 잡은 다음에는 명분을 슬그머니 바꿔 황제가 되자마자 대제국을 이루겠다는 정복욕으로 많은 유럽 사람을 전쟁으로 몰아넣었다.

대관식은 나폴레옹의 타오르던 야심에 기름을 부어주었다.

외젠 드 보아르네 장군

다비드의 그림에서, 나폴레옹 부부와 가족, 친척과 교황은 앞모습을 보여준다. 화면 오른쪽 아랫자리 맨 끝에 붉은 망토를 걸치고 등을 보이는 인물이 탈레랑이다. 그의 바로 위쪽에 보이는 인물이 특히 주목할 만하다. 외젠 드 보아르네는 그때 나이 24세인 장군으로 황제의 총애를 받았다. 황제에 오르는 나폴레옹은 외젠의 의붓아버지였다. 외젠의 어머니 조제핀 드 보아르네가 나폴레옹과 재혼했기 때문이다. 따라서 외젠은 어머니가 황후에 오르는 순간에 얼마나 감격했을까. 뼈아픈 십대를 보낸 외젠 아닌가!

10년 전, 대혁명이 일어났을 때 외젠의 생부는 라인 연안 '마인츠 전투'에서 패전한 책임을 지고 단두대에서 사라졌다. 영국군과 내통한 혐의를 받았었는데 반면 어머니는 사형집행을 불과 며칠 앞두고 극적으로 살아났다. 혁명의 광기가 절정에 달했던 시절, 모두들 질겁한 채 숨도 제대로 못 쉬고 누구든 붙들고 매달리며 쫓고 쫓기던 나날이었다. 외젠의 어머니는 신격화하기 시작한 변호사 혁명가 로

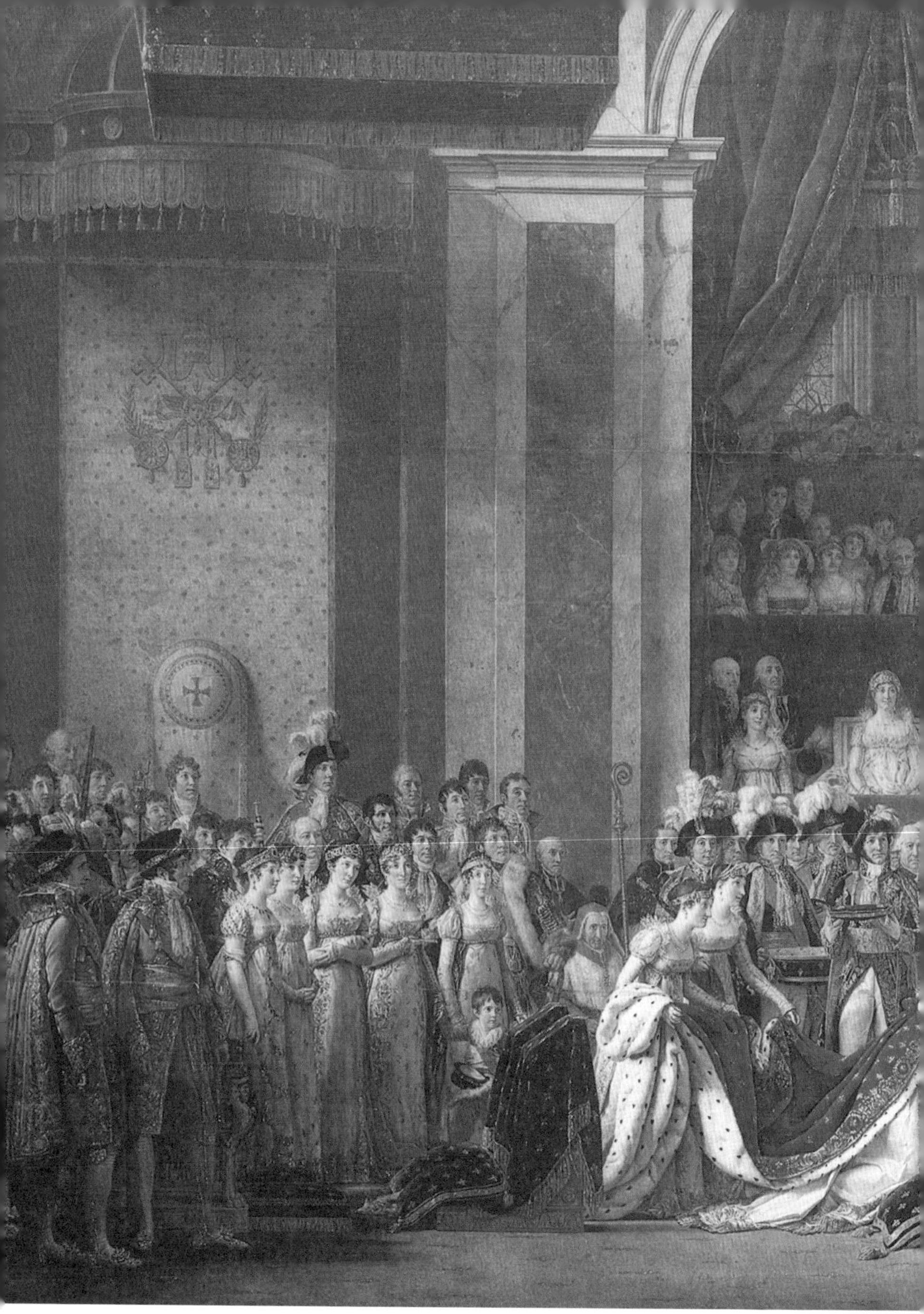

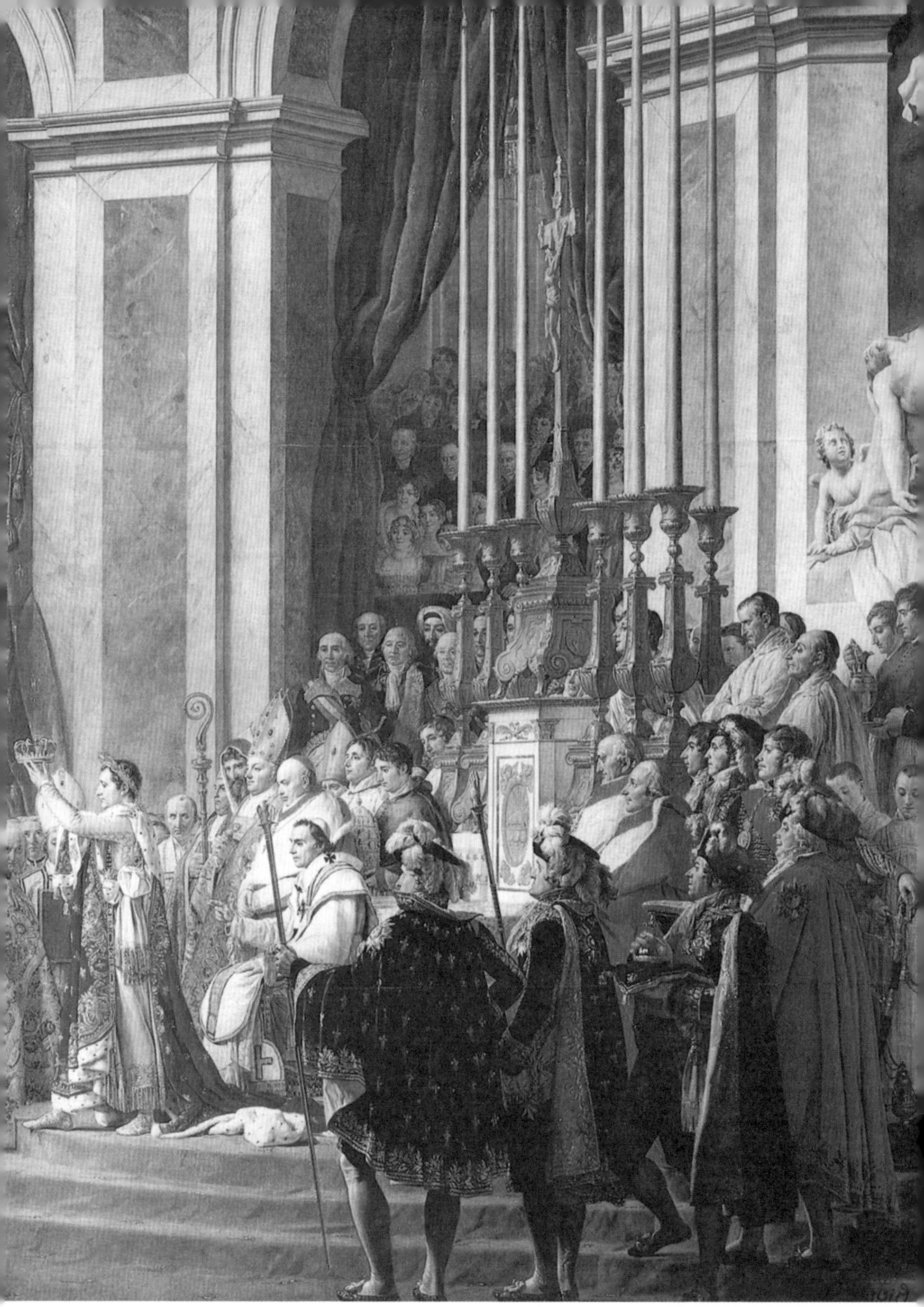

자크 루이 다비드 〈나폴레옹 대관식〉 1807년

베스피에르가 동지들의 배반으로 몰락하는 통에 살아났다. 단두대에 오르기 직전이었다.

대관식 행사 10년 뒤, 외젠은 의붓아버지 나폴레옹 황제와 함께 러시아 원정에 나섰다가 패퇴했다. 외젠은 얼어붙은 퇴로에서 황제를 죽음에서 구하고 병력의 희생도 최소화하면서 퇴각을 용의주도하게 이끈 젊은 명장으로 거듭났다. 외젠은 황제의 아들 몫에 오른팔 몫까지 더한 보배였다.

궁내부대신 탈레랑은 시종장이라는 요즘 대통령 비서실장쯤 되는 자리로 황제의 비밀옥쇄나 압인을 관리했다. 황제에게 들어오는 선물을 받거나, 황제 앞에서 충성서약을 대독하는 등 시종장은 황제를 알현하려는 중신에게 문을 열어주며 입장시키는, 문고리를 지키는 최측근이다. 축성식도 중요한 업무의 하나였다. 축성 미사 중에 수도원장이 내놓는 왕의 신발을 신겨준다.

신발은 탈레랑에게 각별하다. 탈레랑은 안짱다리로 고생했는데 커다랗고 거북한 특수신발을 신고 다녔다. 탈레랑이 틈나는 대로 온천으로 달려가 찜질을 할 만큼 불편했던 발인데 이런 발로 유럽의 마당발이 되었으니 놀라운 역설이다. 정파를 가리지 않고 권력의 눈치를 볼 수밖에 없는 공직자나, 이 당 저 당 옮겨 다니며 살길을 찾는 '철새정치인'들이 본받을 만한 인물이다.

탈레랑은 원래 가톨릭 성직자로 유서 깊은 오텡 수도원의 주교로 봉사했다. 그러나 그는 대혁명이 일어나자 미련 없이 탈속하고 일사천리로 출세가도를 달렸다. 왕정기와 혁명기를 거쳐 또 그 뒤의

엎치락뒤치락하던 정계에서– 나폴레옹제국, 임시정부, 왕정복고, 공화정–외교책사로 활동했다. 역사가들은 탈레랑을 이구동성 19세기 최고의 수완가로 평가하며 인류 역사상 가장 능란한 정치와 외교의 달인이라고 극찬하는 사람들도 있다.

탈레랑은 혁명이 일어날 조짐이 뚜렷했던 1789년에 소집된 삼부회에서 신분별로 따로 모이지 말고 모든 계급으로 의회를 구성하자고 주장했다. 또 교회 재산을 국유화하자는 혁신안을 내놓는 식으로 언제나 용의주도하게 정적에게 틈을 주지 않고 선수를 치고 나갔다. 탈레랑은 어느 누구라도 정국은 '주도하는' 자의 것이라는 점을 확실히 보여주었다. 흔히 '간을 본다'거나 '뜸을 들인다'는 것은 무능하고 기회나 엿보는 자들이나 저지르는 실수라고 믿었기에 자기 확신이 강하다는 점에서 탈레랑은 나폴레옹 1세와 성격이 비슷했다. 두 사람 모두 '프로펠러' 같았다.

탈레랑은 1790년 7월 14일, 혁명의 도화선이던 민중의 바스티유 감옥 습격 1주년기념미사를 집전했다. 탈레랑은 이때부터 "혁명의 주교"로 통했고 교황은 이를 못마땅해 하며 탈레랑을 파문했다. 탈레랑은 파문을 비웃듯 잽싸게 변신을 꾀해 곧 사제복을 벗어버리고 파리 시행정관에 취임해 위기를 정면 돌파했다.

1792년 프랑스는 조만간 쳐들어올 기미를 보이는 오스트리아 편에 프로이센과 영국이 합세하지 못하게 막아야 했다. 탈레랑은 외무부의 밀사로 런던으로 건너가 영국의 중립을 설득하며 피트 수상에게 상호불가침을 제안했지만 확답을 듣지는 못했다. 그 와중에 8

월 10일 마침내 왕정이 무너지고 또 10월에 왕당파 죄수들이 학살당하는 돌발사태로 영국과 화해할 여지는 사라졌다.

1793년 1월, 혁명당국은 단두대에서 국왕 루이 16세의 목을 쳤다. 무서운 피바람이 어디로 불지 몰라 모두 안절부절했다. 엎치고 덮치는 강온파의 싸움에서 혁명주체조차 언제 배신자로 고발될지 알 수 없었다. 혁명주체는 탈레랑이 외국과 내통하지 않았나 의심했기 때문에 불안에 떨다 영국으로 망명하는 바람에 혁명의회는 탈레랑을 맹비난했다. 그런데 영국으로 도피한 프랑스 사람들은 대부분 옛 왕족과 귀족출신으로 과격한 반혁명 세력이었다. 따라서 혁명에 동조했던 탈레랑은 영국에서도 꼼짝달싹 못했다. 1794년 1월 그는 영국에서도 추방되어 미국으로 건너갔다.

혁명정권은 오래 가지 못했다. 1794년 7월, 탈레랑은 혁명주체의 내분으로 과격파가 몰락하고 나서 1796년 9월 귀국했다. 탈레랑은 돌아오자마자 영국과 미국의 권위자로 나서 프랑스가 영국과 미국에 맞서 루이지애나 같은 북아메리카 식민지를 유지하는 것은 군사와 경제 양면에서 불가능하므로 아프리카에 식민지를 개척하자고 주장했다.

탈레랑은 혼란한 정국에서 7전 8기의 오뚝이로서 정파를 넘나들며 "수단방법 가리지 않은 구국의 일념으로 국가와 동포를 구했다"고 애국자로 칭송받았다. 탈레랑은 무엇보다 국제 간의 난제가 얽힌 숱한 협상을 타결해 나간 유능한 외교관의 '멘토'로 꼽혔다. 이념과 신념이 다른 정권이 끊임없이 엎치락뒤치락하는 난세에도 그는 사라졌나 싶으면 어느새 '컴백'했다. 오히려 더 승승장구하기도하는 바람에 탈레랑의 신출귀몰한 수완에 얽힌 일화는 끝이 없다. 그 중 한두 가지나마 들여다보자.

나폴레옹은 혁명 중에 장군으로서 북부 이탈리아에서 오스트리아를 격파했다. 탈레랑은 그 마무리로 캄포포르미오 조약을 체결하면서 큰 뒷돈을 챙겼다. 나폴레옹이 황제에 오르기 전, 유럽이 혁명과 반혁명으로 어수선하자 탈레랑은 무거운 발을 놀랍도록 빠르게 놀리면서 임기응변으로 국제협약을 체결했다. 탈레랑은 손놀림도 어떤 총잡이보다 빨랐는데 비자금을 쌓아두고 각종 뇌물과 기만술로 거금을 착복했다. 그런 식으로 이탈리아 사람들을 구워삶아 나폴레옹을 이탈리아 공화국 대통령 자리에 앉혔다.

정반대로, 탈레랑은 나폴레옹을 제거할 음모를 꾸며 그를 사지로 몰아넣으려고 이집트 원정을 추진했다. 나폴레옹은 이탈리아에서 승리하고 나서 이집트 원정에 나섰지만 파국으로 치달아 영국에 주도권을 빼앗기고 물러났다. 죽지는 않고 살아 돌아왔을 정도의 군사적 패배였지만 다른 한편에서 원정으로 거둔 학술적 성과는 상상 이상이었다(이 이야기는 다음 장에서 자세히 보자).

탈레랑은 나폴레옹을 견제도 하고 협력도 했다. 나폴레옹과 함께 대외정책의 "투 톱"으로 뛰면서 두 사람은 전쟁이든 평화든 모두 자신들의 출세욕을 위한 수단으로만 보았다. 두 사람 모두 피를 좋아하는 냉혈한이었지만 나폴레옹은 충성하는 군인들을 거느리고 있었고, 탈레랑 곁에는 영원한 동지도 적도 없이 자신의 임기응변으로 동지로 삼거나 적으로 만든 사람들뿐이었다. 탈레랑은 국경 너머 외국의 거물들을 자신에게 유리하도록 끈으로 붙잡고 있어야 했는데 그 때문에 탈레랑은 항상 어느 나라, 어느 정권에서나 의심받았다. 그러나 이런 의심을 녹여버릴 그의 비밀병기가 있었다.

발랑세 성의 요리

나폴레옹이 통령이던 1802년, 탈레랑은 루아르 강변에 발랑세 성과 넓은 임야를 구입했다. 나폴레옹이 "좋은 땅에서 훌륭한 외교사절을 대접하시지요."라며 뒷돈을 대주었다. 탈레랑이 몇 해 전, 캄포포르미오 조약으로 챙긴 비자금이라는 것은 바로 이 돈이라고도 한다.

발랑세 성은 가장 물 좋은 부르봉 라르샹보 온천 부근에 있다. 다리가 불편한 탈레랑은 요양 차 온천에 내려올 때마다 발랑세 성에서 지냈다.

탈레랑 외교의 비밀병기는 발랑세 성의 요리였다. 탈레랑은 유럽 각국의 협상 테이블을 요리상으로 바꿔놓고 프랑스 요리를 앞세워 상대를 다독였다. 세상에, 사람들이 함께 먹고 마시며 떠드는 때처럼 화통한 시간이 있을까? 물론 '베갯머리'가 있다고도 한다. 협상당사자가 남녀라면 그럴 수도 있겠다. 하지만 보통 남자들끼리는 '술상'을 앞에 두고 마주하는 법 아닌가. 탈레랑은 영국, 미국에서 망명생활을 했기에 그곳 문화에 익숙해서 이방인의 취향에 맞춰 성을 개조해 영국식으로 야성미 넘치는 숲과 정원을 가꾸었다. 그렇다고 최신식 프랑스 '모드'를 무시하지도 않아 파리 자택에서 가져온 '디렉투아르 스타일'의 가구를 비치했다. 총재시대의 첨단 스타일로 선이 굵고 로코코 풍의 세부장식을 생략하여 군더더기를 줄인 담백한 스타일이다.

희대의 모사꾼 탈레랑은 적이든 동지이든, 그 누구든 어떤 애인보다 더 화끈한 요리의 힘을 잘 알았다. 사람의 마음을 녹이는 데, 따끈한 국물과 혀끝에서 살살 녹는 디저트와 향긋한 취기로 온몸과 혼까지 사로잡는 포도주만한 것이 어디 있을까.

탈레랑은 대륙의 진짜 실세로 군림했지만 겉으로는 왕자들 앞에서 굽실거리는 척했다. 사실 그들을 꼭두각시로나 여기면서 유럽 정치가 가운데 자기만한 수완을 보일 자가 없다는 것을 잘 알았다. 탈레랑은 8차례나 바뀐, 완전히 이질적인 정권을 주무르며 만수를 누렸다! 능구렁이들은 어느 나라 정계에나 꿈틀대기 마련이라 "싸움은 말리고 흥정을 붙이라"는 격언을 따랐다. 그러나 그뿐만 아니라 "흥정을 말리고 싸움을 부추기기도 하면서" 유리한 입지를 다지고 잇속을 챙겼다. 탈레랑의 술수라면 악마조차 넘어가지 않았을까? 만약 그렇지 않았다면 탈레랑은 현대의 국경을 결정한 빈 회의에서 한 번 더 결정적 역할을 할 때까지 오래 살지 못했을 것이다.

탈레랑은 전도유망한 젊은 요리사 마리 앙투안 카렘에게 발랑세성의 주방을 맡겼다(카렘의 이름을 붙인 제과점이 우리나라에도 있다). 카렘은 1803년 19살 때부터 탈레랑의 요리사가 되어 12년간 그의 입맛을 맞추었다. 부엌은 카렘의 요리 솜씨에 걸맞게 고쳐졌고 역사상 처음으로 "셰프"라는 이름으로 통하게 된 카렘은 가장 까다롭다던 미식가 탈레랑과 짝이 되었다. 그러니 얼마나 기막힌 요리들이 쏟아져 나왔을까! 성의 주변에 널린 풍부한 곡물과 야채, 고기와 사냥감과 과일이 속속 보기 좋은 신작 요리로 접시에 올랐다. 탈레랑은 전제조건을 내걸고 카렘을 고용했다.

"연중 새로운 요리를 개발하고, 같은 요리를 반복하지 말 것, 오직 제철 재료만 이용할 것."

카렘은 새로운 소스와 최신 요리를 영국, 오스트리아, 러시아의 군주들에게 대접하고 유대인 거부 로칠드(영국에서 로스차일드라고 한다) 가문의 주방도 새롭게 했다. 그런들 뭐할까. 카렘은 일찍 세상을 떠났다. 요리에서 불을 중시했던 카렘은 직화구이로 참맛을 내려고 애썼는데 요리에만 몰입해 장작불과 숯불 연기를 너무 많이 마셔 폐가 상했다. 요리사 직업병을 앓았던 것이다.

카렘은 우리나라 빵집에서도 얼마 전부터 팔고 있는 '에클레르', '밀 푀유', '머랭' 같은 과자를 처음 만들었다. 딸기를 곁들인 디저트 '바슈랭 아이스크림', 닭고기 '알부페아 소스 쉬프렘', 쇠고기 '푸아그라 투른도', 토끼고기 '알라 루아얄' 같은 수많은 일품요리를 개발했다.

1815년 오스트리아에서 빈 회의가 개최되었을 때, 탈레랑은 카렘과 함께 갔다. 두 사람은 그곳에서 거창한 프랑스 만찬으로 유럽 귀족들의 입맛을 완벽하게 사로잡았다.

탈레랑은 외교에는 잔칫상이 제일이라는 점을 증명했다. 평화를 위해 건배하자면 맛있는 밥상이 최고라는 것이다. 사실 대부분의 군주나 장군들은 생각보다 대체로 허약했다. 국민과 외적 앞에서는 큰소리치며 싸우겠다고 해도 자신이 직접 나가서 싸우기는 싫어했다. 어릴 적부터 귀족으로 편하게 자라 조금만 불편해도 못견뎌했고 게다가 당시의 유럽에서는 어차피 외국의 적이래야 외갓집이거나 사돈의 팔촌이거나, 어떤 왕가이든 일가친척 어른이나 조카 아닌가!

나폴레옹처럼 투지에 넘쳐 피비린내 나는 싸움을 즐기는 인물은 예외적인 경우였다. 대다수 왕족과 귀족 장성은 호전적이지 않고 온화하고 겁이 많았다. 그럴듯한 구실만 있다면 조용히 즐기며 사냥하고 여자들과 산책하며, 친구들과 어울리기 좋아했지 살벌하고 불편한 전쟁터로 뛰어나가겠다고 씩씩대는 인물은 아주 극소수였다.

탈레랑은 성직자 출신답게 인간의 마음이 나약하기 짝이 없다는 것을 알고 있었다. 하느님 앞에서 폭군도 쉽게 눈물을 흘리고 회개한다고 믿었다. 탈레랑은 낙천적이고 세속적이었으며 대의를 위해 핏발을 세우고 결사항쟁하려는 사람은 깊은 앙심이나 원한을 품은 사람들뿐이라고 생각했다. 탈레랑은 가능한 평화를 위해 멍석을 깔았다. 술상을 펴고 사람들을 끌어들였다.

탈레랑은 정세 판단에 예리했지만 그보다 인간의 속내, 특히 지배층의 속성을 깊이 이해했다. 그가 부패하고 치부에 몰두했다지만 그것으로 수많은 인명의 무모한 손실을 막아내었다면 그만한 보상이라고 눈감아줄 만하지 않을까?

탈레랑은 자신의 입지를 위협하는 껄끄러운 정적을 숙청하는 데 가차 없이 냉정했으며 왕당파 처형을 선동해 피바람을 부르기도 했다. "부르봉 왕가와 보나파르트 사이에 피의 강이 흘러야 한다"면서 자신이 살 길을 찾았다. 그러면서도 직접 개입한 증거를 절대 남기지 않을 만큼 용의주도했다.

탈레랑은 어떤 적도 불구대천의 원수로 척을 지거나 미움을 사려하지 않고 언제든 일을 도모하려면 적도 친구나 동지처럼 대해야 하며, 대의명분을 잃지 않아야 한다고 명심했다. 그래서 탈레랑은 나폴레옹이 제 형제를 다른 나라 왕에 앉히려고 명분 없는 비밀회동이나 교섭에 나설 때 비판했다. 요컨대, 적을 만들지 않으려 하면서도 적을 정다운 친구로 삼을 줄 알았다. 이런 점에서 탈레랑은 가톨릭주교 출신답다. 예술로써 사람들을 하느님 곁으로 끌어들이던 수도사 비슷하다.

어쨌든 탈레랑은 자기 손에 피를 묻히지 않고 자기 윗사람이나 아랫사람을 내세워 어려운 일을 처리했다.

그는 국가 간 협상에서 명분보다 인간적 소통이 가장 중요하다고 믿었으며, 발도 찌그러지고 말까지 더듬는 불편한 몸으로 태어난 운명에 절망하지 않았다. 인간의 운과 의지 못지않게 욕망과 정이 얼마나 소중한지 깊이 인식했으며 사나운 적장의 입을 부드럽게 막았다. 굳이 약점을 꼬집어 치사하게 공략할 필요가 있을까. 밥상 앞에서 우리 누구나 굶주리고 나약한 인간인데.

스페인 원정과 맘루크족

〈1808년 5월 2일의 마드리드〉 프란시스코 고야

탈레랑이 유럽 정계를 주름잡던 무렵, 대륙에서 가장 잘 나가는 화가는 프란시스코 고야였다. 나폴레옹제국의 군대가 대륙 곳곳에서 만행을 일삼던 시절, 그들은 스페인의 폭군을 처단하고 민중을 해방시키겠다고 피레네 산맥을 넘었지만 싸움이 벌어지자 잔인하게 광분했다. 왕실끼리는 사돈 간이거나 친척이었을 뿐만 아니라 스페인 사람들과 프랑스 사람들은 가톨릭신앙을 서로 자랑하는 가장 가까운 이웃이었는데 가장 먼 이웃이 되고 말았다.

하지만 민중은 혁명으로 더 나은 삶을 찾으려하지 않았다. 의식이 깨어 혁명에 동조하는 사람들도 있었지만 폭군에게서 해방되는 것이 무엇인지 몰라 어리둥절 하는 사람들이 더 많았다. 스페인 사람들은 순진하게도 왕실에 등을 돌리려하지 않는 대신 민족애로 뭉쳐 프랑스 군대를 침략자로만 보고 미워했다. 이는 독일 사람들과 매우 다른 반응이었다.

마드리드 시내 프라도 박물관의 '회화 컬렉션'은 두말할 필요 없는 세계 최상급이다. 스페인은 네덜란드를 식민통치할 때 수많은 중세걸작을 프라도 궁으로 가져왔다. 또 대양을 지배하던 시대에 왕실과 가톨릭교회는 바로크 미술을 크게 일으켰다. 독일 쪽에서 불어대던 개신교 바람에 맞서 '구교'로 밀리던 가톨릭을 '바로크' 라는 마술로 버텨낸 것이 스페인이다. 스페인 성당에서는 수많은 예술가를 신처럼 받들었다. 예술가들은 마치 올림포스 산의 신들처럼 예수그리스도를 '제우스'로 모시며 신기(神技)를 부렸다.

프란시스코 고야는 가톨릭 미술의 신비주의에서 벗어났다. 고야의 작품 가운데 스페인 시민들이 가장 좋아하는 〈1808년 5월 2일의 마드리드〉는 프라도 미술관에 걸려 있다. 나폴레옹 군대가 마드리드로 쳐들어왔을 때 봉기한 시민들과 적군이 육박전을 벌이는 장면이다. 치욕의 날을 되새긴 작품으로, 조선(대한제국)에 비한다면 명성황후가 일본 깡패들에게 능욕을 당한 을미사변만큼이나 비통했던 날이다.

스페인 공격에서 나폴레옹 황제의 친형 조제프 보나파르트가 원정군을 이끌었다. 조제프 보나파르트는 처남 즉, 막내여동생의 남편 뮈라 장군을 앞세우고 피레네 협곡을 넘어 유유히 스페인으로 들어갔다. 이런 무단침입의 핑계는 뻔했는데 어느 나라나 침략의 구실은 엇비슷하다. 일본이 조선을 침략할 때마다 중국을 치러가는 길이니 길 좀 빌려달라고 했던 것과 똑같다. 조선이 길목에서 통행세나 챙기는 비열한 노상강도라도 된다는 말일까. 프랑스도 일본식

예법을 알고 있었는지 "포르투갈을 혼내주러 가는 길인데 길 좀 터달라."면서 스페인으로 들어가더니 왕을 내쫓았다. 조제프 보나파르트가 그 자리에 앉았다.

나폴레옹제국의 외인 용병대

〈1808년 5월 2일의 마드리드〉를 〈맘루크족의 공격〉이라고도 한다. 실제로 스페인 민중을 말발굽으로 짓밟고 도륙한 병력은 프랑스 병력이 아니라 외인 용병대 맘루크족이었다.

고야는 사건현장에 없었지만 나중에 목격자로부터 사건을 전해 듣고 그렸다. 일종의 민족기록화로 요즘 인류학자들이 즐겨 쓰는 수법이다. 글이나 그림으로 직접 증언을 남기지 못하는 사람들을 대신해 남긴 기록이다.

사건이 벌어지던 1808년, 고야는 마드리드에서 고관 백작과 상류층의 초상을 그리며 살았다. 십 대의 어린 국왕 카를로스 4세와 실권을 휘두르던 모후 마리아 루이사, 또 그녀의 애인 마누엘 고도이 장군의 가족과 애인을 그리는 '왕실화가'였다. 그러다가 이들이 몰락하자 고야는 조제프 보나파르트 왕과 친불파(親佛派) 인사들을 그렸다. 왕실화가로서 워낙 명성이 높아 정권이 바뀌든 말든, 어느 측이든 고야를 데려가 자기편으로 삼으려고 했기에 적군을 미화했다는 비난을 면했다. 사실 화가들은 군주에 복종할 뿐 선택할 권한이 없었으며, 더구나 적국의 군주와 매국노를 그리면서도 틈틈이 동포의 애환을 그렸기 때문에 고야는 배신자 소리를 듣지 않았다.

고야가 시시껄렁한 화가였다면 이렇게 존중받고 살아남았을까. 어림없는 일 아니었을까? 고야는 엎치락뒤치락하는 정변에도 실력이 있는 자만 살아남는다는 냉혹한 현실을 스스로 증명했다. 세상 사람들은 약자라면 무조건 무시하지만 강자라면 비굴하게 눈치를 보거나, 이용할 궁리를 한다. 이런 것이 인지상정이라, 정견도 뚜렷치 않고 기회주의자라도 솜씨가 뛰어난 화가들은 어떤 정권에서도 쉽게 살아남았다. 물론 생존법은 여러 가지였다. 스스로 변신하기도 하고, 자신은 "순수한 예술가"라면서 가만히 있어도 변장시키려고 아우성을 치는 자들의 희극을 씁쓸하게 바라보기도 했다.

실력은 없는 화가가 대중의 인기만으로 그 이름 덕에 살아남기도 한다. 유명해지려는 본능은 단순히 명예욕 때문만은 아닌 것 같다. 인간사회에서 불가피하게 과장된 생존본능 일지도 모른다.

그림을 보자.

시위하던 시민들이 맘루크 기병대에 달려든다. 그러나 시민들은 장검에 찔려 피를 흘리며 길바닥에 쓰러진다. 맘루크 기병대는 이집트의 사나운 용병대로 나폴레옹 보나파르트가 이집트 원정에서 귀국하며 프랑스로 데려왔다. 이들은 나폴레옹의 제1제정이 무너지는 1815년까지 활약했다.

이들은 오스털리츠 전투에서 맹활약했다. 러시아 기병대의 심장으로 치고 들어가 그들을 격파하는 등 가는 곳마다 용맹을 떨쳤다. 먼 옛날의 훈족이든 몽골족이든, 현대의 베트남에서 한국군의 맹호

부대든, '용맹하다는 전설'은 잘 싸운다는 뜻이 있지만 잔인하다는 뜻도 있다.

마드리드로 들어가기 직전, 맘루크 용병대는 러시아 접경 프로이센 왕국의 아일라우에서 벌인 전투에서 러시아군의 기습에 맞서 나폴레옹군의 전멸을 간신히 막았다. 그 뒤, 나폴레옹이 워털루에서 참패해 유배지로 떠나고 왕정복고가 되자, 용병대원 대부분은 1815년 왕당파의 '백색 테러' 와중에 학살당했다. 목숨을 건진 극소수대원은 마르세유에 정착해 살다가 프랑스가 알제리를 침략할 때 통역으로 일했다.

맘루크족은 왜 남의 나라 용병으로 전락해 비굴하게 살았을까? 맘루크족의 과거를 좀 더 자세히 들여다보자.

> 카이로에서 가장 높은 요새. 그 너머로 나일 강이 적시는 넓고 풍요로운 평야에 피라미드들이 서 있다. 요새 망루에 둘러싸인 안마당에 지금은 아무도 살지 않는 무함마드 알리 파샤의 궁이 있다. 입구 안뜰에 레몬향이 진동한다. 바로 이곳에서 맘루크족의 학살이 벌어졌다.
>
> 맘루크족의 역사는 유명하다. 대부분 코카서스 출신 노예들이었다. 이들은 십자군 원정시대부터 이슬람 군주의 근위대원으로 일했다. 맘루크 대원은 어려서부터 익힌 전술 덕에 정예 병력이 되었으며 이집트 군사력의 실질적 바탕이었다. 13세기 중후반, 즉 프랑스 성왕 루이가 7차, 8차 십자군을 일으켜 예루살렘 원정에 나섰을 때, 맘루크족이

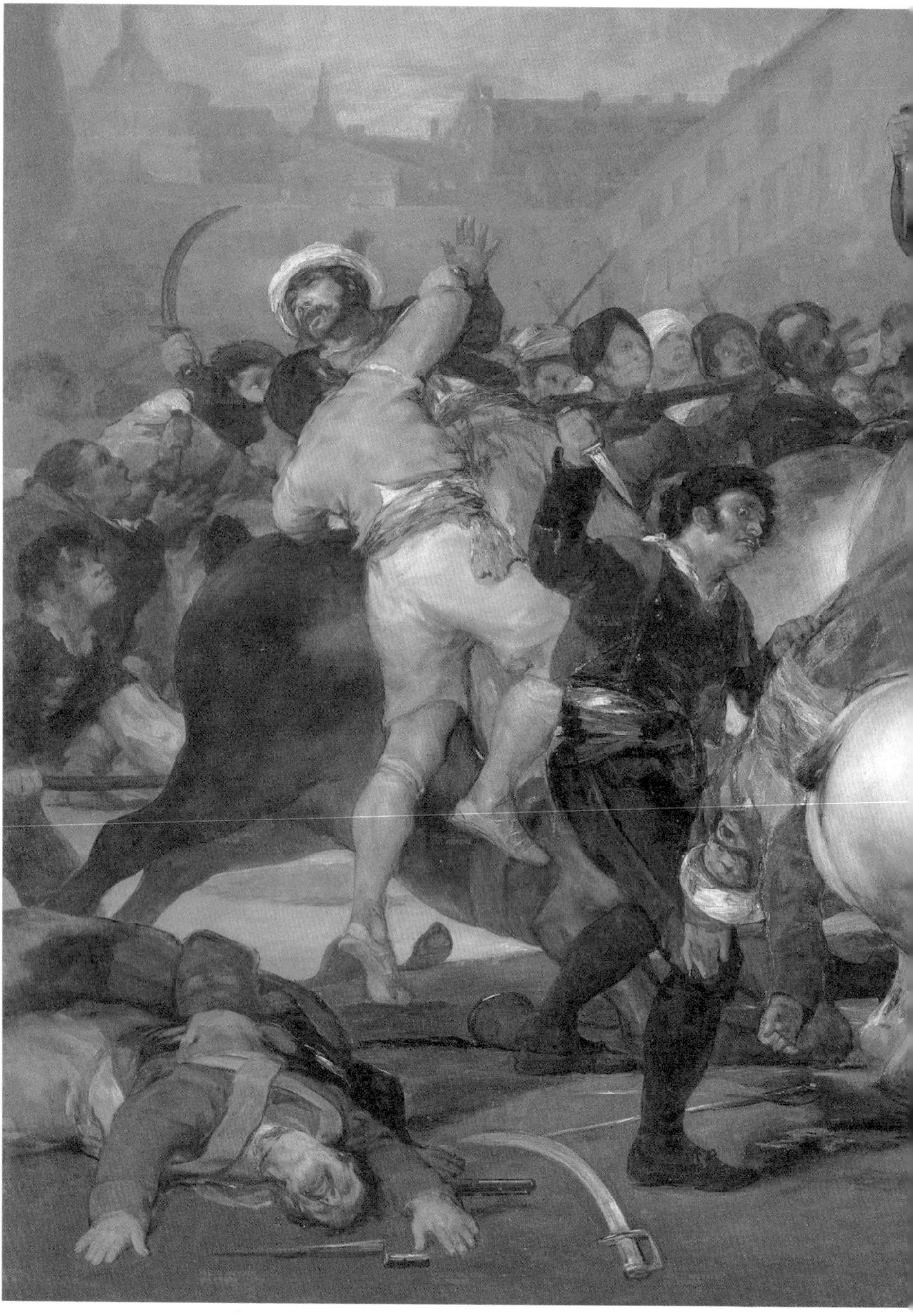

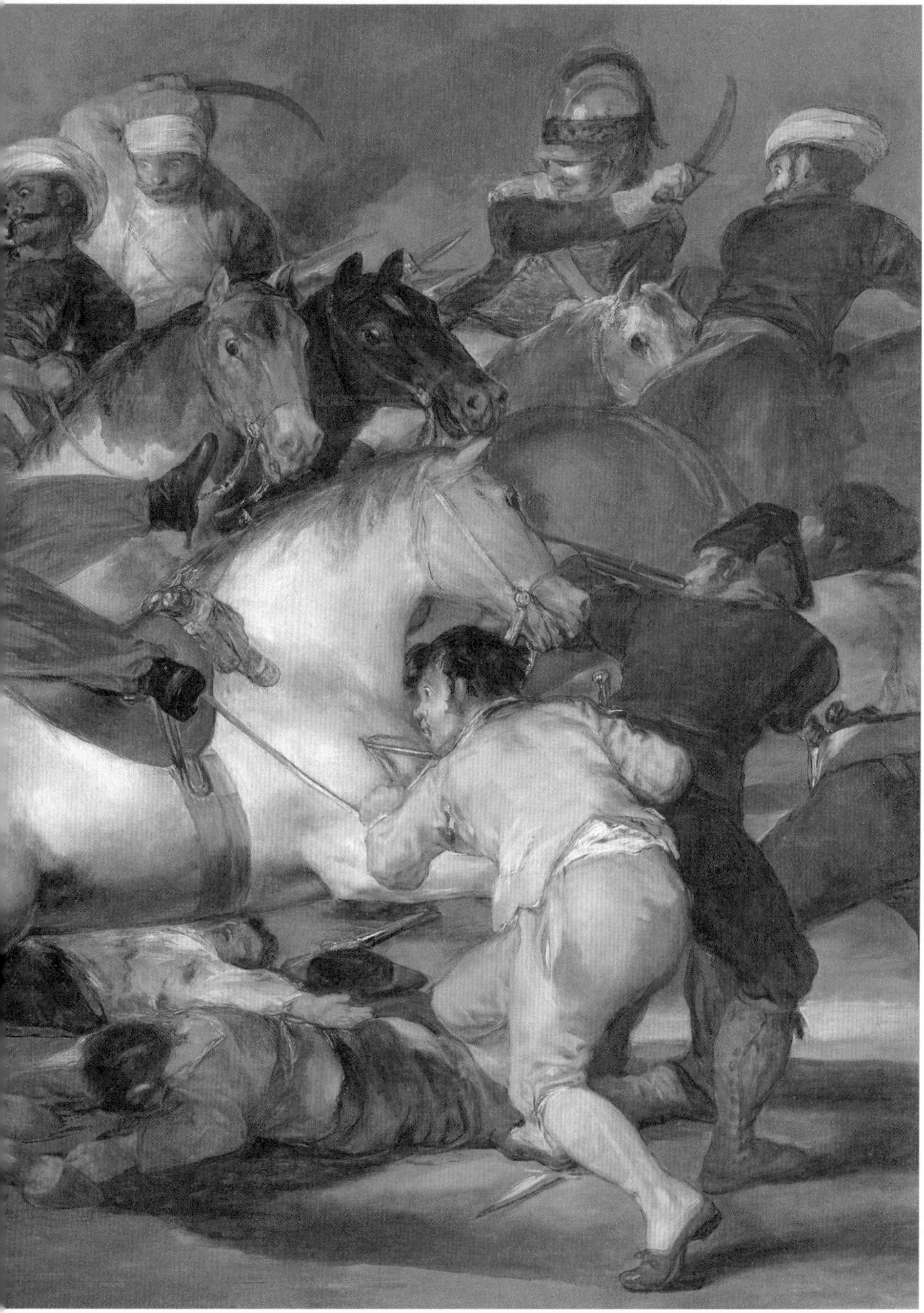

프란시스코 고야 〈1808년 5월 2일의 마드리드〉 1814년

이집트에 새 왕조를 세웠다. 이렇게 맘루크 족장들은 오토만터키에 멸망하던 1517년까지 이집트를 통치했다. 터키의 술탄 셀림 1세는 그 정권을 무너뜨리고 족장을 생포했지만 완전히 꺾지는 못했다.

맘루크족은 새로운 무인 귀족(일종의 군벌)을 이루고 콘스탄티노플에서 파견한 파샤에게 겉으로만 복종했다. 즉 오토만터키제국의 직할령이 아니라 봉신국 지위를 지켰다.

그러다가 19세기 이집트에 영웅 무함마드 알리 '파샤'가 나타나 이집트 독립왕국을 세우려 했다. 파샤는 제국의 총독이나 부왕이라는 뜻으로 알리 파샤는 아랍 부족들의 결집을 꾀했다. 알리 파샤는 우선 제거해야 할 적들을 꼽아 위로는 터키제국 술탄의 족쇄를 풀고 아래로는 맘루크의 영향력을 배제해야 했다. 알리 파샤는 대담하게 봉신국의 지위마저 버리고, 유럽 열강의 간섭도 뿌리치려 했다. 이런 식으로 유럽에 빼앗긴 영토 대부분을 되찾으려 했지만 실권파 맘루크족이 문제였다. 맘루크족은 옛날부터 부유하고 용감한 귀족이라 술탄들도 감히 건드리지 못했다.

나폴레옹도 클레베 장군이 맘루크족과의 전투에서 이겼는데도 맘루크 권력을 뒤집지는 못했다. 그러나 범죄를 좌시하지 않고 정의를 추구하는 단호한 사람에게 불가능은 없었다. 알리 파샤는 결국 맘루크족을 제거했다.

알리 파샤는 적들이 반대할 명분이나 구실을 주지 않았다. 군사원정에 맘루크족의 지원이 필요한 척하면서 그들을 모두 요새로 불러들여 환대하는 척하면서 정원에서 큰 주연을 베풀다가 명령을 내려 순식간에 몰살했다. 너무 불시에 터진 일이라 맘루크 귀족은 꼼짝도 못했다. 테라스 밖으로 도망치던 자들은 까마득한 벼랑 밑으로 떨어져 죽었는데 기적적으로 단 한 명이 말을 타고 높은 곳을 뛰어내려 처참한 살육에서 살아남았다.

요새에서 흘린 피가 벼랑을 타고 격랑으로 쏟아져 내리며 카이로 시내에 쿠데타의 성공을 알렸다.

1811년 3월 1일, 이날부터 알리 파샤는 국내를 장악하고 해외에서도 인정받았다. 오토만터키제국 술탄은 그를 무서워하기 시작했지만 기독교 강대국들은 알리 파샤를 무시하지 못하면서도 야만인으로 보았다.

어쨌든 알리 파샤는 맘루크족 학살을 자행하고 승리한 날부터 우울증에 시달렸다. 알리 파샤는 그때까지 가장 좋아하던 카이로 궁에서 더는 살려 하지 않았다. 알리 파샤는 맘루크족 학살을 속죄할 마음으로 참극의 현장에 장엄한 사원을 지었다. 콘스탄티노플의 성 소피아 사원을 본떠 전체를 세련되고 웅장하게 백대리석으로 지었으며, 사원 한복판에는 포장석을 깐 넓은 안뜰을 들였다. 우아한 분수들이 시원한 물줄기를 내뿜고, 신도들은 분수에서 목욕 재계했다. 하지만 레이디 맥베스가 흘린 핏자국이 대리석에서 영원히 지워지지 않았던 것을 기억해보라. 알리 파샤는 화려한 사원으로 속죄하려 했지만 오히려 기억만 더욱 생생

> 하게 남았다(마치 개성에서 포은 정몽주가 피살당하며 흘린 핏자국이 절대 지워지지 않듯).
>
> 사원을 짓고 있을 때, 어떤 승려가 완공되면 왕이 곧 죽을 것이라 예언했다. 무시무시한 예언에 심약해진 알리 파샤는 사원 완공을 일부러 늦추면서 예언을 피했다. 알리 파샤는 오랜 치세 동안 사원을 준공하지 않고 증축과 장식만 계속했다. (펠릭스 보베, 〈성지순례〉)

맘루크족은 비참하게 멸족당하지 않으려고 뿔뿔이 흩어졌다. 그러나 끝끝내 다시 모여 살지 못하고 외국 군대에 빌붙어 살았다. 그러면서 깊은 원한을 토해내듯 전쟁터에서 유난히 무섭고 잔인하게 싸웠다.

이 작품에서 고야는 심리묘사에 뛰어난 바로크 전통을 완숙하게 되살린다. 광기로 타오르는 증오와 살인, 역사의 고비마다 터져 나오는 잔인성과 또 거기에 맞선 용기를.

스핑크스의 얼굴

〈보나파르트의 이집트 원정〉 레옹 코니에

1800년 6월 14일, 태양은 뜨겁게 타오르는 나일 강변을 그 어느 때보다 붉게 물들였다. 불길하던 이 날, 프랑스 원정대장 장바티스트 클레베르 장군이 암살로 쓰러졌다. 스물네 살의 시리아 청년 술레이만 엘할라비가 장군의 심장에 비수를 꽂았고, 몇 시간 뒤 장군은 숨을 거두었다. 이교도 침략군에 대한 이슬람교도의 응징이었다.

그러자 프랑스군은 미친 듯 복수극을 벌였다. 술레이만 엘할라비는 몸을 꼬챙이로 꿰이고 내장을 모두 도륙 당했다. 소름끼치는 프랑스식 극형이다. 이렇게 몇 시간 차이로 두 영웅이 함께 저세상으로 떠났다.

수천 년 전부터 얼마나 많은 피가 나일 강을 적셨을까? 이집트 사람들이 받들던 태양의 신 오시리스가 영원히 붉게 물들이는 선홍빛을 시샘하듯 피비린내가 그치지 않았다.

레옹 코니에는 사건이 터진지 30여 년 뒤에 〈보나파르트의 이집

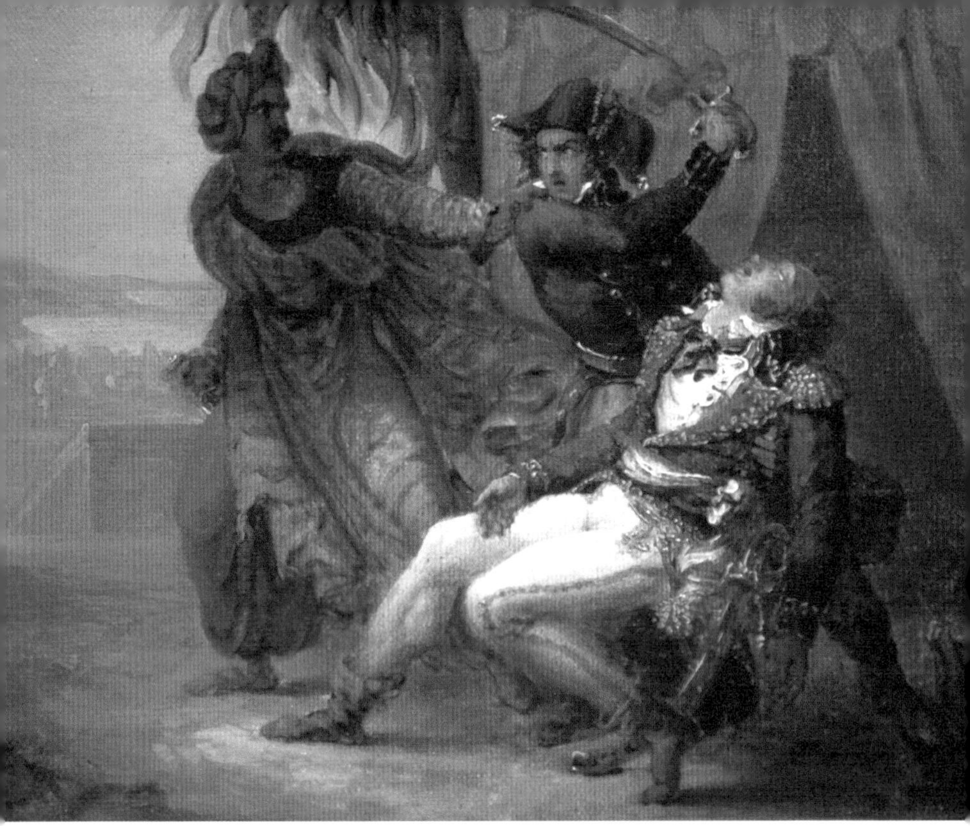

앙투안 장 그로 〈클레베르의 암살〉 1820년경

트 원정〉을 그렸다. 코니에는 참극으로 얼룩진 원정을 학술탐사로 포장하고는 이 그림으로 원정이 정당했다고 홍보했다.

그림 속의 등장인물들은 각 분야를 대표한다. 강렬한 햇살을 막아주는 차일 밑에 수뇌부가 보인다. 조끼에 손을 찌른 전형적 포즈의 보나파르트가 눈에 띄고 바로 그 왼쪽 뒤에 클레베르 장군이 보인다.

사건 얼마 뒤, 몽골 사막에서 티베트로 향하던 가톨릭수도사 에바리스트 위크는 장군의 이름을 떠올리며 애석해했다. "국민의 영웅이 안타깝게 이교도에게, 광신도에게 죽임을 당했다"고.

그런데 입장을 바꿔 생각해보자. 가톨릭이라는 이교도 침략자에게 알라신의 벌을 내린 청년은 천인공노할 고문 끝에 숨졌다. 그뿐 아니라 시신마저 욕을 보였다. 이를 이슬람 사람들이 어떻게 잊을까. 똑같이 하느님의 이름으로 만행을 저지르고 복수하는 악순환은 그때나 지금이나 여전하다.

클레베르 장군은 피습 당시 나폴레옹 장군의 후임으로 이집트 원정대 총사령관이었다. 장군은 일찍이 프랑스 대혁명 중에 벌어진 내전에서 같은 수구파 동포 브르타뉴 지방민을 소탕해 명성을 얻었으며 반혁명의 고비를 넘기는 결정적 노릇을 했다.

그림에서 왜 클레베르 장군을 중요한 자리에 앉혔을까? 장군이 군사작전뿐만 아니라 '이집트의 문명과 환경 연구'를 처음 제안했기 때문이다. 이집트 원정대는 장군의 제안대로 〈이집트 해설〉이라는 방대한 공동저작을 남겼다. 전집 〈이집트 해설〉은 유례없는 문화재 자료집으로 이집트의 문명과 자연을 판화로 수록한 거대한 박물관 같은 책이다.

병사들이 뒷골목에서 못된 짓거리를 일삼는 동안 원정군을 따라온 150여 명의 민간인은 조사 활동을 벌였다. 〈이집트 해설〉은 장교를 포함해 학자, 예술가 2천4백여 명이 참여한 역사상 가장 방대한 학술보고서이자 화보집이다. 군과 민간이 정답게 일했던 기념비적 협동 작업이다.

어쨌든 무리수로 보였던 이집트 원정에 프랑스의 복잡한 정치적 배경이 있었다.

> 보나파르트 장군은 혁명 와중에 이탈리아 원정에서 승리하며 더욱 기가 살아 그 여세로 오리엔트 정복을 꿈꾸었다. 반면 혁명 후반의 총재정부는 야심에 불타는 장군의 승전과 대중적 인기를 우려했기에 장군을 더 멀리 사지로 몰아넣는 것이 좋겠다고 생각했다. 정부는 전쟁광인 보나파르트가 무슨 일을 벌일지 직감했다. 그래서 다시 살아 돌아오지 않기를 바랐다. (말리카 도르바니 부압델라)

마이소르 호랑이

보나파르트의 조언자 탈레랑은 또 다른 중요한 계산을 하고 있었는데 바로 영국과의 관계였다. 프랑스는 영국을 견제하려면 이집트 쪽을 장악해 인도양으로 자유롭게 드나들 뱃길을 확보해야 할 필요가 있었다. 이미 프랑스는 인도대륙에서 무굴제국의 영역이던 북부를 영국에게 내주었지만 남부에는 우군이 있었다. 영국에 저항하던 마이소르 왕국의 티푸 술탄(1749-1799)은 프랑스와 손을 잡으려 했다. 술탄은 열여섯 살 때부터 영국과의 첫 번째 전쟁에도 참전했다. 그로부터 5년 뒤 2차 전쟁에서 영국을 무찔러 "마이소르 호랑이"라는 별명을 얻었다. 술탄은 무굴제국이 무너지자 신무기의 위력을 알고 프랑스의 군사력을 배우려 했다.

프랑스 대혁명이 터지기 바로 전 해 1788년, 술탄은 프랑스로 특사를 파견했다. 국왕 루이 16세는 이들에게 프랑스 최고의 도자기를 선물하며 환대하고 또 왕비의 화가 비제 르 브룅이 초상을 그리도록 포즈를 서달라고 부탁했다.

1787(또는 1788)년에 비제 르 브룅은 마이소르 왕국의 술탄 티포 사이브가 루이 16세에게 영국에 맞서 동맹하자며 파견한 잘생긴 구릿빛 인도 사신들을 그려보고 싶어 했다. 순진한 공상이다. 비제 르 브룅은 오페라에서 사신들을 만나 너무 멋지다고 반해버렸다. 하지만 사신들은 술탄의 허락을 받아야 포즈를 취할 수 있다고 했다. 비제 르 브룅은 자신이 '인도대사'의 호텔을 찾아가 어떤 대접을 받았는지 털어놓았다. 그들은 입구에서 손에 장미 수액을 뿌려주면서 화가를 반겼다. 가장 연로한 대사는 두상이 훌륭했는데 아들과 함께 앉은 채 화가를 맞이했다.

비제 르 브룅은 백발을 기른 장대한 더비히 칸의 전신상을 그렸다. 굽은 장검(長劍)을 쥐고, 몸에 꼭 맞는 흰 모슬린 두루마기를 줄무늬 허리띠로 묶고, 꽃무늬 저고리를 입은 모습이다. 그림들은 1789년에 공개되어 커다란 화제를 불러일으켰다. 파리에 체류하는 동안 이 훌륭한 인물들은 비제 르 브룅이 빠르게 자신들을 그리던 짧은 체류 기간을 즐거워하면서, 그녀와 친구를 마루 위에 펼쳐놓은 처음 보는 식사에 초대했다. 두 여자는 거의 드러누운 자세로 초대한 사람들과 함께 손으로 집어먹는 식사를 했다.

화가가 가장 잊지 못한 것은 금사와 색실로 수놓은 커다

> 란 꽃무늬 모슬린 의상이다. 루이 15세의 애첩 마담 뒤 바리는 대사들에게 선물로 받은 이 옷감 한 필을 그녀에게 떼어주었다. 대혁명 직후 어수선하던 시기에, 화가는 이것으로 드레스를 만들어 무도회 저녁에 입고 나갔다. (피에르 드 놀라크 〈비제 르 브룅, 베르사유의 화가〉)

그러나 프랑스는 곧바로 혁명이 일어나 마이소르 왕국을 돕겠다던 약속을 못 지켰다. 병력을 조금 보내기는 했지만 프랑스의 전폭적 지원이 무산되자 '호랑이' 왕은 다시 영국과 3차 전쟁을 벌였다. 그러나 이번에는 패해 국토 절반을 영국에 내주고, 술탄은 어린 두 아들을 인질로 건네주는 것도 모자라 동인도회사에 거금을 배상했다. 술탄은 이런 수모에도 절대 포기하지 않고 나폴레옹을 무찔렀던 신임총독 웰링턴 공작과 다시 싸우다가 전사했다. 술탄은 영국에 끝까지 굴하지 않은 위대한 호랑이였다.

1798년 5월 19일, 나폴레옹 보나파르트는 5만4천 명을 이끌고 이집트 원정에 올랐다. 원정군은 이집트의 맹주 오토만터키제국 휘하의 맘루크 군대를 격파했다. 그러나 영국 넬슨 제독의 함대에 밀려 쫓기듯 귀환했다.

> 대외적 명분은 늘 그렇듯 거창했다. 새 식민지 개척으로 거둘 수확에 군침을 흘리면서 이집트를 터키제국의 압제에서 해방시켜야 한다고 했다. 그 전까지의 식민지 원정과 아

주 다른 점이 있었는데 선교사와 문명 계몽사업을 내세우지는 않았다. 특이하게, 서구문명의 원래 발상지, 문명의 요람을 순례하자는 놀랍도록 겸손한 자세를 취했다. 나폴레옹 장군은 오리엔트 정복의 야심을 학술탐사대가 진리의 고향을 찾는 것으로 꾸몄다. 교활하기 짝이 없었다. (말리카 도르바니 부압델라)

고대문명의 수수께끼

원정에서는 비록 영국에 밀려 물러났지만 학술적 성과는 대단했다. 프랑스는 이집트 연구를 주도하게 된 '로제타 석'을 발굴했고 샹폴리옹은 상형문자를 풀어내었다. 많은 보물과 유물을 탈취해 루브르 궁을 보물창고로 만들었다. 천문학과 생물학, 고고학에서 거둔 성과는 이루 헤아리기 어렵다.

이때부터 나일 강 계곡에서 종교와 과학의 끝없는 진실투쟁이 시작되었다. 가깝게는 팔레스타인, 멀게는 이란 고원과 아프가니스탄의 산악까지 이어지는 방대한 지역에서 '발굴로 증명하려는 사실'과 '전설로 믿는 사실'이 격전을 벌였다. 유럽의 기독교도가, 시나이 반도의 유대교도와 아랍의 이슬람교도, 또 이들보다 수천 수만 년 전의 문명과 인류의 기원을 놓고 왈가왈부했다. 가장 오래된 문명의 골짜기로 많은 지식인이 뛰어들었다.

기독교도는 역사를 서력기원 중심으로 재편하려 했다. 하지만 이와 다른 수많은 기원의 연대를 믿는 사람들이 왜 없겠는가. 우리가 단기(檀紀)를 기억하듯 수많은 민족마다 각자 고유한 시간표를 따른다. 양 진영의 싸움은 끝이 없다.

땅속에 묻힌 것과 사람의 혼에 들어 있는 것이 선악의 싸움처럼 치열하게 겨루었다. 유대 학자들은 최근에 다윗과 솔로몬 왕조가 성경과 다른 신화라고 주장했으며 창건왕조의 실체를 지금까지 알려진 것보다 훨씬 초라하게 보았다. 학자들이 모래구덩이 속을 파들어 갈수록 이집트는 더욱 수수께끼 같은 보석을 드러내었다.

고고학자들은 신전에서 신의 흔적보다 인간의 자취를 찾으려고 했기에 신전은 무섭게 파헤쳐졌다. 하늘에서 내려다보기에 인간이 이때처럼 건방진 적은 없었을 것이다. 혁명으로 세상을 바꾸고 나서 자심감에 넘치던 사람들은 하늘나라까지 뒤집을 수 있다는 듯 이상한 기운에 취했다. 어떤 신과 어떤 하느님을 믿든 그들은 하늘의 은총만 바랐고 저주를 두려워하지 않았다. 유럽 사람, 백인과 기독교도는 자신에게 유리한 사실만 풀린 수수께끼와 비밀이라고 발표하고는 나머지 것은 수수께끼 속에 다시 처박아두었다.

원정대보다 10여 년 전 은밀히 혼자 이집트를 찾아갔던 나폴레옹의 친구 볼네 백작은 이런 글을 남겼다.

> 유럽 사람이 역사책을 읽어본들 소용없다. 역사책 저자들은 이곳 주민의 생활과 의복, 지역과 도시를 상상하며 놀랐겠지만, 직접 와서 보니 완전히 새롭다. 눈이 휘둥그레진다. 그동안 생각했던 것은 희미해지고, 놀라 감탄하느라 정

신이 없다. (《시리아와 이집트 여행》)

원정대를 따라 나섰던 사람이면 누구든 백작과 똑같은 기분 아니었을까. 고대의 보물은 학자와 호사가만의 관심일 수는 없었으며 우리 자신이 누구인지 궁금해 하는 모든 사람의 관심거리였다. 정치인들도 격렬한 논쟁을 벌였는데, 그 중 온건개혁파 변호사 부아시 당글레는 국립박물관에 국회의원들을 초대해 선동하기도 했다.

"여러분이 이웃나라들을 제칠 수 있어야 합니다. 그래야 파리에서 인류의 모든 지식을 보호하고, 파리가 예술의 수도, 세계의 학교가 되지 않겠습니까!"

프랑스는 이때부터 학문과 예술을 주도해야 한다며 고고학자와 예술가를 힘차게 밀어주었다. 지식 욕구에 넘치는 많은 청년이 고고학자로 변신했다. 고고학은 어떤 신무기보다 중요했다.

한편, 화가들은 중동으로 건너가 고대문명과 발굴현장을 스케치했다. 화가 비방 드농은 이집트 학술원정의 핵심 인물이다. 드농은 나일 강변 사막 모래밭에서 고대 신전들을 파헤쳤다. 이렇게 발굴한 유물을 루브르로 실어 보냈다. 드농은 유물을 옮기면서 프랑스가 보편적 인류유산을 지켜야 한다는 여론에 충실했다. 이런 업적으로 '드농'은 지금 루브르 박물관의 한쪽 별관의 이름이 되었다.

원정대 참가자들 가운데, 드농과 상형문자 해석자 샹폴리옹, 두 인물은 그래도 유물을 위조하거나 조작하지 않을 만큼 양심적이었다. 드농이 현지에서 그린 수많은 스케치 중의 하나인 스핑크스는 훼손되기 전의 뚜렷한 '흑인의 얼굴'을 보여주는 그림이다. 나일 강변 신전 벽화 속의 주인공들도 아프리카, 아시아 민족이었으며, 벽화 중에 수천 년 전, 많은 백인이 유럽으로 건너가기 오래 전부터 이집트에서 노예로 살았음을 보여주는 것도 있다. 드농의 스핑크스는 흑인이 고대 이집트 문명의 실제 주인이라는 점을 감동적으로 보여준다. 그러나 사실을 솔직히 전한 드농과 볼네 백작은 이교도라는 비방이나 받고 비기독교도라거나 유물론자라는 험담을 들었다. 진실에 다가가는 사람일수록 하느님에게서 멀어진다는 말일까?

스핑크스의 얼굴을 나폴레옹 군대가 대포로 파괴했다는 주장이 사실인지 아닌지 확인할 길은 없지만 흑인들은 백인의 만행이 분명하다고 장담한다. 서구 학자들은 맘루크 용병의 짓이라고 했고, 어떤 독일학자는 14세기 이슬람 우상파괴주의자 무함마드 사임 알다르의 소행이라고도 했다. "알다르는 스핑크스의 코와 귀를 훼손한 죄로 스핑크스 앞에서 화형 당했다"는 중세 아랍문건을 제시했다.

이렇게 무수한 억측에 얽힌 고대문명의 발굴현장을 그린 그림에서 비방 드농은 보나파르트의 오른쪽에 보인다. 모두 숨죽이며 발굴을 지켜보고 있다. 이집트 인부들이 제22 왕조의 미라가 든, 화려한 목관을 파내는 광경이다.

화면 오른쪽 깊숙한 곳에 지친 인부가 앉아 있다. 물동이를 진 여자는 갈증을 덜어줄 시원한 생명수를 나르는 여신처럼 위엄에 넘친

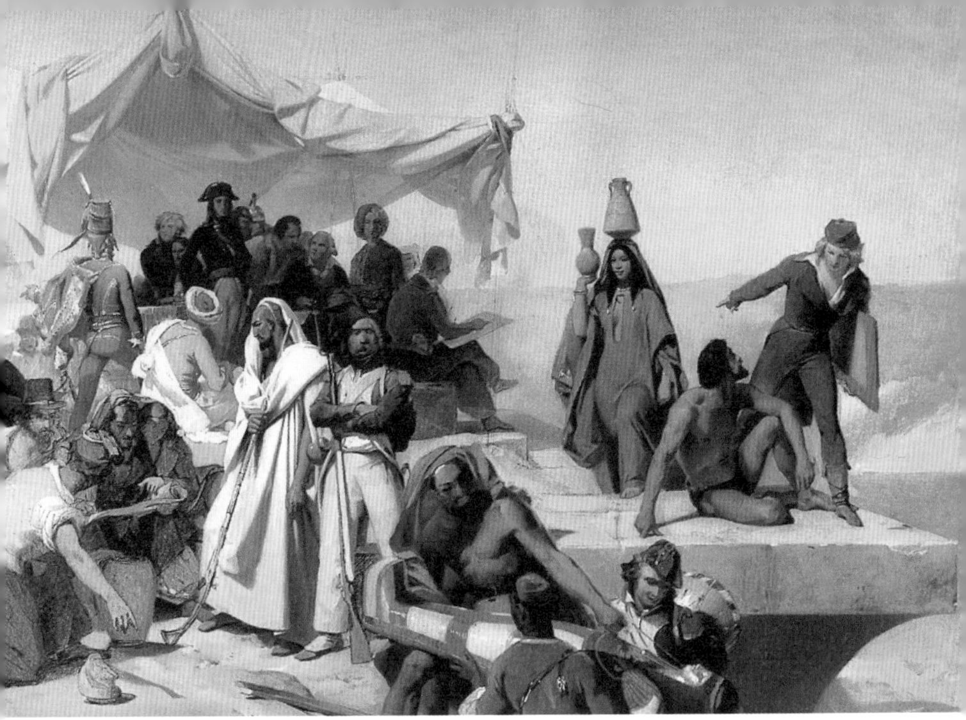

레옹 코니에 〈보나파르트의 이집트 원정〉 1835년경

다. 그 뒤로 거대한 멤논 석상이 뿌옇게 어른거린다. 따라서 발굴지는 나일 강 상류로 올라가는 '파라오의 계곡' 이었을 것이다. 지금의 룩소르 유적지다.

비방 드농은 화가 다비드와 친구 사이로 두 사람이 혁명기의 예술정책을 실질적으로 입안했다. 혁명이 터졌을 때 시골 귀족 드농은 베네치아로 피신했다가 다비드의 설득으로 곧 혁명파로 전향했다. 귀국한 드농은 혁명주체 로베스피에르의 신임으로 한동안 정부 공식기록 판화를 책임졌으며 이때부터 예술행정가로서 실무를 익혔다. 인도 사신들을 그린 화가 비제 르 브룅이 어려서 그림을 배우러 다니며 선배화가들의 사랑을 독차지할 때, 드농도 다비드처럼 그녀의 초상을 그렸다. 혁명이 점점 격렬해지던 시절에 드농은 루브르 박물관 초대관장으로서 베네치아를 다시 찾아갔다. 이때 망명 중이던 비제 르 브룅과 재회하기도 했다.

1802년부터 드농은 제국박물관 총감으로 예술행정을 도맡았으며 특히 루브르 조직개편이라는 몹시 까다로운 일에 힘썼다. 드농은 이런 일을 하면서 자연스레 박물관학의 기초를 닦아 1814년부터 2년간 이집트학의 선구자로서 루브르 박물관장을 다시 맡았다.

드농은 관장직을 맡기 전부터 구왕정기에 직업외교관으로 스웨덴, 스위스, 러시아 등지의 프랑스 대사관 일등비서관을 지냈다. 비록 왕정의 관리였지만 볼테르 같은 계몽사상가를 찾아다닐 정도로 생각이 트인 사람이었다. 드농은 혁명 7년 전이던 1782년, 나폴리 대사관에 근무하던 시절부터 고대 미술에 심취해 있었는데 바야흐로 이집트 원정에서 잠재력을 꽃피웠다. 수십 판을 찍은 〈이집트 여행기〉에서 화가와 문인으로서 뛰어난 안목을 보여주었다.

드농이 여자 친구에게 털어놓은 말이다.

"나는 공부한 게 없어. 지겹거든. 그래도 관찰은 재미있어 열심히 했지. 이것으로 때웠지만 너무 즐거웠어."

연필의 발명자 콩테

드농의 〈이집트 여행기〉는 나일 강을 오르내리거나 배에서 내려 말을 몰고 돌아다니며 곳곳을 관찰한 기록이다. 또 목탄과 붓과 연필로 스케치한 그림이기도 한데, 드농과 함께 움직인 동료 니콜라

자크 콩테가 발명한 두툼한 연필로 스케치했던 것을 판화로 찍어 책에 곁들였다.

콩테도 그림 속에 보인다. 화면 오른쪽 끝에 화판을 끼고 서서 손짓을 하는 콩테는 이집트 원정 몇 해 전 1795년, 연필 공장을 차렸다. 콩테가 발명한 연필이 없었다면 폭염 속에서 고대문명을 기록하는 작업도 크게 차질을 빚지 않았을까?

다재다능한 콩테는 일종의 공병단장으로서 이집트 원정에 비행단장으로 참전했다. 당시 비행기는 기구(초창기 비행선)로 유럽의 신기술이자 최첨단 무기였다. 통신과 정찰용인데 가장 때 이른 모델로 나중에 1870년대에 가서야 공돌피에, 괴짜 사진가 나다르 등이 기술을 개선한 신제품을 내놓게 된다.

나폴레옹 장군은 포병 출신답게 첨단장비를 매우 좋아했다. 나폴레옹은 콩테를 각별히 아껴 이런 말까지 했다.

"콩테, 비행단장이잖아. 재간꾼이야. 모르는 게 없지. 이 먼 곳, 사막 한복판에서도 프랑스 예술을 창조하잖아..."

콩테는 이집트에서 수공업체를 찾아다니며 주민의 기술을 배우고 연구자들과 교류도 하면서 이집트 산업체를 그림으로 남겼다. 콩테는 요긴한 의료장비, 기술자를 위한 수학용구, 천문관측용 안경, 현미경, 밀가루 빻는 제분기, 북과 트럼펫 같은 악기, 별의 별 것을 모두 발명했다. 최적의 빵 굽는 방법도 개발하는 등 정말이지 19세기 초의 발명왕이었다.

콩테는 이집트를 모든 신기술 실험실로 삼았는데 서둘러 퇴각하느라 모든 자료를 팽개칠 수밖에 없었다. 후대의 과학자들이 아쉬워하는 점이다.

어쨌든, 콩테의 발명품 가운데 연필은 얼마나 중요한가! 요즘은 누구나 휴대전화로 모든 것을 해결하려 하지만 연필이 없었다면 지구촌이 이토록 빠르게 하나의 시장이 될 수 있었을까?

"연필을 애지중지한 상인 덕에 지구촌이 하나가 되었다"고 믿는 사람들이 있다. 문인이 아니라 '상인' 덕이다. 거대한 흥정으로 시장을 주무르던 도매상들이 뒤꽁무니에 지우개가 붙은 연필을 반드시 갖고 다녔다는 설이 있다. 영화나 뉴스에서는 명품 만년필로 서명을 휘갈기고 나서 환하게 웃으며 악수하는 인물들이 국제거래를 성사시킨다. 그러나 이들보다 더 중요한 사업가들은 연필을 애용하고 권했다. 거래에서 이기려면, 흥정하며 적어둔 가격을 고무로 지우고 한 번 더 심사숙고해보고 그렇게 언제든 값을 유리하게 이끌어야 성공한다는 논리였다. 현대식 백화점을 처음 열어 전통시장을 무너뜨리고 거부가 된 봉마르셰 백화점의 부시코도 '연필' 숭배자였다.

어쨌든, 사업가들이야말로 완전한 모험가들이다. 이들이 제일 먼저 열심히 개척지로 뛰어가 솔선수범했다. 사실 진정한 모험가들은 용맹한 군인이나 정치가, 자유로움을 즐기는 예술가도, 목숨을 두려워 않는 선교사도 아닌 사업가들이다.

탐험가들은 오지에서 죽으면 영웅이 되고, 예술가는 작품에 미친 듯 파묻혀 살다가 졸작만 남기고 죽더라도 잘하면 "실패한 천재"라거나 "재능이 아까운 불운아" 소리라도 듣는다. 군인과 정치인은 패배해도 시대 탓으로 돌리며 애석해하며 기억되고 패장으로 추앙받을 여지가 있다. 선교사와 군인은 적지와 험지에서 목숨을 내놓으면 순교자가 되고 애국자가 된다. 학자는 틀려도 괜찮다. 후배들이 바로 잡을 것이고 이론은 항상 진리를 향한 가설일 뿐이니 오답도 학자의 명예를 해치지는 않는다.

하지만 사업가는 망하면 그냥 깨끗이 끝장이다. 사업가는 평생을 성공의 꿈과 망하지 않아야 한다는 불안에 떨며 산다. 사업가가 실패했다고 누가 슬퍼할까. 사업가는 아무 것도 남는 것이 없는 불명예로조차 기억되지 못한다. 실패하면 빚더미에나 오를까, 명예도 훈장도 없이 완벽한 공허만 남는다. 아무 보상이 없다. 이런 위험을 다 감수하지 않고서 어떻게 사업을 할까. '그 다음'은 없는 이런 벼랑 끝에서 펼치는 거래처럼 아슬아슬한 도박이 어디 있으며, 배짱과 용기가 이보다 더 필요한 일이 어디 있을까? 콩테에서 조금 더 나간 이야기이긴 하지만 아무리 따져보아도 사업가야말로 진정한 모험가들이다. "내일이면 모든 것이 찰나에 물거품이 될 수도 있다"고 아는 사람들만 진정한 사업가라 할만하다. 따라서 사업가가 당장 세속의 쾌락에 좀 더 집착한다고 어떻게 흉을 보고 손가락질 하겠는가. 삶의 덧없음을 그 누구보다 절감하는 사람들인데!

문화유산의 자리

이집트 원정에는 참가하지 않았지만 카트르메르 드 캥시(1755-1849)처럼 군사원정을 매우 다른 눈으로 본 학자도 있다.

캥시는 입헌군주제를 지지해 대혁명 중에 1년 넘게 옥살이를 했으며 왕당파의 반혁명봉기 가담혐의로 사형당할 뻔했다. 그러다가 나폴레옹 쿠데타 세력에 발탁되어 지방행정관을 지냈다. 나폴레옹이 물러나고 왕정복고가 되자 캥시는 예술원 종신비서(사무총장)에 올랐다. 화가 다비드가 혁명기 거물정치인이었다면, 학자 캥시는 왕정복고기에 마찬가지 명예를 누렸다.

캥시는 일찍이 1796년부터 이탈리아 등지에서 군인들이 문화재 약탈을 일삼는다고 못마땅해 하며 입바른 소리를 했다. 온건보수파였지만 혁명을 깊이 이해했고 모든 민족문화의 보편성을 중시하는 한편, 학예는 인류공동의 자산이라고 생각했다. 아무튼, 그에게 '인류'는 유럽인을 의미했을 뿐이지만 유럽 지식인의 사고방식으로 그것을 뛰어넘을 만큼 폭넓은 관점까지 보여주지는 못했다. 그는 이렇게 생각했다.

> 예술과 학문은 오래전부터 유럽에서 하나의 공화국을 이루었다. 그 공화국 주민들은 진리와 미에 대한 사랑과 탐구로 하나가 되었다. 이것이야말로 그 사회계약의 바탕이다. 이런 공화국에서 살고 있다고 각자의 조국에서 고립되지 않는다. 오히려 보편적 우애라는 소중한 관점에서 서로

의 관심을 주고받고 이해하며 가까워진다. (…) 예술과 과학은 한 나라의 전유물이 아니라 모든 유럽의 것이다. (카트르메르 드 캥시, 〈미란다에게 보낸 편지〉)

그는 이렇게 '학예 공화국'이라는 이상국가를 꿈꾸었다. 하지만 보편성을 내세워 모든 것을 한 자리에 끌어 모아두려는 욕심을 부린다면 곤란하지 않을까?

캥시는 요즘 학계에서, '제자리(in situ)'를 강조하는 입장의 선구자격으로 유물을 "박물관에 처박아 두거나 다른 나라 광장에 세워 놓아 보아야 문화의 전체적 조화에 걸맞지 않다"고 생각했다. 인류 문화유산의 진정한 의미를 그것을 낳은 사회와 함께 음미해야 한다고 주장하고, 물건도 소유가 아니라 존재로 보아야 하며, 그 '자리와 그 터'가 중요한 생명이자 핵심이라는 것이다. 어떤 훌륭한 유물도 제자리에 있어야 제대로 이해할 수 있을 뿐만 아니라 작품이란 환경과 어울릴 때 진가를 발휘한다는 관점이다.

그러니 어떤 보물이든 자기 나라 안마당에 들여놓아야 직성이 풀리던 많은 제국주의자들은 캥시를 헛소리나 하는 미치광이로 여겼다.

〈보나파르트의 이집트 원정〉을 그린 레옹 코니에는 고적의 현장을 묘사하는 데 '사진이 없던 때였던 만큼, 더욱 사실에 충실하려고' 애썼다. 이런 점을 특히 주목해야 한다. 사진만이 사실을 증언하고 '정확히' 기록한다는 믿음은 지나치게 소박하다. 이런 믿음 때문에 사진이 쉽게 조작되곤 하는데 사진은 사실을 더욱 감쪽같이 왜곡한다. 그래서 코니에처럼 붓으로 그려낸 '사실'이 더 믿음직할 때도 있다.

코니에는 중요한 화가인데도 부당할 만큼 알려지지 않았다. 코니에는 샹폴리옹, 조지 워싱턴 같은 위인들을 놀랄만큼 실제와 닮아보이는 초상화로 남겼고, 에스키모 여인상도 그렸다. 코니에는 살아있을 때 역사화가로 크게 주목받았다. 그 뒤 반세기 넘도록 많은 화가가 그의 화풍을 따랐다. 그 화가들은 이집트에서 마치 부활한 고대의 영웅처럼 설치던 프랑스 사람들을 열심히 '미화'했다.

대륙의 문이 열릴 때

〈광저우의 상관(商館)〉 윌리엄 대니얼

비방 드농의 판화집 〈이집트 여행〉만큼이나 런던에서 큰 인기를 끌었던 화집이 있다. 영국이 다른 제국들을 따돌리고 먼저 먹어치우려 서두르던 인도와 극동을 다룬 판화집이다. 영국 사람들에게 아시아의 건축과 자연, 종교와 인간을 낭만적 이미지로 전했던 책이다.

부와 명예를 꿈꾸는 많은 영국 청년이 모험심에 부풀어 인도와 중국으로 향했다. 그렇지만 그만큼 많은 가족이 자식과 형제를 멀리 보내놓고 한숨지었다. 면회하러 가보기도 어려웠고, 멀기도 했지만 가보려고 해도 동인도회사의 여행허가를 받아야 갈 수 있었다. 그렇게 궁금해 몸살이 날 지경이라고 해도 갈 수 없는 곳이었기에 그림으로나마 보고 싶어 했다.

정부는 이런 국민정서를 감안해 개별여행이 어려웠던 것을 대신해 해군원정대에 붙여 종군화가를 파견했다. 그래서 인도, 말레이시아, 중국 등지에서 종군화가들이 보낸 그림을 찍어낸 판화가 엄청난 인기를 끌었다. 덩달아 "이국취미"도 유행했다.

그뿐만 아니라 도시개발 열풍을 타고 식민지에 정착한 서양 사람들조차 급히 사라지는 옛 건물을 안타까워했다. 콜카타 시내에도 신시가지가 크게 늘어나면서 오래된 건물들이 속속 사라졌다. 매력적인 옛 모습을 아쉬워하던 유럽 정주민의 판화 수요도 대단했기에 화가들이 생계 걱정 없이 용감하게 식민지로 떠났다.

종군화가와 민간화가를 지원한 '로열 네이비(해군)', '로열 아카데미(예술원)'와 '로열 지오그래픽 소사이어티(지리학회)'는 대영제국의 든든한 삼발이였다. 이 기관에서 화가와 학자, 지도제작에 능한 인물들의 아시아 탐사를 적극 권장했다.

이국적 판화의 인기

1785년, 열여섯 살의 윌리엄 대니얼(1769-1837)은 삼촌 토머스 대니얼을 따라 런던에서 콜카타 행 범선에 올랐다. 윌리엄은 아버지가 작고하자 판화가 삼촌의 조수 노릇을 하면서 그림을 배웠다. 두 사람은 먼저 중국 광저우를 거쳐 콜카타로 돌아왔다.

1788년 삼촌과 조카는 갠지스 강을 거스른 항해 끝에 이듬해 5월에 '동양의 베네치아', '캐시미르의 베네치아'라고 할 만큼 우아한 히말라야 기슭의 호반도시 스리나가르까지 들어갔다. 아름답고 탐스러워 프랑스와 영국, 러시아가 서로 차지하려고 다투었다. 과거 무굴제국시대에는 세계의 지붕 밑에서 가장 기름진 고원이라 '지상낙원'이라던 곳이다. 물론 산양털로 만든 '캐시미어' 양모의 원산지로 유명하다. 양모 대신 낙타나 염소 털로 짜기도 하지만 '캐시미어 숄'은 세상에 지금까지 나온 목도리 가운데 가장 부드러운 명품이다.

윌리엄 대니얼은 스리나가르에 2년간 머물며 그림을 그렸고 1792년에 콜카타로 돌아올 때까지 들르는 곳마다 붓을 들었다. 하지만 위험천만한 여로였다. 지도를 작성하려고 아시아 지역을 은밀히 답사하던 사람들이 첩자로 붙들리기도 하던 시절이기도 했고, 지역의 패권에 예민하던 러시아와 청나라는 타국의 정보수집 활동에 불안해했다. 청나라는 몽골, 티베트, 위구르를 비롯해 조선 등 주변 봉신국을 잃을까 노심초사했다. 더구나 인도와 중국 대륙 전역에서 수많은 봉건영주가 독립하겠다고 들고 일어나 정황도 극히 혼란스러웠다. 각지에서 쫓겨나 헤쳐모여를 반복하는 도적떼도 들끓던 이런 상황에서 누가 안전한 여행을 장담할까.

이러한 어려움에도 윌리엄 삼촌과 조카는 대담했다. 그들은 인도 전역에 흩어져 있는 힌두교의 모든 신상을 경배할 수 있는 람스와람 섬까지 탐사했다. 람스와람 섬은 지금은 다리로 이어져 있지만, 남쪽 해안의 스리랑카를 마주보는 힌두교 최고 성지로 "이 세상의 끝"이다. 코끼리를 타고 깊은 정글 속으로 수도원을 찾아들어가는 사람들도 많았다.

윌리엄과 토머스 대니얼의 원작 판화집은 1795년에서 1808년에 걸쳐 출간되었다. 판화집은 고가(한 질당 210파운드)였지만 대성공을 거두었다. 30질을 동인도회사에서 구입했는데 판화집은 호사가들

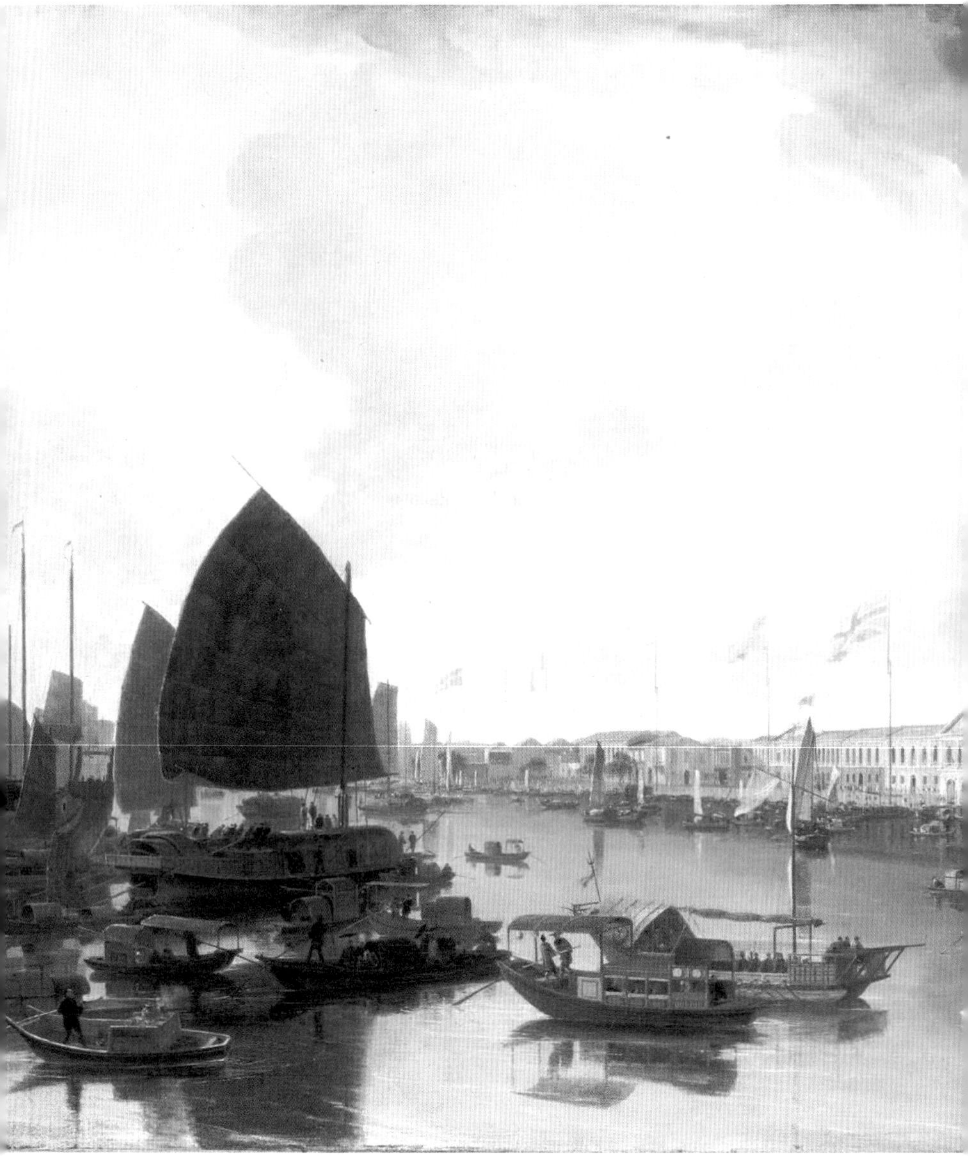

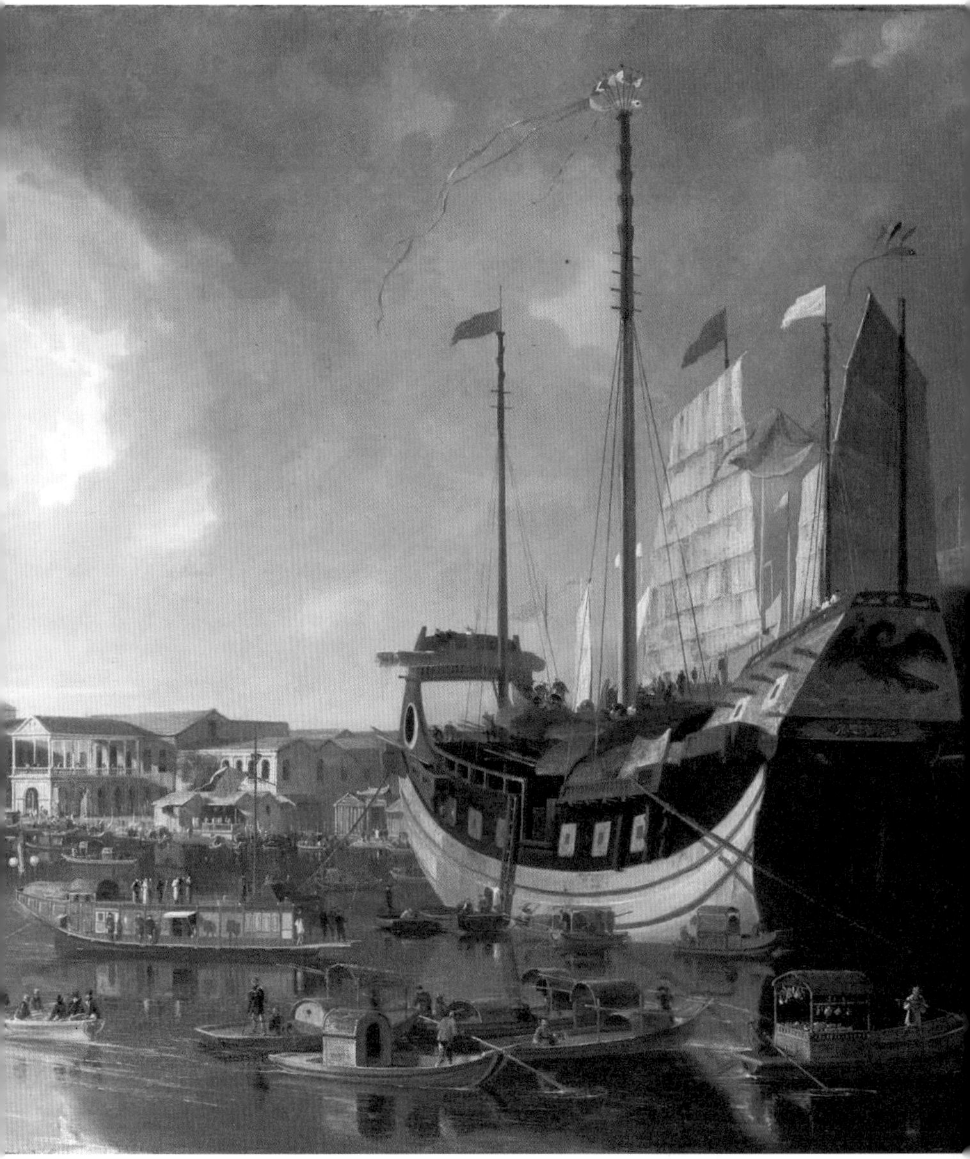

윌리엄 대니얼 〈광저우 상관〉 1810년경

이 구입하는 것 외에 인도 각지의 실상을 아는 데 꼭 필요했기 때문이다. 이렇게 동인도회사는 화가들의 모험을 간접 지원했으며 그들의 판화는 현지의 사실에 충실하다고 높은 평가를 받았다.

"그것을 보고 있으면 인도의 포근한 날씨를 느낄 것만 같고 물이 정말로 출렁대는 듯하며, 동물과, 풀과 나무도 살아 움직이는 것 같아 모두 생물학자의 연구처럼 보인다."(토마스 서튼)

윌리엄 대니얼은 선박편으로 영국 제도를 답사한 수채화집 〈대영제국 일주기〉도 남겼다. 선배들이 종군화가로서 해전과 해외 영토의 모습을 판화로 찍어내던 전통을 이어받은 것이지만 윌리엄의 작업 이후로 차츰 사진가가 그 역할을 대신했다. 그러나 사진술은 19세기 중반까지 무척 어려운 기술이라 사진장교는 거의 없었다. 그 대신 직업사진가를 종군기자로 초대했는데 일본에 거주하다가 조선에 들어와 강화도에서 신미양요의 격전장을 촬영한 펠리스 비토도 그런 사진가였다. 비토는 일본과 홍콩, 싱가포르를 오가며 일하던 이탈리아 출신 영국 사진가였다.

사진가들은 홍콩 등지에 아예 눌러앉아 사진관을 차리기도 했다. 그 중 일부는 대만과 중국본토로 선교사를 따라 들어가 촬영하기도 했다.

윌리엄은 어렸을 때 일기를 썼지만 중국을 여행하던 시절에는 중단했다. 그러나 윌리엄의 삶은 그와 절친한 풍경화가로 30년 가까이 일기를 남긴 조셉 패링턴의 〈더 패링턴 다이어리〉 덕에 자세히 알려졌다. 패링턴의 일기에 따르면 "윌리엄은 만년에도 새벽 여섯

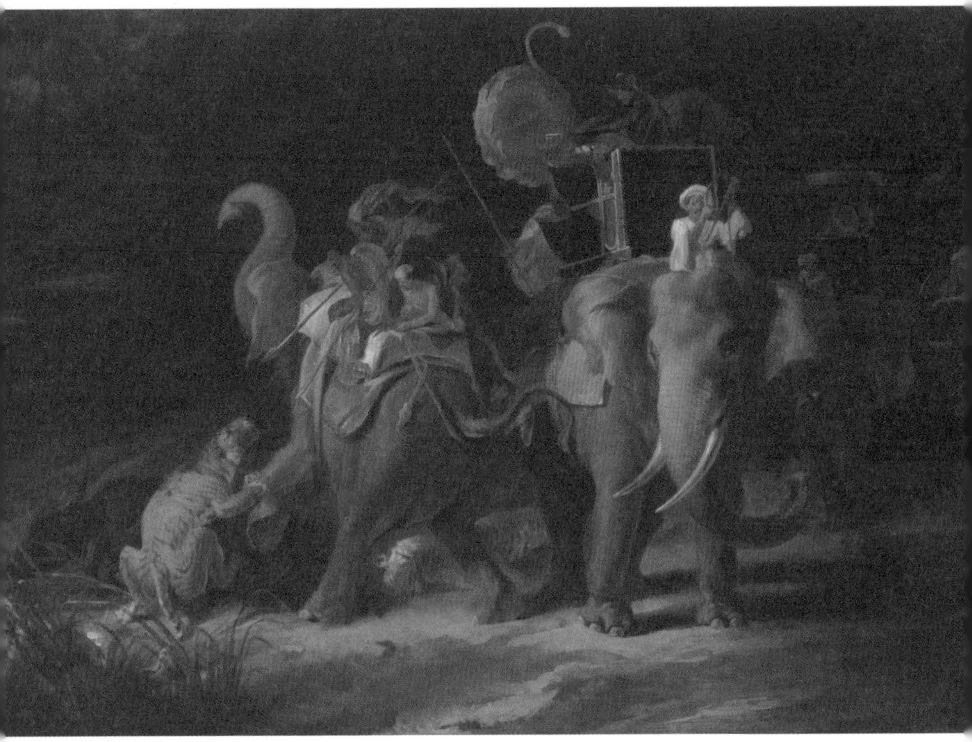

토머스 대니얼 〈동인도의 호랑이 사냥〉 1798년

시부터 밤 12시까지 판화 작업을 했다."

양귀(洋鬼)의 집

광저우에 설치된 13개국의 무역거래소를 광저우 상관(商館) 또는 청나라 보통사람들은 양행(洋行)이라고 했다. 상관은 청나라가 서구 열강에 '해금(海禁)'이라면서 서양과 무역금지를 풀면서 들어섰다.

그 전에도 소규모 거래가 없지 않았는데, 17세기 강희제 때 광저우 외에 몇몇 도시에서 일부 교역을 허용했다. 1686년, 광저우에 서양인 정착촌처럼 개점했지만 가톨릭 포교 문제로 사이가 틀어져 한동안 뜸하다가 1748년부터 다시 늘어났다.

1757년(학자에 따라 약간 오차가 있다)부터 1839년 제1차 아편전쟁이 터질 때까지 서양인은 요즘의 면세 구역과 비슷하게 광저우에서만 중국인과 거래했다. 그 후 아편전쟁에서 청나라가 패하고 1842년 난징조약으로 홍콩 등지를 서양에 내놓으면서 광저우 상관은 사라졌다.

광저우 상관은 성문 바깥 쪽 해안 일대였다. 중국인은 그곳을 외국을 무시하는 악습대로 "야만족의 집" 또는 "양귀의 집"이라고 불렀다. 광저우 상관은 1856년 제2차 아편전쟁 때 영국, 프랑스의 함포사격으로 잿더미가 되었다가 조계지로 재건되었다. 따라서 윌리엄의 그림은 그보다 거의 반세기 전의 모습이다.

건물은 해변에 2-3층 이상 올릴 수 없었다. 그리스, 네덜란드, 영국의 신구 2개관, 스웨덴, 제국관, 미국, 프랑스, 스페인, 덴마크, 동인도회사관, 중국관이 있었다. 나라별 건물은 서너 채로 아래층은 가게, 위층은 주거로 쓰고 건물 앞 광장에 담을 두르고 서양인만 사용하도록 했다. 이곳으로 통하는 길목에 중국 물건을 취급하는 소매상들이 들어서기 시작해 1835년 당시 정형외과가 있었고 초상화실도 있었다. '람 콰(Lam Qua)'라는 중국인 서양화가가 수술 받기 전의 환자의 모습을 그렸는데 수술 중에 저승으로 직행하는 환자들이 많았기 때문이다.

윌리엄은 상관의 모습을 배를 타고 나가 바다 쪽에서 그렸다. 1805년부터 10년 사이에 몇 차례 그린 그림 중에 2점의 유화가 전한다.

그의 그림들을 보고 있으면, 과연 이곳이 무서운 아편전쟁의 무대였을까 싶고, 파렴치하기 짝이 없는 전쟁이 벌어진, 극동을 뒤흔든 무대라고 보기에는 너무 태평하다.

깃발을 올린 서양 범선들이 정박장에 떠있다. 크고 작은 중국 '정크'는 돛을 활짝 펼치고 껄떡이며, 작은 보트들은 혼잡한 뱃길 사이를 오간다. 각국 선박이 어지럽게 바다를 채운다. 앞바다는 활발한 장터나 다름없이 만국박람회장 못지않은 제국의 각축장이다.

바다 그림은 전통적으로, 폭풍에 시달리는 위기나 난파선 또는 함포가 터지는 해전을 묘사하면서 무서운 바다를 전하려 했다. 그렇지만, 윌리엄의 작품은 초기 풍경화의 매력이 물씬한 베네치아 화파처럼 뱃길을 즐거운 소풍길로 묘사하고 변화무쌍한 날씨와 반짝이는 수면은 미묘한 색채로 넘친다. 그런가 하면, 17세기에 네덜란드 풍경화가들이 고생하면서도 열심히 살아가는 터전으로 그렸던 어촌풍경과는 또 다른 현대적인 맛을 보여준다. 바야흐로 바다에서 동서양이 서로 만나 쑥덕대고 희희낙락 하던 시절 같다.

하지만 이런 정경은 오래 가지 못했다. 인간의 역사가 항상 그렇듯, 다시 아우성이 터지고 포성이 울렸다. 그 즈음 청나라 해군의 실상은 과연 어땠을까? 동아시아 대륙을 누볐던 대여행가 에바리스트 위크 수사는 이렇게 보았다.

중국 해군도 육군과 비슷한 수준이다. 30만 해군이 전함에 분산 배치되었다. 전함은 '정크'라는 돛배들이다. 대나무로 엮은 거친 돛을 단 보통 범선처럼 선체의 앞뒤가 높다. 정크는 장거리 항해에 부적합하다. 주로 연안과 큰 강에서 시시한 해적 소탕전을 벌인다. 전함들은 매우 다양하다. 아무튼, 중국에서 큰 해전은 양쯔 강에서 벌어졌다. 해전은 중국이 분단되었을 때마다 빈번했다.

전함은 이름으로 특별한 형태를 알 수 있다. '다족함(多足艦)'은 많은 다리가 달린 징그러운 벌레처럼 3열의 노가 붙었다. '매부리함'은 배의 앞뒤에 각각 닻이 붙었다. 뱃머리를 돌리지 않고 전후진 한다. '사륜함'은 배 앞뒤 쪽에 두 개씩 붙은 바퀴들을 선원들이 손으로 돌린다. 바퀴 달린 배는 까마득한 옛날부터 사용했다. 창의력이 풍부한 중국 사람들이지만 풀턴의 증기기관을 이용할 줄 모른다.

배는 형태도, 그려 넣은 그림도 괴상하다. 선체가 물고기, 양서류 또는 새 모양으로 보이도록 치장한다. 적에게 겁을 주려고 무시무시한 눈을 뱃전에 붙인다. 배 안쪽은 훨씬 더 괴상망측하다. 선실들은 괴상한 모양으로 얼기설기 지었다. 그러나 서양 해군들이 깜짝 놀라는 면도 있다. 중국 전함은 밑바닥이 여러 층이라 배의 일부가 부서져도 물이 차지 않는다. 이런 장치 덕에 갑판에 배수용 펌프가 따로 없다. (에바리스트 위크 〈중국여행기〉)

활기차던 바다에서 왜 전쟁을 치렀을까. 영국은 청나라에 싸움을 걸고 들어왔다. 아편을 밀매하는 영국 상인들을 청나라 당국이 제재하자 평소 "자유무역을 간섭할 일이 아니다"라고 했던 영국정부는 "상인들은 영국 신민이므로 보호해야한다"고 억지를 부렸다. 이 상황을 서양 측에서 어떻게 보았는지 흥미로운 기록이 있다. 1844년 청나라는 난징조약에 이어 프랑스와 단독으로 황푸조약을 맺었다. 청나라가 프랑스와 맺은 최초의 불평등조약이다. 이때 프랑스 특사단 재무관 샤를 라볼레가 남긴 〈중국에서의 유럽 정치〉라는 글이다.

영국, 네덜란드, 스페인 세 나라는 아시아에 방대한 영토를 갖고 있다. 영국은 인도 대륙에서 세력을 다지고 나서 동진했다. 이제 막 중국해까지 진출했다.

네덜란드는 난징조약으로 말레이 제도의 남쪽까지 진출했다. 좁은 해협으로만 연결된 진주목걸이처럼 이어지는 자바 섬까지 확보했다. 스페인은 국내의 혁명과 해군의 쇠퇴에도 마젤란 덕에 얻은 필리핀 제도를 잃지 않았다.

유럽은 송드 해협을 사이에 두고 수마트라 곶과 뤼송 북부와 오스트레일리아로 이어지는 방대한 지역에서 마를 줄 모르는 풍요로운 광산을 개발했다. 영국과 네덜란드는 이런 놀라운 개발을 해왔다. 이들이 소유한 연안에서 수많은 산물이 거래된다. 과거에 대담한 발견에 나섰던 스페인은 정복전쟁에 사납게 덤벼들었지만, 평화적 식민사업에는 굼

뜬 모습이다, 아무튼, 루손 섬 한 곳에서만도 해마다 엄청난 거래를 한다.

이런 기반 위에서 유럽은 멀리 밀어붙인 팽창운동에 집착해 새로운 정복지를 찾았다. 열강은 섬들을 장악하고 나자 아시아 대륙에 소극적으로 접근하지 않았다. 포르투갈이 내려놓은 주도권을 틀어쥔 영국은 중국에 정면으로 대들었다.

17세기 중엽, 동인도회사가 광저우에 정착해 독점거래를 갱신하던 1834년까지 자리를 지켰다. 중국은 이런 사건으로 전쟁을 치렀고(제1차 아편전쟁) 난징조약을 맺었다. 중국은 패배를 인정하고 다시 항구들을 개방했다. 베이징 조정이 수세기 동안 외국을 능란하게 배척했던 제도는 무너졌다.

난징조약으로 유럽은 중국과 아시아에서 새로운 상황을 맞았다. 중국정부는 해묵은 법과 의아한 정치에도, 유럽인이 연안으로 들어와 강들을 따라 상품을 실은 배들을 올려 보내는 것을 보았다.

유럽인은 베일에 싸인 청나라의 심장을 파고들었다. 또 서둘러 상호관계를 맺으려 하고 당시 막 개항한 시장을 기반으로 시장을 더 넓히려 했다. 이런 식으로 대륙의 장막은 찢어지기 시작했다.

1842년에 만리장성은 험하게 일격을 당했다. 영국이 신호를 보내자마자 미국, 프랑스, 스페인도 원정을 시샘하며 뛰어들었다. 의정서를 공포하고 조약에 서명하는 평화로운 원정이었다. 벨기에도 강대국을 모방해 베이징 당국과 별도의 조약을 맺으려 했다. 유럽 전체가 어떤 대표를 앞세워서라도 청나라가 외교를 허용하도록 압박했다.

이 때문에 다른 한편에서는 중국과 유럽, 또는 중국과 영국의 전쟁은 쉽게 끝나지 않을 것이라고 했다. 조만간 적대행위가 다시 불붙을 것이라 예상됐다.

한편 이전 전쟁의 패배로 치욕을 당한 중국인은 '또다시 전쟁을 해야 할지 모른다', '난징조약은 실행하기 어렵다'고 생각하며 자존심이 상해 분개하고 있다. 영국 팔머츤 경의 정책 탓도 있다. 영국은 야심만 품고 별로 합법성도 없이 놀랍게 덤비며 또 다른 전쟁 구실이나 찾고 있었다.

최근 몇 해간의 사태를 자세히 들여다보면, 다시 전쟁(제2차 아편전쟁)이 일어날 것이라는 걱정은 하지 않아도 좋다. 최소한 영국은 (논란에 깊이 관련된 당사자로서), 팔머츤 경 취임 후 무기를 들 뜻을 보이지 않았다. 그런데도 동기야 없지 않다. 어쨌든 동기가 없어도, 첫 번째 대결에서 아편이 구실이 되었듯 어떤 구실이라도 찾아내지 않을까?

법에 비추어, 영국은 난징조약을 모두 실행하고 나서, 특히 추산도를 포기하고 중국 당국과 맺은 조건을 엄정하게 시행하라고 요구할지 모른다. 요컨대, 난징조약은 광저우 성내를 외국인에게 개방한다고 했다. 그렇지만 지금까지 외국인은 광저우 변두리에 갇혀있었다. 그 지역 밖으로 나가려면 모욕과 폭행을 당할 수도 있다. 청나라 관리들은 주민의 난폭한 적대행위를 예방도 저지도 못한다.

1847년 홍콩 조계지의 영국 전권대사 존 데이비스는 저강을 거슬러 올라, 요새에 시위를 하고, 부왕 치잉(耆英)에게 조약위반을 격렬하게 항의하는 대표단을 보냈다. 치잉 부왕은 1845년 미국영사에게 보낸 공한에서 광저우 주민의 입장을 다음과 같이 전했다. 사실상 나약한 어조로 중국 정부의 선의를 입증하고 있다.

"다른 거래를 허용한 항구들에서, 외국인이 시내를 자유롭게 돌아다닐 수 있다고 하셨지요. 그런데 광저우에서 그렇게 못한다고.

광저우 주민은 다스릴 수 없고, 법이 마음에 들지 않으면 따르지 않습니다. 주민들은 지금도 외국인이 시내로 들어오는 것을 원치 않습니다. 관리들도 규제할 수 없습니다.(…) 광저우 사람들은 무법자입니다."

이렇듯 중국은 권위 있는 당국이 있지만 통치하지 못한다. 그 사이 청나라 도광제는 죽음을 앞두고 최후의 칙령을 내렸다. 가장 특이하고 환상적인 사료 아닐까?

"서쪽 국경 너머에 살고 있는 딱한 미치광이들에게 우리 군대의 맛을 보여줄 때, 우리는 여러 해 동안, 우리 군의 용기에 호소하지 않아도 된다. 하지만 동남 연안에서 교역 문제로 전쟁이 터졌다. 그러나 우리가 으뜸가는 미덕인 박애를 보여야 할 텐데, 어떻게 무고한 백성을 날카로운 창에 찔리도록 내버려두겠는가? 그래서 우리는 슬프지만 중요한 조약을 체결했다. 우리는 우리 제국의 번영을 원하는 한, 먼 곳에서 온 자들에게 온정을 보여야 했다. 그 뒤 지난 10년간 무서운 화염이 꺼졌고, 우리 백성과 야만족이 평화롭게 거래한다. 지금 모두들 우리가 진심으로 애민(愛民) 정치에 따랐음을 이해한다."

이것이 죽어가는 황제의 유언이다. 패한 자가 영국 대포 앞에서 강제로 맺은 조약이다. 그런데 황제는 야만족에게 자유롭게 태연히 온정을 보였다는 식이다. 이런 순진한 중국식 과장을 굳이 따지지 않겠다. 그러나 이같은 거짓 문장 속에 황제가 숨기고 있는 서글픈 현실과 수심, 즉 난징조약에 대한 해명 또는 차라리 용서라는 것은 요컨대, 지난 7년 동안 도광제가 나라의 정치를 맡은 마지막 남은 민족주의자들에게조차 새로운 정치를 지지할 수밖에 없었음을 드러낸다. 황제는 새 정치의 필요성을 이해하지만 쓰라리게 자책했다. 황제는 거만하게 진실을 밝히는 순간에도 화친파의 손을 들어주었던 인기 없는 정책의 원인을 완전히 밝히지 못했다. 황제는 자책하면서 황제로서 무사히 죽지 못할까 걱정하지 않았을까? 자기 자신에게나 백성에게, 자신이 영토를 지켜내지 못했으며, 중국 땅에 야만족들을 들여놓았다고 밝혀야 했을 테니까.

황푸조약 전야

황푸조약은 진주강에 정박한 프랑스 군함 〈라르키메드〉 선상에서 체결되었다. 광저우성장 치잉(耆英)과 프랑스 특사 테오도르 드 라그르네는 광저우, 푸주, 닝보, 상하이, 샤먼(廈門) 다섯 개 항구에 프랑스 조계지를 설치하기로 했다. 프랑스 영사관의 설치와 가톨릭 선교사의 신변보장도 약속했다.

치잉 부왕은 그 불평등조약 전야에 프랑스 특사를 만찬에 초대했다. 만찬에 참석한 프랑스 1등서기관 테오필 드 페리에르 르 베이에는 그 자리를 이렇게 묘사했다.

> 만찬이 준비되었다고 고했다. 치잉 부왕은 자리에서 일어나 라그르네 특사를 식당으로 안내했다. 동화처럼 환상적인 상차림에 우리 모두 눈이 휘둥그레지고 말았다. 식탁에 둥근 기둥을 올리고 그 사이에 붉은 촛불을 밝혔다. 정원처럼 넓은 실내는 청, 황, 녹의 불빛을 밝혔다. 수많은 기둥, 원화창과 화환에 올린 수많은 유리잔에서 은은한 광채가 퍼졌다. 빛은 화초와 나무를 물들였다. 수많은 군중이 흰 옷 차림으로 무대 같은 잔치를 주시했다. 허공에 걸린 거대한 유리등잔들은 다채롭게 반짝이며 '아라비안나이트'

의 분위기를 자아내었다. 식사 순서는 다음과 같다.

먼저 입맛을 돋우려고 향미를 곁들여 시큼한 초를 친 과일이 나왔다. 이어서 고기와 생선탕이 나왔다. (…) 제비집의 맛이 가장 미묘했다. 소스 향은 짙었다. 고기와 생선 살코기는 훨씬 더 그윽했다. 조가비는 신선하고 상어지느러미는 씹히는 맛이 좋고 가늘었다. 단 한 가지 부족한 것이라면 중국 와인이다. 샴페인은 프랑스 것이 아니라 남아프리카 산 영국제였는데 형편없었다.

어마어마하게 다양하고 푸짐한 요리들이 줄지어 나왔다. 재료도 이름도 알 수 없는 요리가 끝이 없었다. (…)

파삭하게 통째로 구운 젖먹이돼지를 즉석에서 썰어 내기도 했다. 파리의 최고 요리사라야 그런 맛을 낼 것이다. 중국요리는 극도로 세련된 문명에서 나왔다. 과거와 현대의 풍습과 방법을 모두 합했다.

중국요리는 러시아 요리처럼 입맛을 당긴다. 소스는 영국처럼 새콤하고도 매콤하다. 복잡한 찜요리는 프랑스처럼 까다롭다. 네로의 잔칫상처럼 짐승의 작은 부분만 먹는 사치를 부린다. 거대한 철갑상어를 잡아 연골만 먹고, 큰 상어를 잡아 등에 붙은 작은 지느러미만 먹고 나머지는 버린다. 특별한 요리에는 특별한 땔감만 사용한다. 영계백숙은 뽕나무만 때서 익힌다. 애저는 아카시아 나무로만 불을 지핀다. 차(茶)에 부을 물은 소나무로 끓인다. (…)

디저트로 페이스트리, 잼, 당과가 나왔다. 부왕은 한자를 새긴 작은 과자를 손님들에게 권했다. 한자의 뜻은 "만년 가는 우정"이다. 파삭하고 달달한 케이크와 북경에서 내려온 아주 얇게 빚은 과자도 있었다.[월병과 천층수를 가리키는 듯하다]. 부왕은 과자 두 상자를 싸서 라그르네 씨의 어린 딸들 몫으로 보내도록 세심하게 신경을 썼다. 식사 내내 시종들이 매번 부왕을 비롯한 인사들에게 작은 수건을 가져다주어 손과 얼굴을 닦았다. (테오필 드 페리에르 르 베이에 〈중국의 프랑스 대사〉 1854)

이것이 과연 패한 자의 상차림일까?

사하라의 영웅 압델카데르

〈즈말레 전투〉 호라스 베르네

1828년, 사하라 사막의 전모가 밝혀졌다. 프랑스 탐험가 르네 카이에가 마침내 수년간의 사하라 주파를 끝내고 이렇게 감탄을 쏟아냈다.

"금단의 땅이던 사하라 사막은 이때부터 약속의 땅이 되었다."

무슨 약속일까. 희망과 구원의 약속일까, 혹시 그때까지 곱던 금빛 사막이 피로 붉게 물들게 된다는 경고 아니었을까. 유목민이 더욱 혹독한 땅으로 쫓겨 들어간다는 불길한 예언이었을까?

당장 찾아온 변화가 있었다. 투아레그처럼 위대한 사막민족, 결코 패배를 모른다던 민족이 열강의 용병으로 전락했다. 사막은 첨단 신무기 실험장이 되고 신무기를 다루는 유럽 장군들이 사막을 누비며 영웅 행세를 했다.

사하라는 1, 2차 세계대전의 격전지였고 그 뒤로는 식민지에서 오늘날 서구식 국가로 해방되었다. 그러나 차드, 수단, 알제리, 튀니지, 리비아까지 민족과 부족 간의 싸움으로 모래바람 속에 피바람이 마를 날이 없다.

그 와중에 서구학자들의 발굴행렬이 이어졌다. 학자들은 인간을 좀 더 잘 이해할만한 많은 화석을 찾아내 선사의 예술과 영장류를 비롯해 수많은 동물의 유골과 고대 도시의 자취를 발견했다.

말리 공화국의 중심지 툼북투로 처음 들어간 서양인 르네 카이에가 사하라 사막을 종횡으로 답파한 뒤로, 사하라는 사방으로 통하게 되었다. 프랑스 지리학회는 신비에 쌓인 툼북투로 들어가는 사람에게 거금을 주겠다며 격려함으로써 그 길로 사업가와 모험가, 학자와 군인이 줄줄이 뛰어들었다. 사하라는 열강의 해외정치에서 최우선 순위였다. 뜨거운 미지의 대륙을 선점해야 대서양, 지중해, 인도양으로 통하는 방대한 아프리카의 심장을 차지할 테니까.

사하라에 투아레그족이 태고부터 살아온 땅이 있다. 아하가르 산맥 일대 지역으로 알제리의 남부이자 사하라의 북부 지역이다. 투아레그족은 알제리, 리비아, 니제르, 말리, 부르키나 파소 등 사하라 변경부터 한복판까지 광활한 지역에 흩어져 살았다. 투아레그족은 요즘 거의 도시와 마을에 정착해 공예품을 만들거나 여행 '가이드'로 먹고산다. 독일의 사륜 구동차의 이름이 투아레그인데 그것을 빌려 쓴 저작권을 지불하기는 했을까. 대체 저작권의 범위는 어디까지 일까?

요즘도 아프리카에서 단독이든 몇이든 '가이드 '없는 여행은 금물이다. 불가능하다고 해야 할까. 제아무리 노련한 여행가도 안전을 장담하기 힘들다. 몇 해 전 필자를 말리의 수도 바마코에서 열리는 전시회에 초대했던 프랑스 인류학자는 내가 걱정하자 이렇게 안심시켰다.

"아이고, 걱정 마, 아프리카에 강도나 좀도둑이 어디 있어."

"아니, 그렇게 안전해?"

"그럼, 아프리카 친구들은 그런 시시한 짓 따위는 안 해. 탐나고 빼앗을 것이 있으면 죽이고 가져가거든, 노획물로 여기니까. 도둑질했다고 생각하지 않아. 이방인은 곧 적이니까, 태평하게 아무 죄의식 없이 사고를 치지."

아프리카는 혼자 여행하기가 불가능하기에 무장안내원이 반드시 필요하다. 프랑스와 말리 정부군의 공격에 주춤하기도 하지만 투아레그족은 지금도 독립운동을 하고 있다. 많은 전문가가 투아레그 독립운동이 절대 식지 않을 것으로 본다. 프랑스의 이해가 절대적인 이 지역에서 언제, 어느 세력이 개입하느냐에 따라 부족들은 또다시 뭉쳐 들고일어날 것임은 놀랍지 않은 일이다. 원래 그들의 땅 아닌가.

잘 알다시피, 19세기에 주로 아시아, 아프리카 연안 항구에서 서구열강의 대포소리가 거셌다. 한강과 대동강 하구에서 포성이 울리기 반세기 전이다. 열강은 모두들 사귀고 싶다면서 문을 두드렸지만 아시아, 아프리카 군주들은 매우 수줍은 척하며 사실, 양귀와 거래하려 하지 않았다. 사정은 나름대로 달랐지만 한결같이 전통 풍

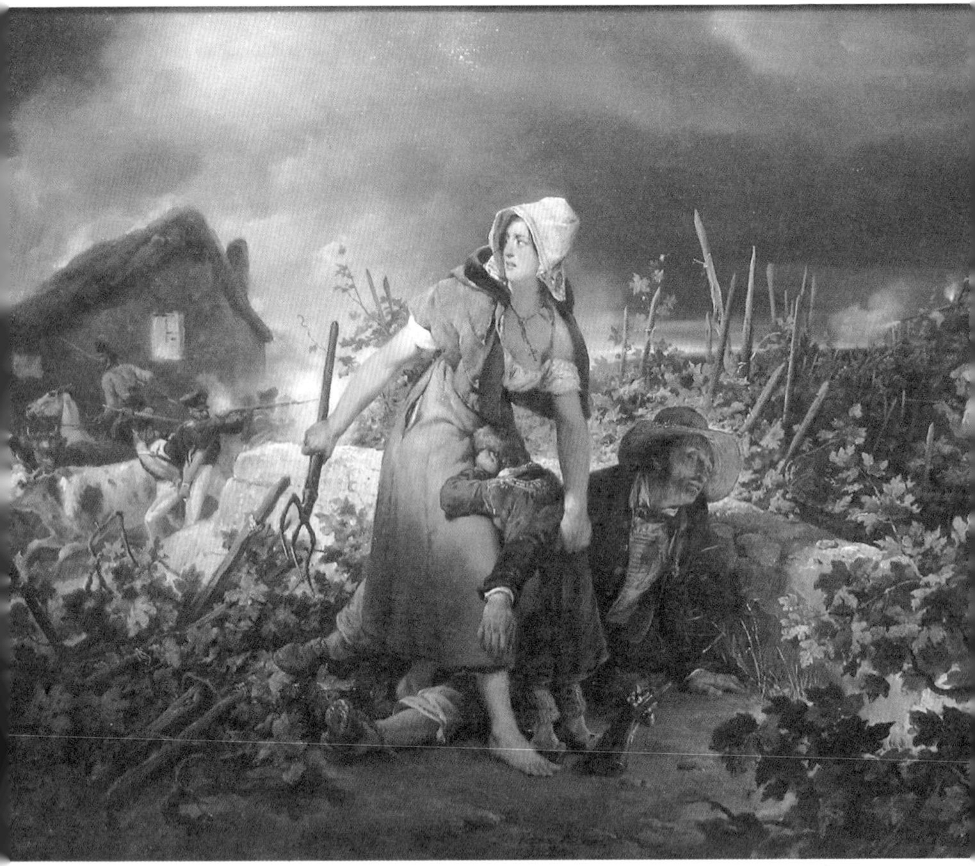

호라스 베르네 〈제1 제정기 전쟁 중의 프랑스 시골〉 1814년

습과 가치가 무너지면 왕조와 '천하까지' 모두 무너질까 두려워했다. 예수는 "두드려라, 열릴 것이다"라고 했는데, 서양 기독교도는 살살 두드리지 않고 거칠게 두드렸다. 대포로!

알제리 침공

1830년, 시국이 뒤숭숭하던 프랑스에서 국왕 샤를 10세와 의회의장 폴리냐크 공은 1월부터 궁리하던 끝에 3월에 알제리를 침공하기로 했다. 그 해 겨우내 국내 민심은 흉흉했기 때문이다. 혹한에 시달리다 봄이 오자 굶주려 거지가 된 농부들이 시골을 돌아다니며 빵을 내놓지 않으면 초가집을 불 질러 버렸고 콜레라까지 만연했다. 파리 근교의 원인 모를 화재가 빈번했던 이런 난국에 국민의 눈을 해외로 돌려 민심을 수습하려고 왕과 의회 모두 알제리를 점찍었다.

하지만 국민은 기만술에 넘어가지 않았다. 결국 7월에 특권이나 지키려는 무능한 왕과 관리에 분노하고 생활고를 못 견딘 민중이 들고 일어나 전국을 뒤흔들었다. 이른바 '7월 혁명'이 일어나 국민대표가 3일간이나마 집권했다.

아무튼 침략에 나선 국방장관(공식 호칭은 '전쟁장관') 부르몽 백작이 진두지휘한 상륙작전으로 알제리는 단숨에 불바다가 되었다. 이때부터 알제리는 1902년 프랑스에 합병되어 사하라 사막 지역을 내줄 때까지 70년 넘게 싸웠다.

처음에는 오토만터키제국이 지배하던 알제리 수도 알제에서 동쪽으로 30여 킬로미터 떨어진 시디프레즈 반도로 프랑스 병력 3만 8천 명이 들어갔다. 수도는 7월 5일 함락되고 침략군은 알제 항과 주변의 수백, 수천 년 넘는 도심을 파괴했다. 고대의 제국들이 다투어 남긴 장엄한 건물과 기념비, 찬란한 유산이 모두 온데간데없이 사라지고 단 한 곳, 카르타고와 로마와 베르베르의 전통이 뒤섞인 손바닥만 한 '카스바' 구역만 화를 면했다. 파괴된 지역에는 프랑스식 석재와 철재 건물들로 신도시가 들어섰다. 신도시 지역은 사실, 오토만터키가 지배하며 3백 년 전부터 어지간히 뭉개버렸던 전력이 있지만 이슬람의 그늘 속에 그나마 남았던 고대의 자취는 이렇게 깨끗이 사라졌다. 푸른 지중해를 내려다보던 아름다운 옛 성곽도 무너졌다.

침략군은 알제리 땅에 눌러앉아 정주민이 되었고 여기에 영국이 1814년부터 패권을 장악한 지중해 몰타 섬과 이탈리아와 스페인 주민들도 몰려들었다. 훗날 1870년 프랑스는 프로이센과의 전쟁에 패해 알자스로렌 지방과 코르시카 섬을 내주게 되자, 그곳 주민을 알제리로 이주시켰다. 사막의 오아시스 같은 땅은 이민천국이 되었다.

알제 항이 대대적 함포사격을 받은 것은 1830년이 처음은 아니다. 그 세기 초, 영국과 네덜란드 연합함대는 해적을 소탕하겠다며 알제 항에 26척의 전함으로 100발 가량의 포탄을 퍼붓고 5십만 발의 총격을 가했다. 양국 함대는 나폴레옹 1세가 엘베 섬으로 추방되기 무섭게 아프리카 연안으로 달려갔다. 이들은 해적에 붙잡혀 있던 기독교 노예를 해방하겠다는 구실을 내세웠는데 사실 노예 가운데 백인 노예가 적지 않았다. 유럽 대륙이 나폴레옹과 싸우느라 정신없을 때, 북아프리카 여러 민족의 무장선단은 지중해에서 서양의 많은 상선을 나포해 백인 선원들을 노예로 부렸다. 연합군의 공격으로 해방된 노예는 3만여 명에 달했다.

프랑스의 배은망덕

1830년 침공 때 프랑스는 또 다른 명분을 내세웠다. 그때 알제리 군주는 "데이"라고 하는, 오토만터키에 복속된 지역의 자치 군주를 부르는 '섭정' 호칭으로 불렸다. 서양 측은 정규군과 다름없는 알제리 전함을 해적선이라고 불렀는데 이는 섭정이 통제하는 함대였다. 섭정은 노략질로 군비를 조달하는 한편 그들의 '해적선'은 프랑스 해군의 포격에도 대담하게 맞섰다. "양측의 피해는 사상자 5백여 명이라고 하고, 수천 명이라는 등 공식수치조차 없다(아르센 베르퇴유)." 역사가들의 추정치만 전한다.

침공 몇 해 전, 알제 주재 프랑스 총영사 피에르 드발이 섭정 후세인에게 불려갔다. 섭정은 프랑스 공병대가 프랑스 이주민이 살던 '엘 칼라'에 말 한마디 없이 요새를 지었다며 총영사에게 항의했다. 지금은 국립공원이지만 엘 칼라는 수려한 해변도시로 풍요로운 습지가 있었다. 수백 년 전부터 최상품 산호 산지로 프랑스 기업가들이 산호를 캐고 채광을 했다.

섭정은 총영사의 해명을 요구하고 또 내친 김에 해묵은 빚을 갚으라고 했다. 그런데 총영사는 해명은커녕 빚도 갚지 않겠다면서 '배 째라' 는 식으로 무엄하게 굴었다. 섭정은 격분해 커다란 부채로 총영사를 후려쳤다. 관례에 비추어볼 때 엄청난 스캔들이었지만 사실 그럴 만도 했다. 프랑스가 나폴레옹 몰락 이후 오랜 전쟁으로 궁색하던 시절에 알제 사람들이 선뜻 빌려준 자금 아닌가. 뻔뻔하고 배은망덕도 유분수지!

이 소식에 프랑스 왕은 되레 섭정에게 폭행을 사과하라며 해군을 보냈다. 그러면서 전쟁을 벌여 이번 기회에 알제리와 사하라 전체를 집어삼키고 불안한 국내 정세까지 일거에 뒤집어보려 했다. 그러나 국왕 샤를 10세는 몇 해 뒤 터진 7월 혁명으로 왕위를 내놓고 영국으로 망명했다.

프랑스군은 7월 15일 알제를 점령했다. 이슬람 원로들이 '성전(聖戰)'을 부르짖자 많은 교도가 집결했지만 정작 섭정 후세인은 도망쳤다. 섭정은 프랑스로 망명하려 했지만 거절당하자 오스트리아제국 관할지역인 나폴리로 들어갔다. 이때, 영웅 압델카데르가 하늘이 보낸 듯 나타났다. 알라신의 뜻을 받들겠다며 혜성처럼 민족의 영웅이 나타나지 않았다면 알라신은 얼마나 원망을 샀을까? 압델카데르는 '복받은 자'라는 명성을 얻었다. 압델카데르는 저항군을 일으켜 반대하는 주둔군 터키 용병을 무자비하게 처단했다. "적의 총탄에 둘러싸여 죽은 말들의 피로 그의 흰 두루마기가 붉게 물들었다."

알제리 토후귀족 압델카데르는 의병장 같은 인물이다. 초야에 묻혀 공부하던 선비가 외적의 침입에 맞서 분연히 칼을 빼들었다. 압델카데르는 수십 년간 누구도 덤비지 못하던 막강한 프랑스군과 싸웠다. 동포들은 그를 '술탄'이라는 신정일치의 절대군주 호칭으로 추대했지만 그는 이런 명예를 사양하고 보랏빛 두루마기를 걸친 '에미르', 즉 족장 정도로 불러달라고 했다. 정말 겸손한 인물이었다. 압델카데르는 알제리 서북부의 쾌적한 '오랑' 지방, 사하라 사막의

나들목을 거점으로 삼았다.

그나저나, '부채' 사건이 상징하듯, 프랑스만큼 알제리와 또 이웃 튀니지와 이집트 사람에게 큰 빚을 진 나라가 있을까? 그들이 서둘러 요새화한 엘 칼라는 그로부터 반세기 넘게 프랑스 해외영토였다. 풍요로운 엘 칼라에 북아프리카를 비롯해 지중해 섬과 연안의 여러 부족이 섞여 살았다. 엘 칼라를 서양제국들이 번갈아 지배했기 때문에, 몰타 섬처럼 혼혈이 대다수이던 원주민은 프랑스어, 영어, 이탈리아어, 스페인어 등 다국어에 능통했던 것은 물론 아랍어, 북아프리카 유목민 언어에도 익숙했다. 여러 나라 말을 구사하는 원주민은 프랑스 사람의 통역으로 일하면서 프랑스가 사하라를 정복할 때 길잡이로서 중요한 역할을 했다. 프랑스 사람들은 그 지역 수많은 부족 언어를 까맣게 몰랐다.

압델카데르는 침략군에 맞서 수년간 싸웠지만 양측 모두 피해가 막심했다. 결국 화평안을 내놓았다. 1834년 2월 24일의 조약은 이런 내용이다.

"아랍 부족과 프랑스의 적대행위를 중단한다.
완전히 자유로운 상거래를 허용한다.
포로를 즉시 석방한다."

이렇게 타협했지만 해적질하던 부족들이 반발하면서 압델카데르의 대표성을 부인했다. 따라서 부족들 간의 싸움이 그치지 않고, 아름다운 북아프리카 연안은 좀체 태평해지지 않았다. 첫 번째 평화안이 유명무실 힘을 못 쓰자 혼란이 계속되었다.

알제와 프랑스는 1837년에는 다시 타프나 조약을 맺었다. 프랑스는 알제리 땅 동쪽 끄트머리의 크고 비옥한 쿠산티나 지역을 침공하려고 알제에서 잠시 손을 떼려고 했다. 쿠산티나도 오토만터키 치하에 있던, 고대 로마제국 시절에도 북아프리카에서 가장 잘 사는 곳이었다. 그 틈에 압델카데르는 자기네 땅에서 항상 골칫덩이로 적대적이던 쿨루글리족 소탕에 나섰다. 1월에 공격했는데 살아남은 부족은 몇 백 명뿐이었다. 이것이 '벤제튠 학살'이다. 쿨루글리족은 터키 민족과 야니세르족, 북아프리카 베르베르 토착유목민 등이 복잡하게 섞인 혼혈부족이다.

몇 십 년에 걸친 수많은 전투와 협상에서 프랑스 지휘관들은 압델카데르의 계략에 번번이 모욕을 당했다. 사소해보이지만 누가 누구를 먼저 찾아갔으며 누가 먼저 인사를 했다는 등 위신 문제로 망신을 당했다. 부하들이 지켜보는 가운데 벌어진 일이었기 때문에 사기에도 영향을 주었다. 게다가 의사소통이 불편하고 통역을 거쳐야 했으므로 오해가 빈번한 탓에 양측은 소통과 불통을 오가며 기독교 하느님과 이슬람 하느님의 위력과 뜻을 들먹이며 우쭐해 했다.

타프나 조약으로 압델카데르는 오랑과 알제 두 중심지를 기초로 알제리 땅 3분의 2를 차지한 후 지방정부를 두어 이슬람 독립국가를 세우려 했다. 하지만 1843년 '프랑스 국민의 왕' 루이 필립의 아들, 오말 왕자의 5월 16일 기습공격으로 시작된 '즈말레' 전투에서 패하고 만다.

호라스 베르네의 솜씨

거장 호라스 베르네가 〈즈말레 전투〉를 천막 사이를 누비며 육박전을 벌이는 프랑스 기병과 알제리 독립군의 일전을 파노라마로 그렸다. 화폭은 세로 5미터, 가로 길이 21미터가 넘는다. 19세기의 가장 큰 대작이다.

호라스 베르네는 프랑스제국의 시대상을 가장 훌륭하게 꿰뚫어 보았다. 강직하던 베르네는 예술원장과 로마 주재 프랑스문화원장을 지냈는데 역사화(歷史畵)를 너무 솔직하게 그렸다. 비굴하게 권력의 눈치를 보거나 비위를 맞추려 하지 않던 성격으로 일찍이 나폴레옹 장군을 그릴 때도 초인으로 그리지 않았다. 다른 화가들은 장군을 마치 로마의 신화적 용장처럼 백마를 몰아 불구덩이 속으로 뛰어드는 모습으로 그렸지만, 베르네는 왜소한 몸으로 추위에 떨며 알프스 준령을 넘는 모습으로 그렸다.

베르네는 열렬한 감정을 숨기지 않았지만 지나친 과장도 싫어해서 가능한 정직하게 묘사했다. 로마의 아카데미에서 장학생으로, 원장으로 지내던 베르네의 소탈하고 높은 인격을 많은 후배가 존경했다. 화가들이야 말할 것 없고, 귀부인들, 베를리오즈, 멘델스존 같은 음악가도 그의 인간미를 잊지 못했다. 베를리오즈를 비롯한 여러 예술가와 공주님들은 베르네 원장을 멋쟁이 예술가이자 자상한 형님이나 오빠처럼 회상했다.

프랑스군은 베르네가 거대한 화폭으로 기념했듯 압델카데르 군대에 완승했다. 하지만 이기던 그날 며칠 전까지도 프랑스군은 사

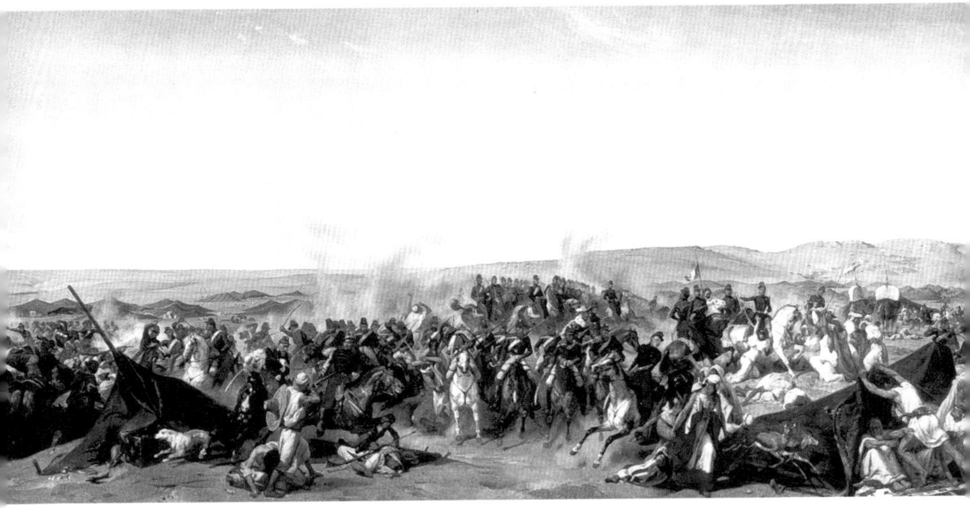

하라 일대에서 사막의 바람처럼 오가는 압델카데르 군대의 근거지를 몰라 고전했다. 압델카데르의 주력과 유목민은 이리저리 옮겨 다니며 신출귀몰했다. 본부가 어디 숨어있는지 도무지 알 수 없었기에 프랑스 지휘부는 유대인과 혼혈부족 통역의 정보에 크게 의존했다. 오말 공작은 이제나저제나 신기루 같은 적의 막사를 찾아낼 꿈만 꾸었다. 황야에서 막사들이 나타나는 날 기필코 끝장을 내겠다고 벼르고 또 별렀다.

어쨌든 오말 공작에게 운이 따랐다. 정확한 정보가 들어오자 그는 보병 1300, 기병 600을 이끌고 사흘 동안 쉬지 않고 황무지를 달렸다. 마지막 구간에서는 "물 한 방울 없는 황야에서 80킬로미터를 주파했다." 오말 공작의 부대는 이런 강행군 끝에 기습작전으로 비교적 적은 사상자만 내고 전투를 끝냈다. 4천여 명의 알제리 사람이

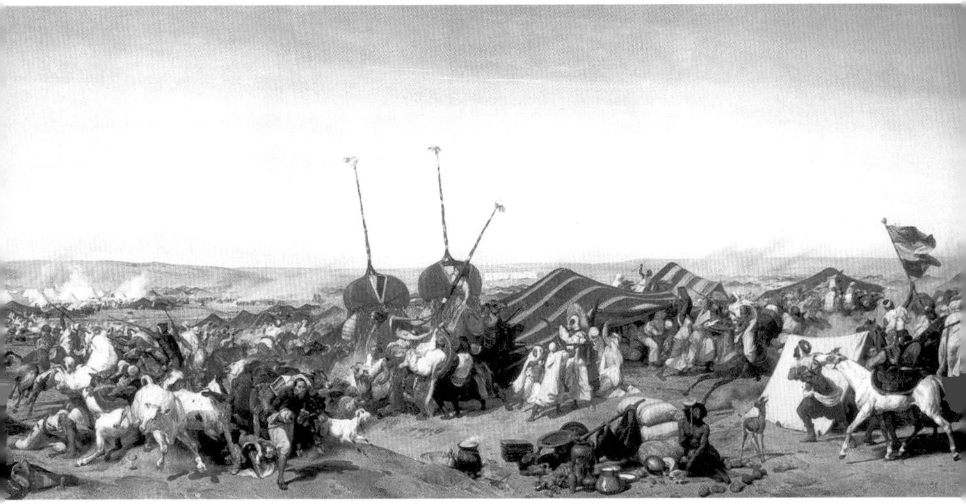
호라스 베르네 〈즈말레 전투〉 1845년

포로로 잡혔다.

알제리 북서부의 즈말레 시는 압델카데르의 근거지였다. '즈말레'는 유목민 수령의 본진이라는 뜻이지만 지금은 압델카데르를 기려 도시 이름이 되어 공식적으로 '즈말레 엘 에미르 압델카데르'로 적는다. 지중해를 뒤집는 포성으로 시작해 사막과 오아시스를 붉게 물들인 프랑스의 알제리 정복은 즈말레 전투로 마무리되었다. 15년 동안 저항했던 압델카데르도 결국 평화를 택했다.

사막의 영웅이 본 프랑스

승리한 오말 왕자는 유화책이었지만 기만술을 펴서 프랑스로 적장을 초대했다. 1848년 압델카데르는 포로나 다름없는 몸으로 프랑스로 건너가 중부 앙부아즈 시에서 살았다. 수백 년 전, 국왕 프랑수아 1세의 초대로 천재 레오나르도 다빈치가 기거하다 숨진 바로 그 성으로 들어갔다.

그 해 4월, 압델카데르는 처음으로 프랑스 땅을 밟았다. 프랑스의 초대에 선뜻 응했지만 사실상 압송된 그는 지중해의 아름다운 '세트'항까지 배편으로 들어가 툴루즈까지 거룻배로, 그 다음은 마차 편으로 목적지 앙부아즈 성으로 들어갔다. 그 길에 압델카데르가 했던 말이야말로 프랑스 제국주의의 본질을 기막히게 함축한다.

"녹음방초 우거진 푸른 들과 숲, 개울과 강이 이렇게 풍요로운데! 프랑스 사람들이 모래와 바위뿐인 우리나라를 차지하려는 필요는 무엇 때문일까?"

그를 보러 많은 손님이 앙부아즈 성을 찾았다. 다빈치 이후 아마 가장 많은 인사가 루아르 강변으로 그 성을 찾았을 것이다. 프랑스 국민은 그를 이렇게 보았다.

"패장이다. 하지만 불굴의 애국자라는 낭만적 이미지로 소설 같은 짜릿함을 찾는 사람들의 흥미를 끌었다. 압델카데르는 손님들을 물리치지 않고 반겼다. 그렇게 손님들과 대화할 때마다 프랑스가 약속을 심각하게 어겼다고 강조했다. 그의 이국적인 명장의 이미지는 사랑받고 존경받는 귀빈으로 차츰 바뀌었다."

압델카데르는 프랑스를 떠난 뒤, 시리아 등지에서 기독교 주민과 이슬람 주민의 갈등이 불거질 때마다 기독교를 옹호했다. 그는 자신이 프랑스 정부에 이용당한 사실을 익히 알면서도 항상 서로 다른 종교의 갈등해소에 나섰다. 그래서 지금도 프랑스 사람들은 이슬람의 영웅을 속였던 것을 후회한다. 그를 진정 인자하고 통 큰 대장부로 기억하기에 적장으로서 프랑스 사람의 존경과 사랑을 받은 사람은 압델카데르가 유일할지 모른다. 압델카데르가 지금 살아있었다면 가장 먼저 '노벨평화상'을 받을 만하다.

압델카데르와 싸울 때 프랑스 군대는 비열한 비정규전을 마다하지 않았다. 민간인(여자, 아동 포함)이 사막 동굴로 피신했을 때 입구에 불을 피워 동굴 속에서 사람들이 나오지 못하게 하여 질식사 시키고는 동굴을 폐쇄했다. 천인공노할 생매장이다. 곰과 늑대 등 야생동물을 사냥하는 방법과 똑같았다. 프랑스 군대는 수차례 이런 작전을 벌였다. 1845년 6월 18일 다흐라 동굴에서 7백 명 넘는 사람이 질식사했다.

계몽사상가로서 소설가 볼테르(〈캉디드〉의 저자)는 1756년에 유럽에서 거대한 '7년 전쟁'이 터지자 이렇게 탄식했다.

"거의 모든 역사는 쓸데없이 잔혹한 만행의 연속극이로세!"

(흔히 〈세계사〉로 알려진 〈역사 에세이〉)

들라크루아는 궁전과 성전의
휘황한 모자이크와 미묘한 추상무늬에서
영롱한 빛의 마술을 보았다.
술탄의 궁전은 말할 것도 없고,
술탄의 얼룩말과 의젓하고 너그러운 부족장과
촌로들의 인품을 깊이 존경했다.
유대인과 베르베르족의 뒷골목 동네에서는
수천 년 묵은 풍속의 황홀한 색채에 홀렸다.

Chapter 2

유럽의 봄,
오리엔트의 가을

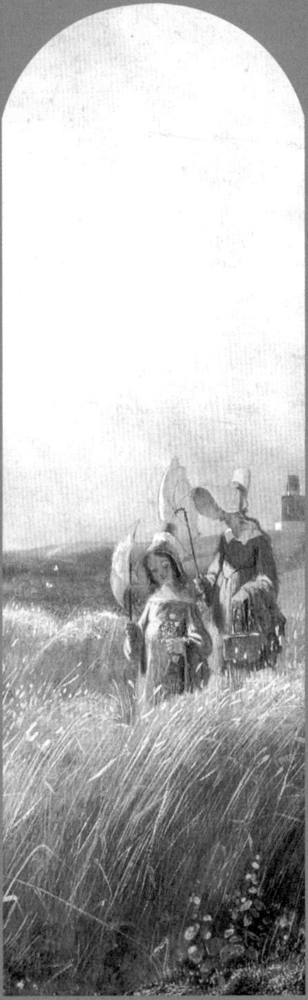

비더마이어 시대

〈초병〉 게오르크 프리드리히 케르스팅

시대의 아픔은 그림에서도 드러난다. 빈번한 '러브 스토리' 의 상처가 드러나고 숨가쁜 정변 속에서 벌어지는 오해와 배신도 폭로된다. 반전을 거듭하던 끝에 적과 동지를 가리지 않고 서로 끌어안는 '휴먼 드라마'도 보인다.

보기 드물게 우정을 기린 작품이 있다. 우정만큼 우리의 가슴이 뭉클해지는 주제가 있을까. 우정이란 이성과 사랑에 눈뜨기 전에, 그만큼 순수해 첫사랑만큼이나 애틋하고 야릇한 동성애 비슷한 감정 아닐까? 뜨뜻미지근할 때도 있지만, 우정은 우리 누구나 절대 잊지 못하고 가장 오래 식지 않는 감정일지도 모른다. 독일 화가 케르스팅은 우정을 바탕으로 뜻밖의 걸작을 남겼다. 전선의 동지로서 보초서는 병사의 초상이다.

케르스팅은 난세의 우정을 그렸다. 한마디로, 험악한 시대였다. 그렇지만 고난의 시간이야말로 우정이 시험받는 때 아닌가. 어려운 때일수록 친구간의 사랑이야말로 숭고하다.

병사의 고독

1813년, 프로이센 왕국에서 '의용대'가 결성되었다. 나폴레옹이 러시아에서 패퇴했다는 소식에 베를린 사람들이 프랑스에 대항할 병력을 모집했다. 나폴레옹제국에 편입되었던 프로이센 왕국 사람들이 힘이 빠진 나폴레옹제국군과 싸워 독립하려고 할 때, 케르스팅도 학생, 예술가, 직공처럼 프로이센 의용대에 자원입대했다.

케르스팅은 뤼초프가 주도한 의용대에 입대했다. 그해 6월 17일, 라이프치히 부근 숲에서 벌인 전투에서 뤼초프 부대는 프랑스군과 붙었지만 패했다. 포로가 된 의용군은 150여 명으로 전쟁포로 대우를 받지 못하고 잡범 취급을 받았다. 케르스팅은 무사했지만 전우들, 시인 테오도르 쾨르너는 가까스로 도주할 수 있었다. 쾨르너는 나중에 귀대했지만 부상 후유증에 시달리다 또다시 벌어진 메켈렘부르크 시가전에서 8월에 사망했다.

케르스팅은 그 몇 해 뒤, 살벌하던 드레스덴 전선의 밤을 떠올리며 전우들을 그렸다. 의용군 복장으로 베레모를 쓰고 참나무 숲에서 경계를 서는 병사들이다. 행군 길에 싸우러 가자는 열렬한 노래를 불렀다는 쾨르너는 그림 속에서 침울해 보인다. 전쟁터에서 낭만은 고사하고 애국심조차 끓지 않아 씁쓸했을까. 아무튼 케르스팅이 전우와 함께 공포에 떨며 잠을 지새우면서 서로 격려하던 시간을 어떻게 잊겠는가.

싸움터는 참나무를 비롯해 야무진 나무들이 우거진 숲이었다. 이

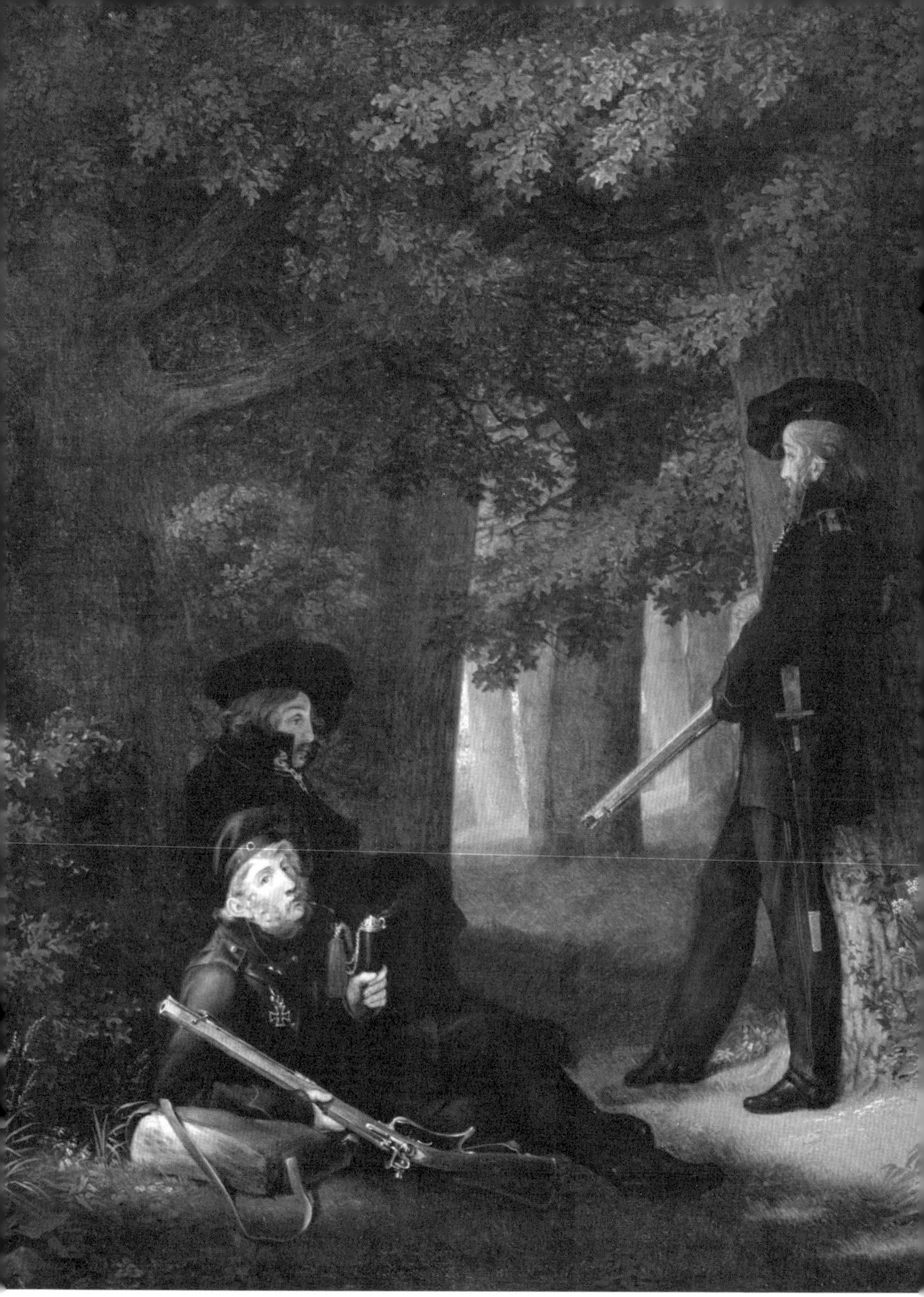

게오르크 프리드리히 케르스팅 〈전방 초병〉 1815년

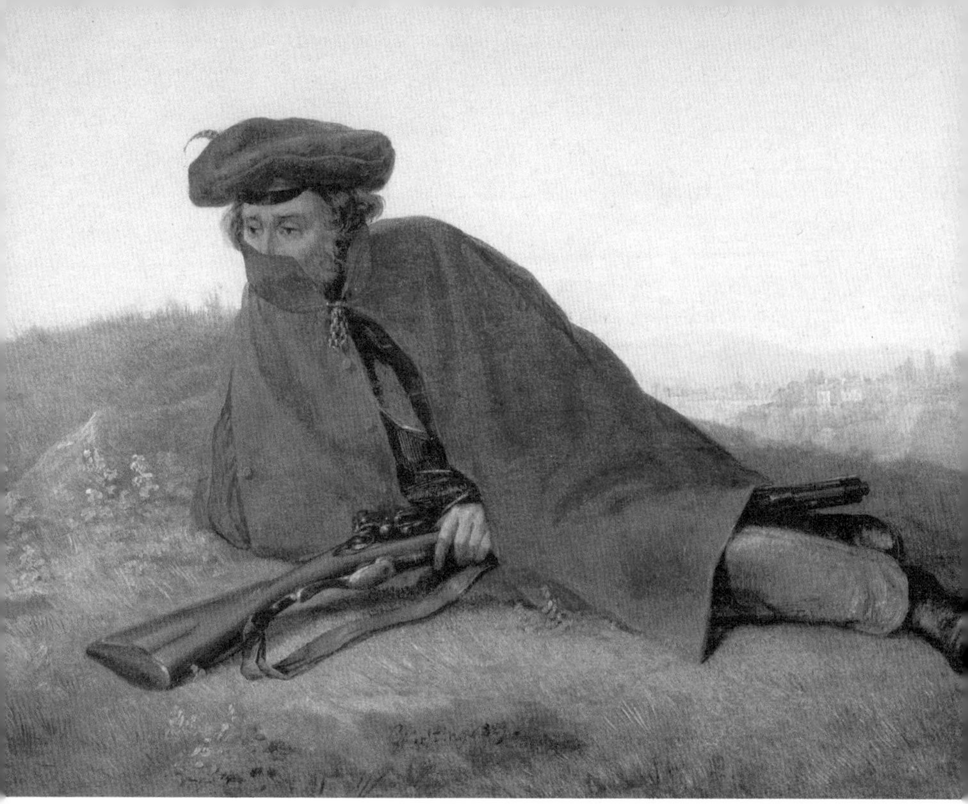

게오르크 프리드리히 케르스팅 〈초병〉 1829년

숲에서 나는 나무들을 깎아 유명한 독일병정인형을 만든다. 또 인형만 만들며 살아온 사람들의 마을도 있다. 그래서 그림이 더욱 우화적으로 보인다. 케르스팅은 이렇게 말하고 싶었던 듯하다.

> 불타는 애국심으로 용감히 싸워 철십자훈장을 받았지만, 지옥 같은 전방에서 뜬 눈으로 밤을 새며 적의 기습에 대비하는 초병을 통해 전쟁의 뜻을 묻고 있다. (샤이먼 샤마, 〈풍경과 기억〉)

훗날 뤼초프 의용대는 나폴레옹의 마지막 재기전이 된 워털루 전투에도 참전했다.

앞서 말한 케르스팅의 전우 쾨르너는 작곡가 엑토르 베를리오즈가 열렬히 좋아하던 낭만주의 음악가 카를 마리아 폰 베버(〈마탄의 사수〉 서곡은 우리나라 팬도 많다)의 음악에 가사를 붙인 시인이다. 쾨르너는 적의 포로로 붙들렸다가 탈출했지만 머리의 총상으로 고생했다. 쾨르너는 극도의 고통을 참아가며 〈인생이여 안녕〉이라는 시 한 수를 남기고 숨졌다.

공교롭게 꼬인 운명

케르스팅과 같은 전투에 참가한 또 다른 군인이 있다. 공교로운 운명의 주인공 루이 로슈슈아르 장군(1788-1858)으로 〈회상록(1857년)〉에 서글픈 사연을 남겼다.

로슈슈아르 장군은 꼬마 때, 어머니 때문에 이상한 운명을 따르게 된다. 그는 프랑스 대혁명 불과 몇 달 전에 태어났는데 어머니는 마리 앙투아네트 왕비와 절친했다. 어머니는 왕비가 오스트리아와 내통해 왕과 함께 오스트리아로 도피하려다 붙잡힌, 이른바 '바렌도주 사건' 이라는 엄청난 사건의 공범으로 혁명당국의 수배를 받았다. 줏대 없는 왕은 혁명을 겁내며 자녀들을 데리고 왕비의 친정으로 국경을 넘어 도망치려 했다. 더구나 그곳 오스트리아는 적국 아닌가! 국민의 분노와 허탈감은 박근혜 전 대통령에 대한 최근의 우리 국민의 배신감에 비할 정도가 아니었다. 나라와 국민을 버리고 뺑소니치려 하다니, 그것도 다른 곳도 아닌 적국으로! 이런 배신자가 왕이었다니……. 왕과 왕비를 현행범으로 체포한 국민들은 얼마나 억장이 무너졌을까.

로슈슈아르의 어머니는 자식들을 데리고 러시아로 도주했다. 어머니는 멀고 추운 타국에서 아들을 용감하고 배짱 두둑하며 자부심 넘치는 청년으로 키웠다. 젊은 로슈슈아르는 러시아 장교로 성장하여 어머니의 뜻처럼 늠름한 장군이 되어 혁명으로 잃은 귀족의 위신을 되찾으려고 했다. 그렇게 때를 기다리던 로슈슈아르는 나폴레옹 황제가 러시아를 침공했을 때 맞서 싸웠다. 로슈슈아르는 프러시아 군단의 명장 토르마소프 휘하의 엘리트 장교였다. 조국의 혁명군과 싸우고 동포에게 칼을 휘둘러 로슈슈아르가 배속된 러시아군이 압승을 거두었다. 로슈슈아르는 동포 장병들이 살을 에는 추위 속에 얼어붙은 채 퇴각하는 광경을 씁쓸히 지켜보았다.

프로이센 군대와 붙은 전투도 비슷했다. 유럽 전체가 뒤죽박죽이었다. 나폴레옹 군대에 프랑스제국에 편입된 각국 병력 외에 프랑스 대혁명의 대의와 왕정타파를 원하는 독일 청년들이 속속 자원했다. 특권층의 박대에 시달리던 크고 작은 왕국에서 청년들이 뛰쳐나와 프랑스군에 합류해 최소한 혁명헌법을 몇 줄이나마 프랑스어로 외우며 평등세상을 이루는 투쟁에 뛰어들었다. "자유, 평등, 우애"는 인사말로 통했다. 프랑스 헌법은 인종과 민족을 차별하지 않았다. 프랑스 공화국에 들어온 사람은 누구든 1년 만에 프랑스 국민과 똑같은 시민권을 받았다.

반면에 러시아, 영국, 오스트리아 연합군에도 프랑스 청년을 비롯해 망명했던 청년들이 대거 자원하거나 용병으로 입대했다. 이런 식으로 유럽에서 혈연은 중요하지 않았다. 청년들은 봉건제냐 공화제냐, 이념과 제도로 조국을 택하면서 유럽 대륙은 이런 흐름으로 크게 재편되었다.

로슈슈아르의 곁에 그와 같은 처지의 프랑스 장교들이 적지 않았다. 이들은 나폴레옹이 몰락하기만 바라며 프랑스가 다시 옛날로 돌아간다면, 고향의 재산을 되찾아 행복하게 살고 싶어 했다. 6·25 전쟁 때 남하한 이북의 실향민이 70년 가까이 토지문서를 품고서 고향으로 돌아갈 날을 손꼽아 기다리는 우리 사정과 비슷했다.

1813년 로슈슈아르는 프로이센 의용대와 연합해 드레스덴 전투에서 나폴레옹 군을 무찌르고 파리로 진군했다. 파리 지역사령관으로 다시 조국으로 들어갔다!

비더마이어 시대

케르스팅이 〈초병〉을 그리던 시대를 '비더마이어 시대'라고 한다.

정치 못지않게 풍속의 성격이 뚜렷하여 비더마이어 시대는 '제 몇 공화국 시대'나 '아무개 왕조'라든가 하는 것과 완전히 다른 시대상을 남겼다. 얼마나 분명한 색깔을 보여주었을까?

비더마이어를 시대라고 부르지만 사조로도 부른다. 보통, 나폴레옹이 몰락하고 오스트리아 수도 빈에서 회의가 열린 1815년부터 독일연방과 오스트리아제국에서 3월 혁명이 일어난 1848년까지를 말하는, 독일의 왕정복고기, 극렬한 보수반동기였다.

왕정복고로 평화가 찾아오자 '전후(戰後)'의 풍조가 금세 퍼졌다. 나폴레옹 군대가 전하던 평등의 꿈은 사라지고 국민은 다시 왕의 백성이 되어 새로운 탄압을 받는 가짜 평화가 왔다. 아무튼 새 시대를 '비더마이어 시대'라고 했다. 전쟁에 몸서리치고 지쳤던 사람들은 일상을 되찾고 사소한 것을 더욱 소중히 여기며 거창한 이념을 위해 짧고 굵게 사느니, 자신과 주변을 사랑하면서 길고 가늘게 살리라는 생각이 주류를 이뤘다. 이런 시민감정을 파고드는 새로운 유행이 '관광'이었다.

관광업은 일취월장했다. 군수 공장들이 일용품 공장으로 변신하고 포탄 공장은 소비재 산업체가 되었다. 화약 공장은 제약회사, 비누회사로 변신하는 등 산업이 재편하는 활력으로 경기도 회복되고 중간층이 크게 늘었다. 시민들은 근면검소하고 깐깐하면서도 소비를 억제하지는 않았다. 필요하다면, 과시도 꽤 했다.

검소하다고? 방법의 차이일 뿐 누구나 돈을 쓰고 지상에서 하느님이 바라는 낙원에 가까운 모습으로 살기를 바랐다. 프랑스 사람은 송로버섯과 샴페인, 집안과 뜰을 가꿀 가재도구를 구하느라 빠듯하게 생활한다. 반면에 독일 사람은 한 푼을 아끼며 감자와 양배추, 절인돼지고기만 먹는다. 그렇게 절약한 돈으로 좋은 마차를 구입한다. 아무튼, 어느 나라 사람이든 저축은 관광에 필수였다. "가서 한번 보자!" 백문불여일견 아닌가. 신앙심 깊은 사람들은 예루살

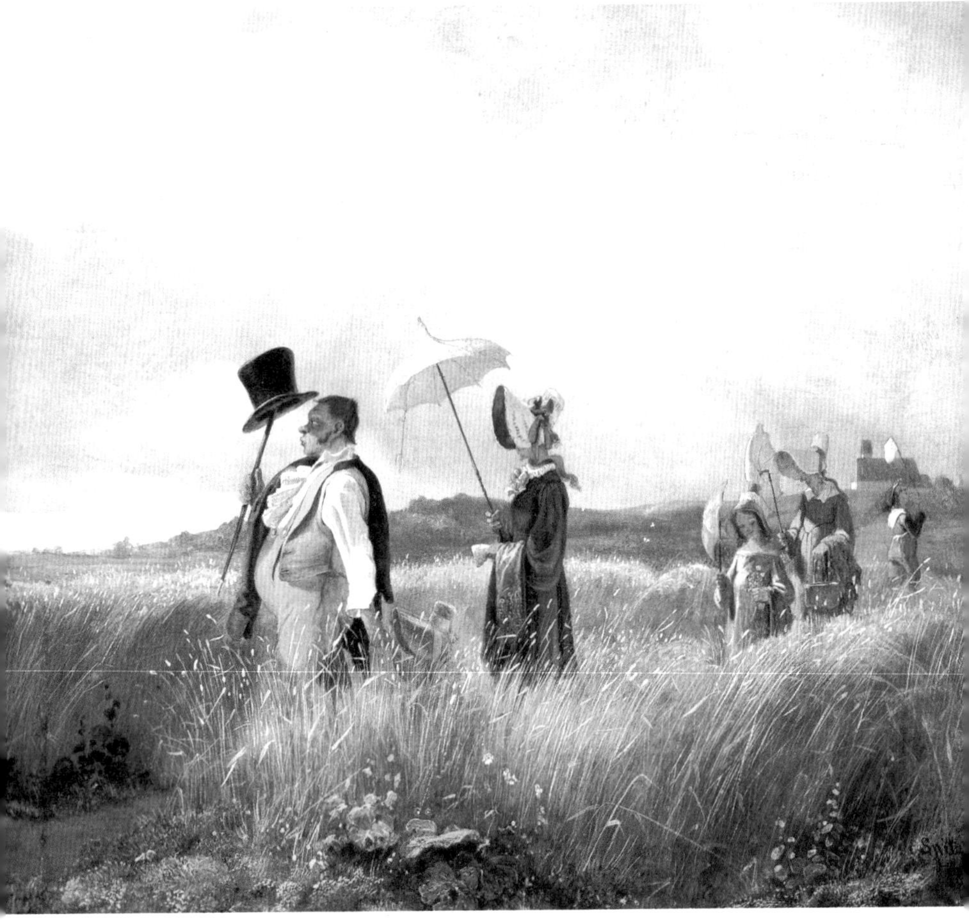

카를 스피츠베크 〈주말산책〉 1841년

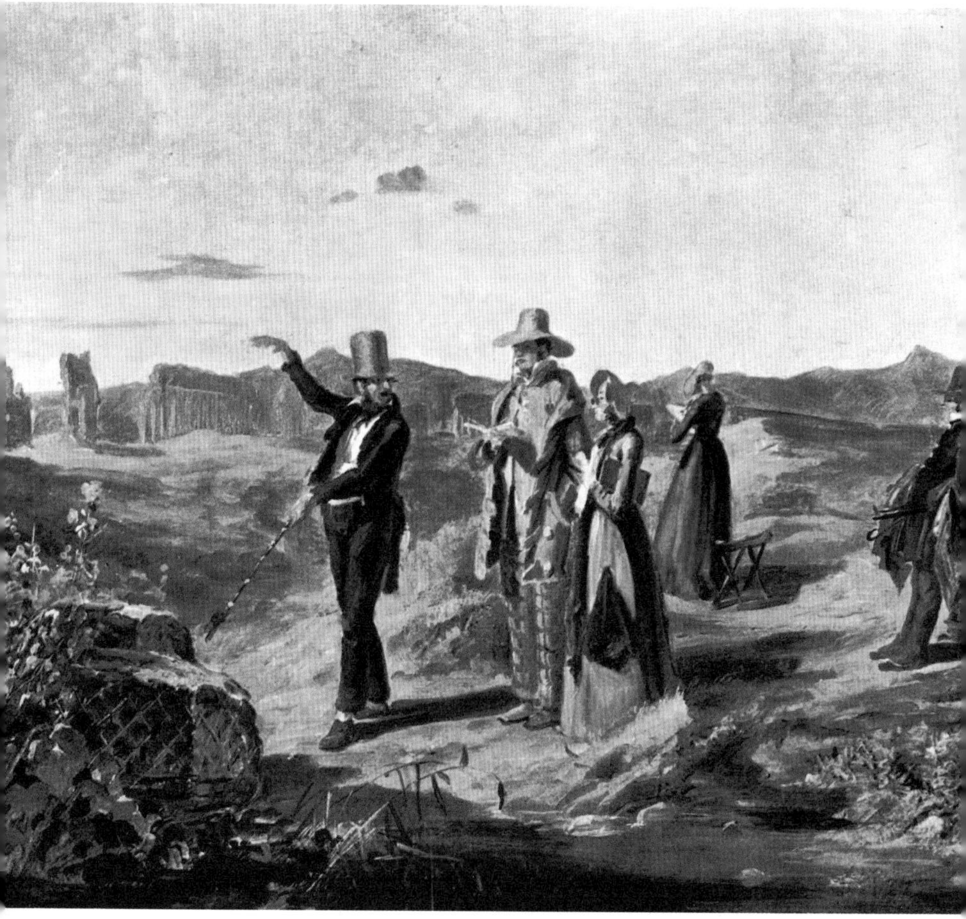
카를 스피츠베크 〈이탈리아 캄파냐 지방을 찾은 영국 관광객〉 1845년

렘 성지순례를 되살리자고 이구동성이었다. 그러면서 십자군 원정 시대를 그리워했다.

화가 카를 스피츠베크(1808-1885)는 가벼운 그림을 좋아했다. 여행하는 사람들을 경쾌하게 포착했던 것은 회의적인 시각으로 병사의 고독을 그린 케르스팅과 정반대였다.

스피츠베크는 주말에 도보 여행하는 사람들을 그렸다. 그뿐만 아니라 유적과 폐허를 찾는 영국 관광객 등 마침내, 적대하던 나라에 나타난 이방인을 그렸다. 이 무렵에 극작가보다 시인이 갑자기 중요해졌다.

시인이라면 항상 민족시인 아닌가? 따로 '민족시인'이라고 부를 필요가 있을까. 익숙한 모국어로 구수한 노래를 지어내는 사람들인데, 밖에서 들어오는 낯선 유행에 조금 물든다고 당장 매국노가 되거나 외국어로 노래하지도 않을 것 아닌가.

언어는 정말 이런 식의 편견을 보여줌과 동시에 언어야말로 어떤 사회와 시대를 이해하는 지름길이다. 그렇지만 그림은 지름길이 아니다. 고개 너머로 펼쳐지는 넓고 시원한 고원 비슷하다. 황량해 보이는 수많은 오솔길과 메마른 비탈 위로 바위산과 덤불숲을 넘어가면 불쑥 나타나는 보리밭 같다. 푸릇푸릇 바람에 흔들리는 보리밭 같다.

비더마이어 시대에 오랜 세월을 기다렸다는 듯 많은 시인이 등장했다. 시인들은 너도나도 자기 고장의 자랑거리, 관광자원이 될 만한 설화를 되살렸다. 하인리히 하이네는 민족을 넘어서는 우정을,

클레멘스 브렌타노는 로렐라이 언덕을 노래했다.

물론 시인들이 관광을 선전하려고 노래한 것은 아니다. 시인은 누구보다 방랑벽을 내세워 자연에 담긴 민족감정을 되살리곤 했다. 방랑벽도 막연히 생겼기보다는 정권의 검열을 피해 자유롭게 글을 쓰려다보니 추방당해 떠돌이 신세가 되었다. 민족시인은 고향에 있을 때보다 객지에서 고향을 그리워하며 더욱 애타는 노래를 부른다. 종종 유배지에서 걸작이 나온다. 그러니 시인은 누구 덕에 짙은 민족감정을 일깨웠을까? 거대한 제국만 탐내면서 민족의 중요함조차 외면하던 수구파 철권통치자들의 억압 덕이다. 이것이야말로 "아이러니" 아닌가. 시인들은 중세 이후 까맣게 잊혔던 옛날이야기들을 속속 되살렸다.

대체로 문학에서는 비더마이어 세대를 진보성향의 '젊은 독일(Vormärz)'에 대비되는 보수세대의 성향으로 본다. 비더마이어 시대는 곧 '칼스바드 칙령"에 묶인 악몽의 시기였다.

나폴레옹이 몰락하자 빈 회의에서 유럽을 재편했다. 수구세력은 다시는 프랑스 대혁명이라는 '유령'이 얼씬대지 못하도록 노심초사하면서 결국 강경조치들이 뒤따랐다. 메테르니히 왕자가 자유와 공화주의를 억압하는 탄압을 진두지휘하고, 혁명의 유령을 물리치겠다면서 혁명의 공포보다 더욱 을씨년스럽고 끔찍한 악령을 불러냈다.

메테르니히 왕자가 1819년에 내놓은 '칼스바드 칙령'은 모든 자유사상가와 진보지식인을 후려치는 철퇴였다. 무서운 출판검열이 시작되고 혁명에 열광하던 하인리히 하이네도 기약 없는 망명길에 올랐다. 하이네는 어디로든 떠나야 했기에 북해 연안으로 올라갔다가 프랑스로 내려갔다. 희망을 찾아 떠났을까? 별수 없이 이웃 땅으로 들어갔을 뿐이다. 어차피 그가 찾던 땅은 하늘과 영혼 속에 있었지 새로 갈아엎고 희망의 씨를 뿌릴 땅이 아니라면 지상 어디에도 없었다.

하이네는 〈독일에 관하여〉에서 프랑스 대혁명에 이어 줄줄이 터진 유럽의 혁명으로 종교가 옛이야기가 되었는데도 대중은 나폴레옹을 새로운 신처럼 떠받든다고 비판했다. 이 책은 프랑스 독자를 겨냥해 지은 것으로 하이네는 프랑스 사람들이 독일을 잘 모른다고 했다. 또 프랑스 국민은 독일의 예술만 알 뿐, 독일 사람들이 무슨 생각을 하는지 이해하지 못한다고 했다. 그 한 면만 보는 것이므로, "같은 프랑크제국에서 갈라진 형제국가로서 독일 사람의 생각을 이해하자면 독일의 종교와 철학을 알아야 한다"고 했다.

하이네는 애당초 "독일 낭만주의의 꽃은 종교개혁가 마르틴 루터가 피웠다"고 했다. 루터 신부가 철학을 띄웠으며, 루터의 신학과 기독정신은 깨트릴 수 없는 사상이라고 했다.

보수반동의 우상이자 가톨릭신도 메테르니히 왕자는 독일 정신을 어떻게 이해했을까?

칼스바드 칙령의 시대, 비더마이어 시대는 곧 메테르니히의 폭압을 상징한다. 칼스바드 칙령으로 이상한 풍속이 나타났다. 열렬한 사회개혁을 원하는 사람들이 떠나자, 양순하고 소심한 시민들은 소시민 문화에 안주했다. "이런 시민이 그 다음 세기에 나치당에 힘을 실어주고 묵묵히 동조하는 세력을 키웠다."

'비더마이어'라는 이름은 어디에서 나왔을까? 원래 문인 루드비히 아이흐로트와 법학자 아돌프 쿠스마울 두 사람이 고틀리브 비더마이어라는 가공의 인물을 만들어냈다. 비더마이어는 시골 초등학교 선생님으로 글짓기를 즐기는 소박한 소시민의 전형인데 이런 인물을 비판하려고 지은 이름이다. 비더마이어 선생은 "작은 방에서, 좁은 정원에서, 시시한 소읍에서, 가난하고 무시 받는 초등학교 선생으로서 운명을 지상의 행복으로 여기며 살아간다."

비더마이어는 소시민의 단견과 인색함을 조롱하는 말이었다. 혁명 시인, 칼 루드비히 파우(1821-1894)도 1847년 〈비더마이어 씨(1847년)〉라는 시에서 이중인격과 가소롭게 점잖 빼는 태도를 풍자했다. 영국 신사의 위선과는 또 다른 체면 때문에 쩔쩔매는 태도를.

문단의 풍자에 화가들도 가만히 있지 않았다. 화가들은 여행자를 다른 눈으로 바라보았다.

여행하는 사람들은 이웃나라와 외국에 가서 다른 면에 우선 놀라곤 했다. 비슷한 면보다 '다른 점'들이 먼저 눈에 띄니까. 그러면서, 차츰 '다른 것의 좋은 점'을 알게 되면서 서로 외면하고 적대감이나 키우던 때와 다른 기분으로 외국에 반감을 누그러뜨리고, 막연하게나마 동화된다.

타국의 자연과 환경과 인간도 자기 나라와 별로 다를 게 없다고 알게 된다. 더 좋은 면조차 인정하고 그러면서 자기 고장과 자신을 되돌아보며, 특히 유럽 사람들은 어느 명승지에 서도 함께 찬송가를 부르며 기독교도로서 쉽게 어울렸다. 무서운 잠재력이다. 예수

그리스도와 십자가를 내세워 언제든 일심단결, 뭉칠 세력이었다. 어쨌든, 사랑으로 포옹할 때보다 주먹을 치켜들 때 더 쉽고 빠르게 뭉친다!

스피츠베크는 이렇게 조금 경멸적으로 들리는 '소시민'의 생활상을 많이 그렸다. 여러 나라 언어에 유창했던 스피츠베크는 친구와 도보여행을 즐겼다. 파리, 런던, 프라하, 이탈리아, 벨기에를 종횡무진 걸었다.

그 전까지 예술가들은 주로 목동을 이상화했다. 그러나 비더마이어 시대의 화가들은 양떼를 몰고, 나무그늘에 걸터앉아 피리 부는 목동보다, 괴나리봇짐을 둘러매고 정처 없이 무전여행에 나서는 것을 가장 살만한 일이라 생각했다. 어차피 전쟁판에 길바닥을 전전하는 데 익숙했던 사람들이다. 전선에서 야영과 노숙은 어느새 추억이 되었다. 어디든 돌아다니지 않으면 엉덩이가 근질거려 못견뎌 하고 방랑하며 옛 고생을 잊고 즐거워했다. 상처를 털어내는 후련함이다. 아픔을 겪은 곳을 대담하게 다시 찾아가는 것은 좋은 치료방법이 된다.

관광의 시작

독일만이 아니었다. 영국에서도 단체여행이 부쩍 늘어 관광이야말로 자국민의 안전을 내세워 미묘한 국제관계에 언제든 개입하

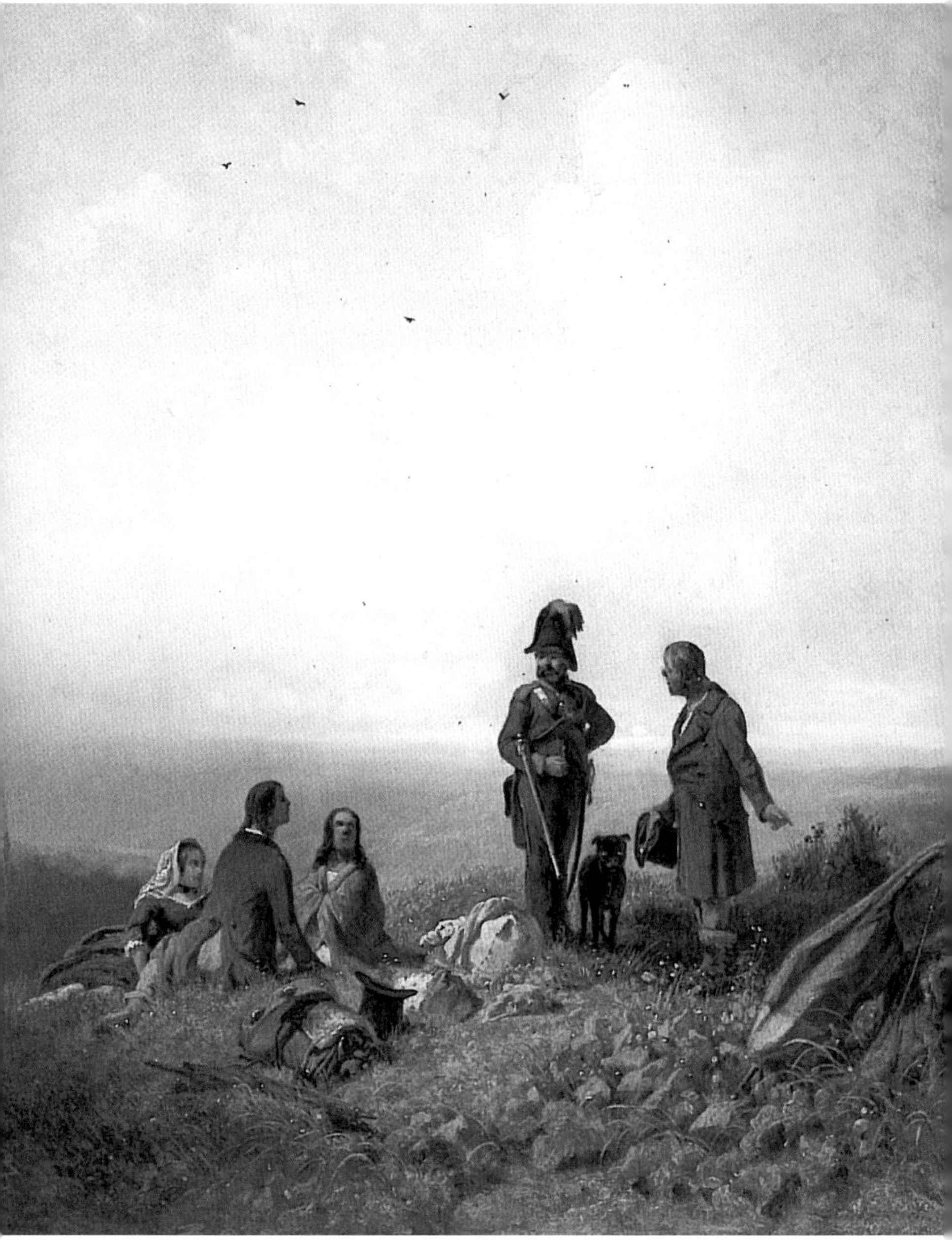

카를 스피츠베크 〈여권 있습니까?〉 1845년경

기 좋은 빌미였다. 그 전까지 발굴 작업하는 학자, 통신교통 사업을 위한 사업가, 기술자, 해외원정에 나선 군인, 종교인 등 특별한 사람이나 해외여행을 떠났었지만 이제 평범한 시민도 여행하게 되었다. 참고로, 우리나라에서 해외여행이 자유로워진 것은 20세기 말, 1992년부터였다.

어쨌든, 중산층이나 최소한 금전과 마음의 여유가 있는 사람이나 외국여행을 했다. 시골과 외국을 찾아 도시의 칙칙함을 털어버리고 답답하고 예절바른 생활을 벗어나 숨을 돌리고, 남의 눈치 보지 않고 잠시나마 제멋대로 지내려고 했다.

정말 여행의 어떤 점이 우리 모두에게 좋았을까. 상대방, 타자에 대한 편견이 수그러드는 점 아닐까? 뿐만 아니라 '다른 것', '낯선 것'이면 무조건 좋아하는 이상한 취미가 나타났다. 과거 '이국취미'는 성지 팔레스타인과 오리엔트를 가보고 싶어 하는 데에서 시작해 인도, 중국을 겨냥했었다. 그러나 이제 사람들은 유럽 대륙으로 눈을 돌려 여러 나라에서 관광객이 들불처럼 번져 나갔다.

요즘도 각 종교마다 신도들끼리 단체 성지순례를 떠난다. 가장 이질적인 사람들이 함께 여행하는 쉬운 방법이다. 19세기 초반에도 마찬가지였다. 신앙으로 뭉친 사람들처럼 일사불란하게 움직이고 통제하기 쉬운 집단이 어디 있을까? 하느님의 품안이나 부처님 손바닥 안에서라면 어디서나 한 몸이라고 믿는 사람들이니까 손발이 척척 맞는다.

우리가 지금도 그의 이름을 붙인 여행자수표를 사용하는 토머스 쿡은 원래 관광업자였다. 토머스 쿡은 사상 최초의 여행사를 설립했다. 그는 1855년에 유럽일주 관광여행을 처음 조직했으며, 1869년에도 '처음으로' 나일 강 선박관광을 시작했다. 수표는 1874년부터 발행했다. 쿡은 1912년에 침몰한 타이타닉 대서양 횡단여객선의 승선권을 판매했다.

열심히 일한 시민들은 저축도 하고 여유시간이 나자 너도나도 떠났다. 바다에서는 증기선이, 땅에서는 철도가 굴러다닌 덕으로 여행자들은 열차를 구름 위로 떠다니는 편안한 마차라고 느꼈다. 많은 여행기를 보면, 도로 사정도 엉망인 시대에 마차 여행은 고역 중의 고역이었다. 신데렐라도 별수 없었을 것이다. 엉덩이가 부르틀 만큼 쿵쾅대고 뒤뚱대는 마차 안에서 비좁은 의자에 앉아 좁은 창으로 빼꼼히 바깥을 내다보면서 쳐다보기도 싫은 사람과 마주 앉아 악취를 참아야 했을 텐데……. 얼마나 고역이었을까. 향수 냄새 그윽한 왕자님을 맞은편에 맞이할 기회는 오지도 않고.

"조금 나중 일이지만, 일반 여행과 다른 여로를 택할 수 있도록 관광을 정책으로 밀었다. 식민지 관광이다. 네덜란드 동인도회사는 식민지 관광을 정치적으로 후원했다. 여행안내 책자가 쏟아지고, 식민지정부에서 동남아 섬들의 범선여행의 안전을 보장했다. 정부의 지원 없이 상상하기 어려운 여행이다. 낯선 짐승과 사나운 부족이 여전히 많을 때였음에도 동인도회사는 인도네시아 독립 전까지, 수도 바타비아(오늘의 자카르타)에 '관광안내소'를 설치했다."

투명한 물살을 가르며 뛰어오르는 돌고래를 보러가자! 산호초와 암초 사이를 요리조리 빠져나가며 갑판 벤치에 앉아 책을 읽자! 금빛 모래밭에서 뒹굴고 낯선 미녀들이 가져다주는 코코넛주스를 마시며 마사지를 해보자! 정글을 누비며 코뿔소와 호랑이를 보자!

여자들은 구리빛 총각들을 '보디가드'로 거느리고 인력거를 타고 여왕처럼 거리를 활보하는 꿈에 부풀었다. 눈 깜빡 할 사이에 지나버리는 인생인데 한번쯤은! 싱가포르에서 몰디브의 섬들과 태고의 춤꾼들이 노는 자바 섬으로 이어지는 유람선은 이렇게 시작되었다. 이때부터 여러 나라에서 네덜란드를 모방해 식민지 관광을 법으로 지원했다.

프랑스는 베트남과 아프리카로 관광 '루트'를 트고 또 귀족자제를 위한 수백 년 된 영국의 '그랜드 투어'를 일반인 프로그램에 응용했다. 과거에, 그랜드 투어에 나선 섬나라 청년들은 프랑스, 스위스, 이탈리아로 일주하며 대륙의 문화를 보고 배웠다.

이런 식으로 관리와 사업가가 손을 잡고 식민지 관광 '붐'을 일으켰고, 적은 돈으로 환상의 세계로 떠나는 식민지 여행을 다녀오지 않은 사람들은 교양 없다고 무시당할까 전전긍긍했다. 아시아, 아프리카 관광업은 상품거래 못지않게 식민지 경제에서 매우 중요해졌다.

정치인들이 관광을 가장 반겼다. 관광으로 식민정책을 미화할 수 있어 엉큼하게 웃었다. 또 본국민을 식민지로 이주시켜 지배층을 더욱 강화하는 등 관광산업이야말로 거대한 박람회와 함께 제국주의를 든든히 떠받쳐주는 호재였다.

낭만이 끝나갈 때

그런데 어떻게 하면 한 시대의 문화를 쉽게 알아볼 수 있을까. 사람들의 차림새를 보면 되지 않을까?

'비더마이어 스타일'도 꽤 오래 유행했다. 이런 스타일은 보통 중산층 복식에서 더 넓은 의미로 확대되어 가족 중심의 행복을 최고로 삼는 생활방식을 가리켰다. '여우같은 아내에, 토끼 같은 새끼를 거느린 늑대 같은 남편'이다. 그렇다고 무슨 옷을 입고, 어떤 마차를 타고, 어떤 집에 사는 것만 중요하다는 뜻은 아니었다. 조금 고상한 뜻도 찾았다.

비더마이어 시대의 그림은 주로 풍속과 풍경과 초상이다. 그 전까지 주류였던 종교와 역사 같은 주제를 다루지 않았으며 사진처럼 사실을 베낀 듯 그렸다. 17세기 풍속화에서도 큰 영향을 받았다. 사실 빈과 뮌헨 등지에서 애호가들은 오래전부터 화려한 이탈리아 그림보다 소박하고 익살맞은 네덜란드 풍속화를 좋아해서 대대적으로 수집했다. 그 덕에 오늘날 빈 국립미술관에서 네덜란드 풍속화는 최상의 컬렉션이다. 독일 사람들과 네덜란드 사람들은 같은 개신교도라서 정서가 잘 통하는 편이라 가톨릭교도에 비해 절약하며 건전하게 살았지만 그만큼 인색하기도 했다. 화가 빈센트 반 고흐가 치를 떨며 경멸하던 인색함이다.

비더마이어 시대를 '말기 낭만주의'라고도 한다. 열정은 식었고,

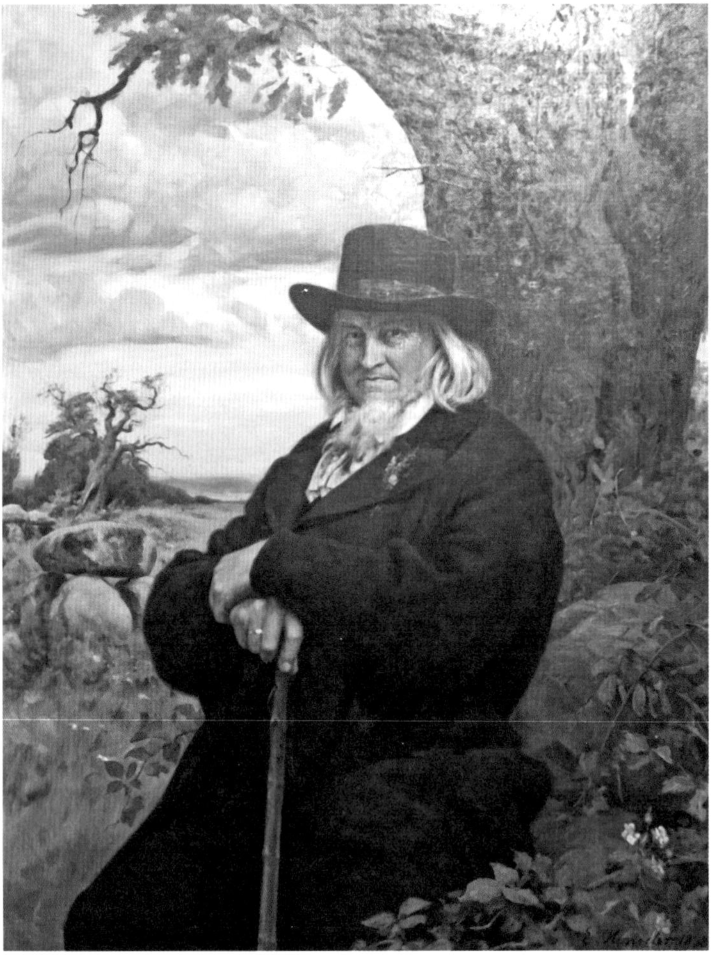

에른스트 헨셀러 〈호프만 폰 팔러스레벤〉 1898년

김빠진 맥주처럼 싱거운 시대이자 정치적으로는 '메테르니히' 수구 세력이 장악한 침울한 시절이었다. 심지어 비더마이어 시대를 제1차 세계대전으로 세계가 지옥으로 불타기 전까지의 사회풍조에 빗대기도 한다. 비더마이어 시대는 밖으로 식민지, 안으로는 중산층을 기반으로 성장하여 그 시대에 경기가 요동칠 때마다 열감의 갈등도 깊어졌다. 결국 구렁텅이로 꺼져버릴 수밖에 없는 살얼음판 같은 질서를 편안해하던 이상한 시대였다.

오토만제국의 몰락

〈이즈미르 순찰대〉 알렉상드르 가브리엘 드캉

1828년부터 오토만제국은 크게 흔들렸다. 그해 '나바리노 해전'에서 거대한 제국 함대가 러시아, 영국, 프랑스의 기독교 연합함대에 대패했다. 마침내 그다음 해 그리스 왕국은 오토만제국의 속박에서 벗어나 독립했다. 수많은 섬과 반도에 흩어져 살던 그리스 사람들이 아홉 해 동안 끈질기게 싸워 얻은 독립이었다.

엎친 데 덮친 격으로 이집트마저 독립하겠다고 오토만제국에 싸움을 걸자 그리스 등지에 나가살던 터키주민들이 귀국해 제국은 몹시 어수선했다.

개혁이 절실했던 절대군주 '술탄' 마흐무드 2세는 중앙권력을 보강하려고 군 개혁에 나서 1826년 개혁에 반대하던 예니세리 군대를 해산하고 유럽을 본떠 신식 군대를 창설했다. 예니세리는 오토만제국의 유서 깊은 보병 군단이자 술탄의 경호대로서 친위부대나 다름없다. 14세기에 처음 조직되어 해산할 때까지 5백 년 넘게 무적이었던 예니세리는 터키어로 원래 '신병'이라는 뜻이다. 전쟁 포로들로 부대를 만들면서 그런 이름을 붙였다.

군 개혁으로 오토만제국은 '탄지마트'시대로 접어든다. 일본의 메이지유신처럼 1876년까지 계속된 개화운동으로 이 시기를 거쳐 공화국을 세울 때까지 제국은 반세기 넘게 휘청대었다. 술탄은 국내외에서 '유럽의 환자'라는 조롱을 받으면서도 기사회생을 노렸지만 허사였다. 러시아는 밀정들에게 이런 별명을 퍼트리도록 했고 오토만제국은 위아래로 흔들렸기 때문에 웬만한 개혁으로 깊이 썩어 들어간 뿌리를 되살리기 어려웠다. 술탄도 청나라 황제 비슷하게 사태를 파악하지 못하고 절대군주의 오만이나 부렸다. 갈등을 수습하지 않고 말장난이나 했다.

"우리 백성에 이슬람교도, 기독교도, 유대교도가 있다. 사원과 성당과 유대교당은 각기 다르다. 그렇지만 이들 간에 차별은 전혀 없다. 나는 만백성을 고루 깊이 사랑한다. 모두 내 자식이니까."

러시아가 막바지에(마치 태평양전쟁 때 이해득실을 따지다가 끝판에 참전했듯이...) 뛰어들어 더욱 참담한 패배를 맛봐야 했다. 러시아는 발칸반도에서 틈만 나면 기독교도의 보호자 노릇을 하려는 명분과 핑계로 더 남하해 중동에서 힘을 키우려 했다. 그러면서 내려가는 길목에 있던 발칸반도의 여러 작은 왕국들을 합병했다.

나바리노 해전

1827년 10월 20일, 프랑스와 러시아, 영국의 연합함대는 나바리노 해전에서 터키 오토만제국 함대를 격파했다. 나바리노 해전은 역사상 마지막으로 범선들이 싸운 전투라는 기록을 남겼다. 나라비노는 그리스 남부 펠로폰네소스 지방의 만(灣)으로 필로스 만이라고도 한다. 나바리노 만은 펠레폰네소스 지역에서 가장 빼어난 정박장이다. 앞바다에 암초가 가득하다.

해전은 아름다운 만을 낀 앞바다에서 벌어질 때가 많다. 오래된 항구나 만이 천연의 요새로 손색이 없는 이유는 적선을 끌어들이거나 물길을 이용할 수 있는 지형이 전술에 유리하기 때문이다.

터키 해군의 패전은 더없이 쓰라렸다. 터키 해군은 그때로부터 300여 년 전, 역사상 가장 큰 "레판토 해전"에서 기독교 연합함대에 패하고 나서 나바리노 만에 높은 요새를 쌓고 지켜왔었는데 또다시 같은 적에게 패했다. 복수는 희망사항일 뿐이었다.

승전국 가운데 러시아가 제일 큰 재미를 보았다. 러시아는 흑해의 부동항을 차지하고 또 흑해 북쪽 연안에 금싸라기 땅 아르메니아와 그루지아(오늘날의 두 지역 모두 독립공화국)까지 내려왔다. 러시아는 세르비아를 포함해 이슬람 왕국 등 발칸반도까지 보호령으로 삼았다(1829년의 안드리노폴 조약). 이렇게 러시아는 '유럽의 화약고' 발칸반도에 손을 댔다. 지금도 말 많고 탈 많은 발칸반도 분쟁에 끝 모르는 갈등의 씨앗을 뿌렸으며 끔찍한 인종학살의 빌미를 만들었다. 주민과 지배자의 인종과 종교가 다를 때 서로 악마처럼 증오하는 전쟁은 아직도 끝나지 않았다.

오토만제국의 작은 왕국들만이 아니라 제국의 숙적 기독교 열강들끼리도 걸핏하면 발칸반도에서 싸웠다. 오스트리아와 러시아, 영국과 프랑스는 사안에 따라 헤쳐모여를 반복하며 싸웠다. 그러나 정말로 심각한 문제는 겉으로는 친한 척하다 싸울 때는 엉뚱하게 남의 나라에 가서 싸우는 것이다. '링'에서 내려와 관중 틈에서 붙는 싸움처럼 추잡하다. '룰'도 없이 비열한 반칙과 폭력을 휘두른다. 철학자 헤르만 카이저를링이 이렇게 말했다.

"가능한 자기 나라에서 멀리 떨어진 곳에 가서 한판 제대로 붙고 싶어 한다."

그리스 독립전쟁 후의 이집트와 터키의 전쟁

그리스 독립전쟁이 끝날 무렵 오토만제국은 동맹국 이집트와 전과를 놓고 또다시 싸움을 벌였다.

이집트 무함마드 알리 총독의 군대는 그리스 독립전쟁 때 터키군에 합류했다. 1829년 러시아가 그리스에 원군을 보냈을 때도 이에 맞서 싸웠지만 터키는 약속을 지키지 않았고, 이집트에게 참전하면 주겠다던 시리아 지역을 떼어주지 않았다. 영국, 프랑스까지 가세하는 바람에 이집트는 시리아 지역에서 물러났다. 영국과 프랑스는 이집트가 더 밀고나오면 오토만제국이 거의 무너질 판에 러시아가 그 지역을 차지할까 경계했다.

일단 1833년, 이집트는 터키와 타협하고 전쟁을 끝내는 듯싶었지만 6년 뒤 전쟁(1839-1841)을 재개했다. 양측 모두 무기를 놓고 곰곰 따져 보다가 평화협정으로 본전도 못 건졌다며 억울해했다. 이런 갈등에서 이즈미르 항은 가장 중요했다.

이즈미르는 1426년 오토만제국에 편입되고 나서 5백 년 넘도록 명실상부한 가장 부유한 도시였다. 에게 해 연안에서 '작은 파리'라고 불릴 만큼 아름답고 유서 깊은 항도로 지중해 동쪽 연안에서 가장 중요한 국제항이었다. 세계 최고의 명품 '이즈미르 양탄자'가 이 항구에서 전 세계로 수출되었다. 이즈미르 항구에는 흑해 연안처럼 유태인, 그리스인, 아르메니아인 등 여러 민족이 뒤섞여 살았다.

오토만제국은 이슬람 신정국가로 감히 누구도 덤비지 못했다. 무함마드의 이슬람교는 얼마나 강력한 절대 권력이었던가! 지금도 크게 달라지지 않아 종교가 사회생활과 일상생활을 묶어 틀어쥐고 있다. 국민들은 정치와 종교를 같은 바탕에 있다고 믿고 있으며 이런 믿음으로 사원에 도서관, 학교, 병원을 세웠다.

> 호젓한 오솔길로 접어들면 숲과 오아시스가 나타난다. 황금과 청옥을 박고 조각을 새긴 대리석 분수 곁에서 술탄이 예언자에게 바친 것이다. 삼나무 그늘 밑에 묘지가 있다. 살아 있는 사람들은 플라타너스 그늘에서 쉰다. 양탄자에 수놓인 그림은 신기에 가깝다. (프랑수아 크레상 〈1831년의 콘스탄티노플〉 1831)

"오토만제국은 19세기에 무너지던 막바지까지도 수백 년 전 건국할 때처럼 매우 복잡했다. 여러 민족과 계급이 뒤섞여 살았다. 다민족 노예, 종교, 군대 모두 어수선했다. 여자는 사회에서 고립되어 집안에 처박혀 있었다. 중앙집권이 강력하지도 않은 느슨한 제국이다. (…) 터키는 여러 면에서 이슬람 신앙을 바탕으로 통합된 듯하지만, 유럽 사람들이 잘 모르는 점이 있다. 터키 민족은 까마득히 먼 옛날 조상부터 본질적으로 유목민이다. 이들은 이스탄불에 나와 있을 때보다 앙카라 고원으로 되돌아가면서 더욱 제모습을 찾았다.(카이저를링 〈유럽의 해부〉)

오토만제국에서 종교문제가 특히 복잡해서 '라이야(비회교도)' 문제는 험한 장애였다. 이슬람 외에 아르메니아 민족의 가톨릭과 동방정교회, 유대교, 조로아스터교를 비롯한 여러 토속종교가 난립했고 게다가 개신교도도 있었다.

전쟁이 눈앞에 닥친 상황에서 혼란은 더욱 가중되었다. 아르메니아 사람들은 러시아에 기병대를 대주고, 그리스와 불가리아 사람들은 러시아 지역으로 대거 이민을 떠났다. 콘스탄티노플의 비회교도 가운데 외국과 내통하는 첩자도 많았다. 이들은 외국에 매수되어 관직과 비밀을 사들였다.

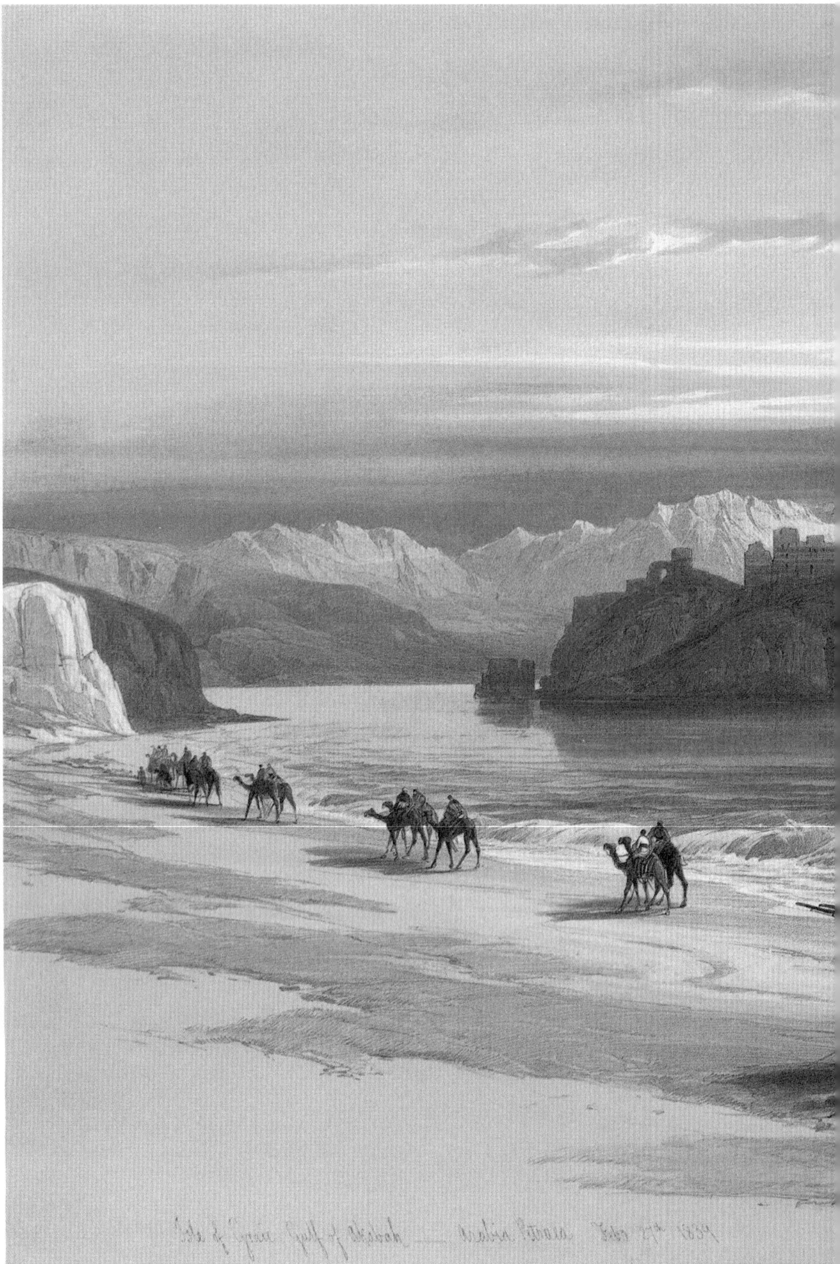

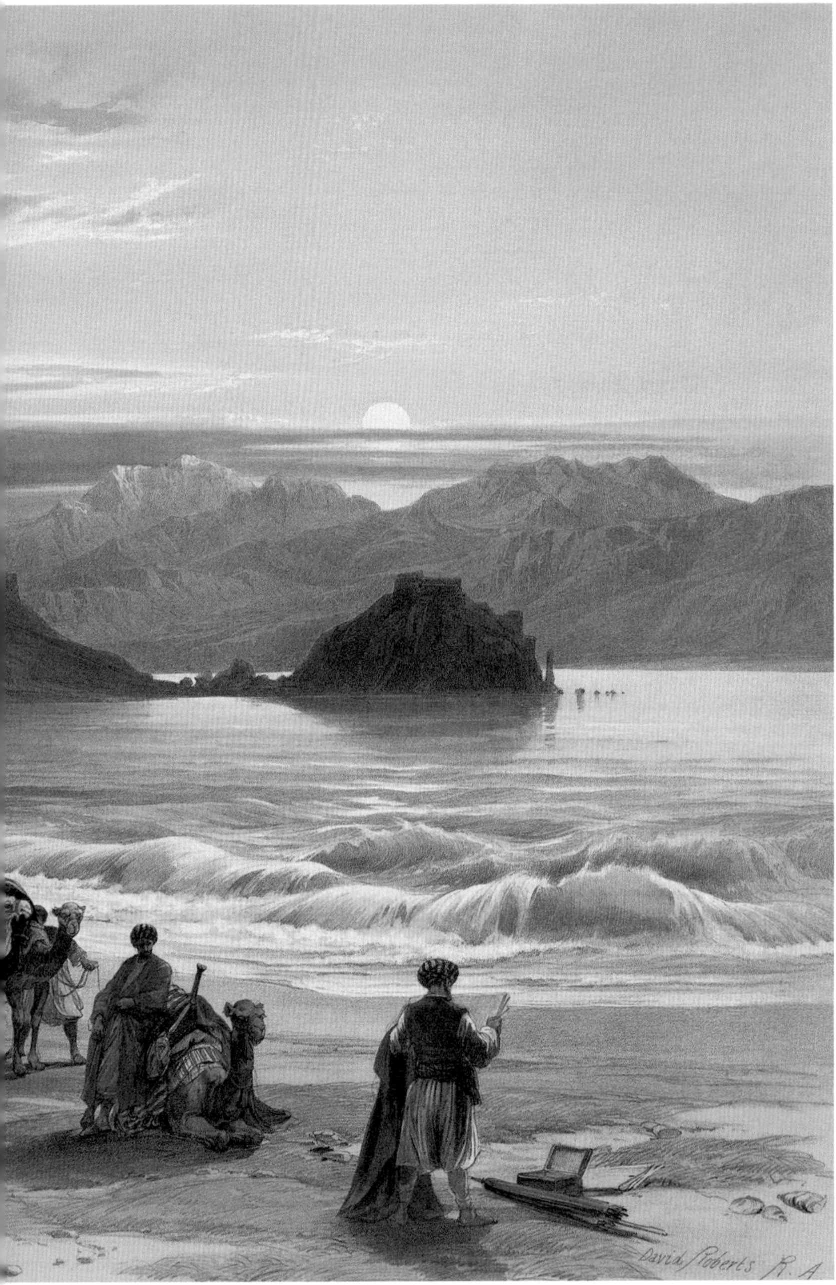

데이빗 로버트 〈아라비아 아카바 만의 대상(隊商)〉 1839년

그리스 독립과 낭만적 활동가로 변신한 예술가

오토만제국은 그리스의 독립운동으로 치명타를 입었다. 서구 열강이 '기독교도는 한 형제'라면서 모두 그리스 독립운동에 뛰어들었기 때문이다. 마치 십자군 운동이 다시 시작되는 양상이었다.

러시아는 혈통을 내세웠을 뿐만 아니라 다급한 지정학적 이해관계 때문에 그리스의 독립을 지지했는데 그리스가 독립하면 군사동맹을 맺고 남쪽 항구에 주둔하려는 계산이었다.

영국은 러시아가 남하하면 인도로 가는 길이 어려워질 테니까 신경을 곤두세웠다. 아편전쟁의 원흉 팔머츤은 이때 벌써 호전성을 드러내고 의회에서 그리스를 두둔하는 연설을 했다.

그 전 세기부터 서유럽에서 계몽철학자, 고고학자, 예술가의 주도로 그리스를 서양예술의 뿌리라고 주장하는 '그리스 취미'가 부쩍 유행했다. 아직 미술사학이 나오지도 않던 시절이라 고고학자들이 그리스 미술을 연구했다. 동유럽과 러시아도 가만히 있지 않았다.

대부분 예술가들은 낭만의 열정을 정치적 열정으로 이해하면서 '유럽 문명의 발상지'라며 그리스 문화에 열광하고(이는 오해가 없지 않다), 터키 이슬람에 모욕 받는 그리스를 불쌍해했다.

그리스를 지키기 위해 가서 싸우자고 했다. 엑토르 베를리오즈는 오페라 〈그리스 혁명〉을 지었고, 샤토브리앙은 〈그리스 비망록〉을 펴냈다. 독일에서는 고고학자 니부르가 나섰고, 러시아 시인 푸시킨도 그리스 독립을 지지하며 너도나도 이슬람에 대한 기독교도의 증오를 은근히 부추겼다. 기독교 형제나라 그리스를 구하자는 선동

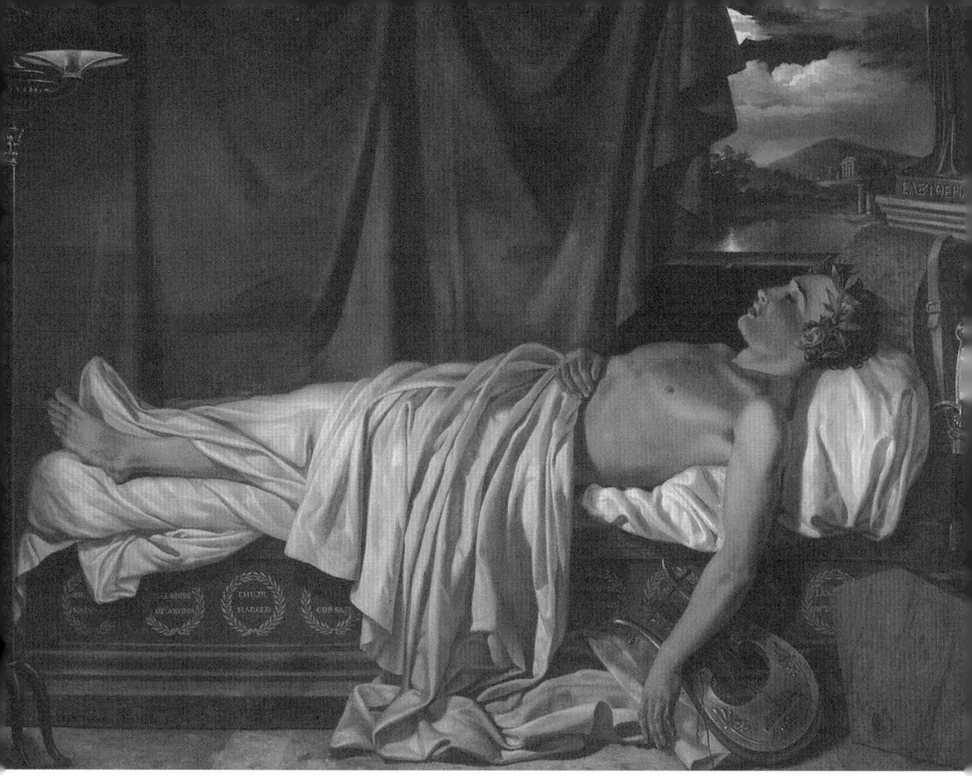

요제프 데니스 오데바이러 〈로드 바이런의 주검〉 1826년경

이 서유럽에서 돌풍을 일으켰다. 먼저 그리스로 건너가 순교자처럼 사망한 청년시인 바이런은 이런 공감을 더욱 휘저었다.

러시아는 원래 그리스가 언어, 종교는 물론 인종적으로 먼 친척이라며 혈연을 내세워 적극 개입했다. 헤르만 카이저를링은 그리스 민족을 이렇게 보았다.

> 그리스 사람들은 따뜻한 기후가 아니라 찬 기후에서 태어났다. 발칸반도 주민 모두 그렇다. 발칸 주민과 이탈리아 사람은 기본이 다르다. '혹심함' 때문이다. 세상에 흑해처럼 추운 바다가 또 있을까. 항상 멀리서 북풍이 몰아친다. 러

시아 평야를 건너오는 바람인데 누그러질 줄 모르고 거침없이 짓쳐 내려온다. 흑해 바닷가에서 추운 겨울날, 물결을 바라보고 있으면 마치 집들이 눈 깜빡할 사이에 환상처럼 얼어붙는다. 그럴 때면, 〈이피게니아와 타우리드〉가 생각나기 마련이다. 그리스 옷차림으로 가엾게 얼어붙은 모습이 떠오른다. 러시아 전설에 따르면, 그 아홉 번째 물결에서 러시아 땅을 차지하는 일곱 영웅의 군대가 튀어나온다. 러시아는 그리스에 뿌리를 둔 문화에서 태어나지 않았을까?

발칸반도는 북유럽만큼 춥고 거칠다. 부쿠레슈티의 겨울은 모스크바만큼 춥다. 콘스탄티노플까지도 나폴리보다 춥다. 그래서 그리스 남쪽 끝의 풍경도 같은 위도상의 다른 지역보다 쌀쌀한 듯하다. '눈부신' 그리스 바다와 섬과 연안은 이런 기후에 어울린다. 신화시대의 신과 영웅이 그곳에서 생기를 얻었다. 이들은 북방민족의 순수한 전형이다. 이를테면, 바이킹이 시칠리아를 정복했던 것과 완전히 다르다. 이곳 북쪽 사람들은 처음부터 그 고장과 어울렸다. 그들의 환한 용모는 그리스의 찬란한 풍경과 어울린다.

이렇게 생각해보면, 언뜻 루마니아 공주의 모습이 떠오른다. 주민들과 다르게 아름다운 금발의 공주다. 그렇다고 이방인의 모습은 아니다. 그저 고상해 보였다.

봉건 인종이 사라져가는 가운데 살아남은 그리스 사람들은 거친 기후대 사람으로 살았다. 온화하고 매혹적인 이오

니아 해의 코르푸는 오디세우스의 종착지였던 행복한 이상향 같은 섬나라 분위기가 여전하다. 그리스 사람은 이탈리아 사람보다 러시아 사람에 더 가깝다.(카이저를링 〈유럽의 해부〉)

그리스 독립전쟁 동안 1821년부터 28년까지 거의 1천여 명(5백여 명이라는 설도 있다) 서유럽 사람이 그리스를 자기 나라처럼 생각해 참전했다. 프랑스 사람도 백여 명이 다치고 죽었다.

오토만제국의 혼란은 나바리노 해전 이후 더욱 심해져 터키제국은 열강의 도전을 받으며 한 세기를 더 못 버티고 제1차 세계대전에 독일 연맹군에 가담했다가 결국 망했다.

어떤 나라든 시작할 때는 신화로 넘친다. 그러나 망할 때 그 신화는 희미해지고 그 대신 사실이 두드러진다. 모든 왕조와 공화국은 화려하게 출범하지만 막이 내릴 때 우리의 상상을 뛰어넘는 추악한 모습이 되어 나락으로 떨어진다. 그렇게 다음 정권의 신화에 거름이 된다.

역사가 이렇다면, 건국보다 멸망에서 배울 것이 많지 않을까? 오토만제국의 역사에서나 세계사에서나 항상 중요하던 예루살렘을 보자. 열강이 치열하게 충돌하는 지점으로 '뜨거운 감자'였던 예루살렘을 1858년에 순례한 역사가는 이런 이야기를 들려준다.

예루살렘처럼 파괴와 재건이 반복된 도시는 없다. 아브

라함 시대의 지배자 멜기세덱은 가나안 사람이 살기 훨씬 전부터 팔레스타인에 살았던 셈족이다. 예루살렘은 셈족 때 시작되었지만 나중에, 여호수아가 이 땅을 차지했을 때, 그 지역의 수도로서 이름을 이어받기도 했던 원주민 예부스족을 흡수했다. 유다족이 그곳을 초토화했다. 그러나 완전한 주인은 못됐다. 시온 산 요새는 적의 수중에 있었다. 이렇게 예부스족은 예루살렘에서 베냐민의 자손, 유다의 자손과 계속 살았다.

두 민족은 같은 이스라엘 민족이지만 서로 다른 구역에서 살았다. 오늘날도 한 울타리 안에서 유대, 이슬람, 아르메니아, 또 그리스와 가톨릭 기독교도가 서로 이웃에 살고 있다. 그러나 동네는 완전히 따로 떨어져 있다. 먼 훗날 다윗이 요새를 점령하고 들어가 살게 되었을 때도, 예루살렘은 절대 어떤 한 민족의 것이 아니었다. 유다와 베냐민의 자손은 이곳에 계속 살았고, 예부스족은 과거처럼, 새 주인들 곁에서 살았다.

다윗 왕조, 알렉산드로스, 에모리, 헤로드의 후계자들과 또 로마 정부 치하에서 예루살렘의 운명, 티투스군대에 맞선 영웅적 저항과 한심한 파괴 등의 사실은 성서에서 널리 알렸다. 물론 요세푸스의 역사책도 그 사실을 알리고 있다. 누구나 아는 사실이지만, 로마의 하드리아누스 황제는 유대인을 시기해 예루살렘의 유적을 싹 없애버리려 했다. 그 자리에 '엘리아 카피톨리나'라는 이교도 이름으로 유피테르신에 바치는 도시를 세우려고 했다. 하드리아누스 황제는 예루살렘에 유대인을 들어가지 못하게 했다. 그 표시로 자신의 입상을 신성한 모리야 산에 세웠다.

하드리아누스 황제는 기독교도에게 어떻게 했을까. 황제는 이미 강력해진 기독교를 뿌리 뽑기 어렵겠다고 믿고 자기편으로 끌어들여 자랑하며 탄압을 중단했다. 기독교를 당시 로마 종교의 다양한 교리에 따르도록 할 궁리만 하면서 이런 식으로 신성해진 장소를 자기 나름의 예술로 미화하려고 했다. 황제는 기독교의 예찬을 판이한 시리아의 것, 즉 죽었다 다시 살아나 신이 된 아도니스 예찬과 섞으려고 구세주가 태어난 곳으로 전해지는 베들레헴 동굴에서 아도니스를 기념했다. 성묘 위에, 골고다 위에 유피테르 상을 세우고, 거룩한 사랑의 신비가 실현되었던 바로 그 자리에 황제는 이교도의 애욕을 상징하는 베누스 입상을 세웠다.

그러나 콘스탄티누스 대제와 그의 어머니 성 헬레나는 예루살렘에서 이교도 우상을 치워버렸다. 독실한 성 헬레나는 시내를 성당과 예배당으로 가득 채워 예루살렘은 오랫동안 엘리아라는 이름으로 불렸는데 끊임없이 기독교도의 순례지가 되었다. 그 어느 때보다 더 그랬다. 그 뒤 오리엔트 제국의 전체적 쇠퇴 속에 덮였다가 614년 페르시아에 함락되고, 628년에 그리스가 다시 차지하고, 또 얼마 뒤 오마르 칼리프가 지휘하는 이슬람이 점령해 오랜 기간 통치했다(637년).

터키 기마대는 토르굴 베그의 지휘 하에 바그다드를 파괴하고 예루살렘을 점령했다(1040년). 이때 이 불운한 도시는 야만적 기마대의 패악에 신음했다. 기독교 주민과 그곳을 찾던 순례자들이 특히 터키군에게 잔인무도한 행패를 당하는 바람에 십자군이 일어났다.

십자군의 중요한 몇 사건만 기억해보자. 1099년에 예루살렘을 고드프루아 부이용이 점령해 프랑크 왕국의 수도로 삼았다. 1187년에 살라딘이 기독교도의 손에서 그것을 빼앗았다. 1229년에 프리드리히 황제가 이곳까지 내려왔고, 이집트 술탄은 그에게 이 도시를 팔아넘겼다. 족장 다윗이 1239년에 이곳을 되찾았고 1243년에 프랑크 족에게 넘어갔다가 그다음 해 또다시 이슬람 세계에 편입되었다.

19세기 들어 이집트에서 맘루크족을 궤멸한 무함마드 알리 파샤총독은 예루살렘을 정복하고 시리아 일부와 함께 터키제국과 합병했다. 터키제국의 술탄 치하에서, 예루살렘은 시리아의 일개 군청 소재지로 몰락하고 그나마 파샤가 주재하는 거점도시가 된 것은 이십 년도 안 된다. 3백 년 동안 터키제국은 예루살렘을 아무런 도전도 받지 않고 군림해 오다 1824년에 주민들의 일시적 봉기로 파샤 당국이 잠시 움찔했지만, 그 이듬해 즉시 원상 복귀했다.

무함마드 알리 파샤와 그의 아들 아브라임 파샤가 터키제국의 일부 폐허에 아랍제국을 재건하려 했을 때 팔레스타인 사람들도 이웃 민족들과 함께 밝은 앞날을 기대했다.

알리 파샤 부자는 터키제국의 봉신에서 벗어나 모든 아랍 민족을 통일하자고 했다. 1831년 알리 부자는 메카가 있는 아라비아 반도의 서쪽 해안 헤자즈의 주인이 되어 금세 예루살렘과 시리아 전역을 정복했다. 그들은 1832년, 코니 전투의 승리로 터키제국의 운명을 거머쥐는 듯했지만 유럽 열강의 개입으로 먹이를 빼앗기고 더 이상 뻗어나가지 못했다.[그리스 독립전쟁]

1840년, 러시아, 오스트리아, 영국이 동맹을 맺고, 러시아 전함이 시리아까지 내려왔다. 영국의 일흔 살 노장 스토포드 제독이 아카 항에 함포사격을 했다. 무함마드는 이때부터 터키절대군주 밑에서 이집트나 지키는 처량한 부왕 신세가 되었으며 팔레스타인과 시리아는 또다시 터키제국으로 넘어갔다.

이렇게 파란만장한 세월 끝에 현대의 팔레스타인은 어떤가? 멀리서 억압받는 땅이라고나 떠들려 한다. 어떤 저항도 못하고 터키의 철권통치에 신음하면서 저항의 기미만 보여도 즉시 처형된다. 그러나 이런 유럽 사람들의 관점은 근대화가 지지부진한 이집트라면 모를까 터키제국에서는 어림없는 일이다. 터키제국은 매우 오래된 전통속에서 해묵은 진리가 사실상 진리로 통한다. 터키제국은 거의 사라질 듯하다가도 금세 정치와 역사의 중요한 화제가 된다. 터키 정부는 있지도 않은 힘을 절대 남용하지 않는다. 그 중심지에서 옛날의 위세는 여전하다. 이란의 신화 한 구절을 들어보자.

"로마가 자기네 무기의 맛을
세상의 끝까지 보여준 것은 아니다."

로마를 이런 식으로 말할 수 있다면 콘스탄티노플에 그보다 백배 더 잘 들어맞는 말이다. 몸에서 생명의 불이 꺼져도 심장은 마지막까지 온기를 간직하고 있지만 심장이 완전히 멈추기 오래 전부터 팔다리 끝은 이미 싸늘했다. 시리아와 팔레스타인은 터키제국의 심장에서 가장 먼 곳이다. 제국의 절대 권력은 먼 곳에 있어 황명이 여러 부족장까지 제대로 미치지 못했기에 멋대로 전쟁을 벌였다. 이들은 파샤가 간섭한다면 놀라워했을 것이다. 아카 항을 점령했던 영국과 오스트리아는 그곳을 다시 터키제국에게 맡겼다.

두 나라로부터 시리아를 넘겨받은 꼭두각시 술탄 이브라힘은 자기 권력을 적절히 휘두르지 못하고 재건보다 죽이기에 바빴다. 무함마드의 힘을 파괴하는 데에는 유럽의 군대와 정치가 더욱 쓸모 있었다. 팔레스타인을 이집트 독재자에게서 빼앗기는 했지만 이때부터 주인이 없는 '무정부 상태'에 빠졌다. 이보다 더 잘 어울리는 말이 있을까?

어쨌든 이해해야 한다. 터키 정부는 팔레스타인에서 절대로 무기력하지는 않지만 권위는 없다. 그 권력은 눈앞에 보이는 지역에나 미친다고 할까. 어쨌든 터키제국의 직할지에서, 정부에 실력을 보태는 토착 세력이 없다고 걱정하지도 않고 팔레스타인 총독에게 다마스에서 부활절 동안 원군 8백 명을 보내준다. 총독은 이 병력으로 순례객을 보호하고 자기 정부가 프랑스나 러시아 공사에게 무시 받지 않도록 한다. 총독에게 군대가 있을 때는 예루살렘에 질서가 있다. 변방도 사정은 꽤 비슷하다. 그러나 군대가 다마스로 돌아가고 나면 총독은 아무 요구도 들어주지 못한다. 대책이 없다.

터키 사람들이 사실상 팔레스타인을 지배하지만 다른 세력이 곁에 있다. 부족마다 독립적으로 자기네 사업을 자기 계산대로 하고, 베두인 족장에게 총독에게 세금을 내지 않는 촌이 여럿이다. 세금을 바치지만 팔레스타인에서 터키 제국의 대표가 처음 부임할 때도 그랬지만, 강탈당하지 않고 살 수 없다.

내가 예루살렘에 머무는 동안, 터키 군대가 주둔하고 있었다. 그런데 아랍 부족들이 헤브론에서 서로 싸우고, 순례단이 야파(텔아비브)로 돌아가다가, 예루살렘에서 몇 시간 못 가 약탈을 당했다. 전설에 따르면, 그 길에 '비적의 성'이라는 폐허가 다 된 요새에 '아부 고슈'라는 비적 떼가 있다. 여행객에게 유명한 강도다. 지난 4, 50년간 이들은 자치국처럼 독립생활을 했다. 형제가 여섯에 자손이 여든다섯이다. 주변을 떨게 할만 했다. 순례자치고 무서운 이 부족에게 통행료를 치르지 않고는 예루살렘에 들어오지 못했다. 1832년에 총독 이브라힘 파샤가 비적 하나를 갤리선 노예로 보냈다. 15년 전에도 팔레스타인의 강도 한 명을 붙잡아 보냈다. 그러나 그들의 세력은 꺾이지 않았다. 현저하게 힘이 떨어지기는 했다. 그래도 여전히 말짱하다. '쿠리에트 엘 에납'(포도촌)이 그들이 거점인데, 보통 '아부 고슈 촌(村)'이라고 한다. 예루살렘에서 15킬로미터밖에 안 된다.

우리는 이런 상태를 설명하는 데 서투르다. 무정부 상태의 사회는 유지되지 못하고 팔레스타인 주민은 얼마 못 가 자멸하거나 강력한 독재자에게 예속될 것이다. 유럽처럼 인구가 조밀한 나라라든가 오리엔트처럼 주민의 생계수단이 다양한 곳에서라면 당연한 결론이다. 하지만 중세 유럽도 한동안 비슷한 혼란을 겪었다시피, 팔레스타인에서 이런 일은 결코 새롭지 않다. 이 지역은 아브라함 시대와 조건이 거의 비슷하다. 먼 옛날에 넓은 영토를 가진 나라는 없었다. 독립 도시들뿐이었다. 각 도시마다 왕과 수령이 있었다. 때에 따라 서로 뭉치고 싸우고 했다. 오늘날과 마찬가지로, 여러 부족이 할거하는 도시들 사이에서, 또 다른 유목민들이 산기슭과 평야에 천막을 치고 북에서 남으로 가축을 몰고 돌아다녔다. 가진 것이라고는 조상들이 파놓은 우물과 수령을 묻은 동굴과 태양뿐이었다. 사적 소유는 종종 비판받았고(원시공산사회처럼), 화해하든 싸우든 분쟁의 원인이었다.

케도르 라호메 지방의 세 부족은 소돔 평야의 다섯 부족에 맞서 연대했다. 아브라함이 그때 원정대를 이끌었다. 또 아브라함, 이삭, 아비멜렉의 갈등, 다윗이 기르스 부족과 아말렉 부족을 침공한 사건, 다윗 일행이 골리앗 족으로 피신한 사건 등 아랍 특유의 사건들이 팔레스타인에서 끊임없이 되풀이 되었다.

오리엔트에는 나이가 없다. 제국과 제도는 흥망을 거듭해도 풍습은 변함없다. 아브라함 부족은 강경하다. 성서의 출애굽기에서 말하다시피 이스라엘 민족은 항상 뻣뻣했다. 고개를 숙일 줄 몰랐다. 로마 사람들은 철퇴로 그들을 꺾었다. 멀리 바람에 밀려가는 풍선처럼 여러 민족 속으로 흩어진 이스라엘은 그 속에 섞여 살면서도 절대도 그들과 뒤섞이지 않았다. 이스마엘은 어떻게 되었을까? 그의 자손은 창세기 때처럼 반항적이고 건방진 성격이 똑같지는 않겠지만 여전히 고집불통이다.

'이스마엘은 야생마처럼 사나운 놈이 될 것이다. 모든 사람과 맞설 것이다(창세기 14장 12절).' (펠릭스 보베 〈성지순례〉)

화가 드캉

화가 알렉상드르 가브리엘 드캉은 1828년 전쟁기록화 제작 임무를 띠고 그리스로 건너갔다. 그곳에서 이즈미르를 거쳐 중동을 여행했다. 드캉은 여행을 하면서 완전히 다른 화가가 되었다. 드캉은

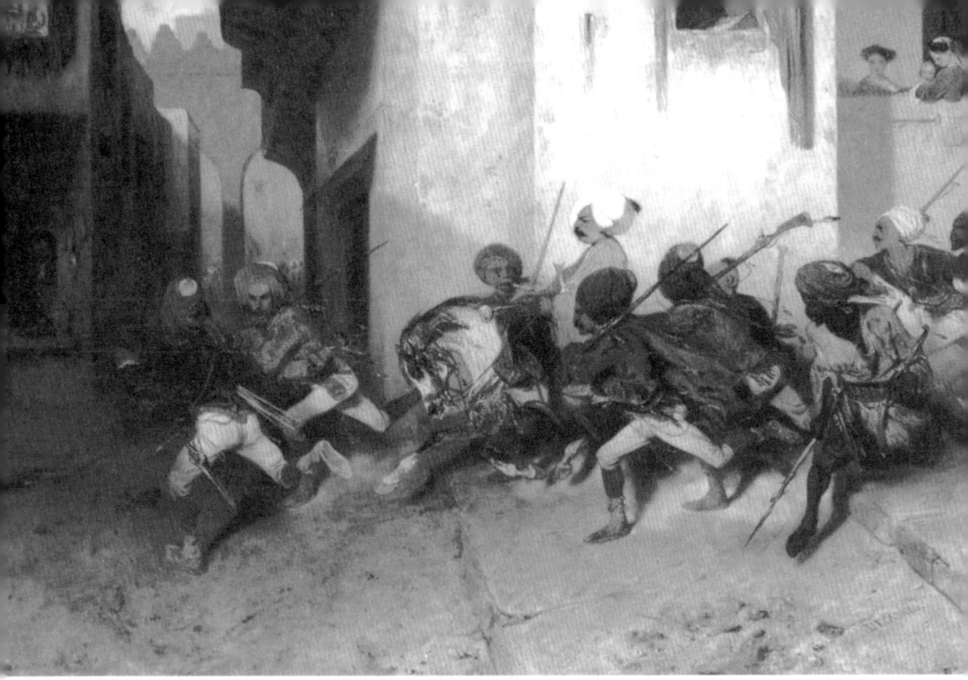

알렉상드르 가브리엘 드캉 〈이즈미르 순찰대〉 1831년

오리엔트의 문화에 홀딱 반했다. 칙칙하고 찌푸린 날씨에 살다가 태양이 작열하는 눈부신 색채에 어떻게 눈이 멀지 않을까! 드캉은 중동 사람들의 완전히 다른 행동방식과 태도에도 반했다.

우리가 보는 그림은 이즈미르 경찰대장이 시내를 순찰하는 장면이다. 이런 활달한 그림으로 드캉은 '오리엔트 화풍의 창시자'라는 평판을 얻었으며 〈르 피가로〉 등 여러 신문에 정치 풍자화를 실었다(1827–1831).

드캉은 말년에 유럽 여러 화가들이 모여 살던 농촌인 파리 근교 '퐁텐블로' 숲으로 들어갔다. 드캉은 시끄러운 공사판이던 대도시를 멀리하고 친구 화가들과 자연에서 오리엔트의 그리움을 달랬다.

가난한 화가들이 서로 의지하며 농사도 짓고 큰돈은 없어도 다른 즐거움이 있는 농촌의 때 묻지 않은 생활을 되살리며 도시생활의 대안으로 숲속 마을에서 '안빈낙도' 했다. 화가들은 정말 낭만적인 자연주의자들이었다. 프랑수아 밀레가 드캉과 같은 마을에서 〈양치기 소녀〉와 〈이삭 줍는 부인들〉을 그렸다. 드캉은 농부와 아침과 송로버섯 따는 사람을 그렸다. 드캉은 말을 몰고 사냥을 다니다가 낙마하는 사고로 사망했다.

내성적인 드캉은 여러 이웃 화가 가운데 밀레하고만 만났다.

> 드캉은 사교적인 사람이 아니었다. 그는 일찍이 쿠르베의 그림에 푹 빠졌다가 그를 직접 만나고 난 뒤로 금세 멀어졌다. 그는 동료들이 인간과 예술이 완전히 하나처럼 흠결 없이 자기 입맛에 맞아야만 좋아했다. 세심하고 까다로운 성격이었다.
>
> 드캉은 몰래 밀레의 집을 드나들었다고 한다. 마을 초입에 말을 매어두고 아무도 마주치지 않으려고 후원으로 드나들었다. '자기가 좋아하는 사람들 외에 누구도 마주치거나 보고 싶어 하지 않았다.'
>
> 그는 한 번도 진심에서 우러난 말을 하지 않았다. 그는 독하고 신랄하게 비평했다. 자신의 그림에 대해서도 그랬다. 항상 길을 찾지 못해 고생하는 사람 같았다. 고뇌에 가득한 고상한 사람이었다. (밀레의 회고 〈밀레 전기〉 알프레드 상시에)

프랑스 예술에서 '오리엔트 취미'는 매우 중요하다. 이 그림이 나오던 해는 특히 그 취미의 전환점이었다. 대중들은 '현장에서 가져온' 그림을 보았다.

"낭만주의는 눈부신 여행에서 보았던 세계를 그윽한 이미지로 보여준다. 드캉은 프랑스 회화의 심장을 파고든다. 오리엔트는 이제 우리 거장들을 사로잡을 것이다."(앙리 포시옹)

평론가 테오필 고티에는 "18세기에 장 자크 루소가 자연을 발견했다면, 드캉은 19세기에 오리엔트를 발견했다. 마침내 태양이 애지중지하는 찬란한 고장을 예술로서 접하게 되었다"라며 극찬했다. 어떤 고고학자는 드캉을 '오리엔트의 콜럼부스'라고 했다. 드캉의 그림이 '천일야화'를 생생한 이미지로 보여준다고도 했다.

드캉의 그림에서 오리엔트 문화를 실감나는 모습으로 보게 되었기에 이런 그림과 더불어 터키제국에 대한 사람들의 편견도 어느 정도 줄어들었다.

이상한 향기의 협주곡

〈민중을 이끄는 자유의 여신〉 외젠 들라크루아

외젠 들라크루아는 〈민중을 이끄는 자유의 여신〉을 그려 단숨에 새로운 낭만화가로 주목받았다. 새로 권좌에 오른 국왕 루이 필립은 이 작품을 구입했다. '7월 혁명'이라는 국민의 항쟁 덕에 샤를 10세를 쫓아내고 왕위에 올랐으니 당연한 일이었다. 작품은 뤽상부르 미술관에 들어갔다가 최근에는 노르망디에 문을 연 루브르 박물관 분관의 가장 좋은 자리에 걸려 있다.

그림의 배경에는 포연에 쌓인 노트르담 대성당이 보인다. 화면 앞쪽에서 무장한 군중이 시신을 넘어 전진한다. 시청 앞 광장 주변에서 혁명군이 정부군을 향해 돌진하는 장면이다.

어른, 아이 할 것 없이 총검을 들고 나섰다. 노동자, 농민, 실크햇을 쓴 신사와 소년도 죽음을 두려워 않고 앞으로 나아간다. 화약 냄새에 뒤섞인 자유의 함성이 진동하는 가운데 젊은 여자가 깃발을 휘두르며 선두로 나선다. 여자는 찢긴 옷자락도 아랑곳하지 않고 여장부처럼 온몸으로 외친다. "돌격 앞으로!" 마치 잔 다르크가 되살아난 순간 같다.

1830년 초 프랑스 민심은 흉흉했다. 국왕 샤를 10세의 조정은 국민의 관심을 다른 데로 돌리려고 전쟁을 일으켜 6월 14일에 프랑스 해군이 북아프리카 알제에 상륙했다. 샤를 10세는 전쟁도발에 그치지 않고 어려운 민생을 외면한 채 되레 억압정책으로 나왔다. 간행물 출간을 금지하고 의회를 해산하더니 선거법은 귀족에 유리하게 고쳤다. 요즘처럼 여론조사를 했다면 절대적으로 불리한 지지율이 나왔을 것이다.

이런 조치에 격분해 7월 27일, 파리 시민이 들고 일어났다. 시청으로 들어간 시민군이 사흘간 집권하는 사이 무능한 폭군 샤를 10세는 도망치고 국민은 루이 필립을 왕으로 옹립해 '7월 왕정'이 시작되었다.

봉기가 터졌을 때 오를레앙 공작 루이 필립은 봉기를 지지한 의원들의 제안으로 시민군 총사령관을 맡았다. 대혁명 때 혁명을 지지했던 라파예트 장군을 비롯한 여러 군인도 가담했다. 시민천하의 임시정부를 끝내고 루이 필립은 의회에서 선출하는 특이한 방법으로 왕위에 올랐다. 그래서 루이 필립을 '국민의 왕'이라고 불렀다.

이렇게 '영광의 사흘'간 시민을 이끌던 여신은 잔 다르크의 기억을 되살리고도 남았겠지만 그 분위기는 프랑스 여자보다 고대 그리스 조각을 닮았다. 격렬한 몸짓과 색채와 짙은 음영에도, 균형미를 중시하는 프랑스 사람들이 좋아할만한 고전적인 포즈를 취했다. 총을 든 여신의 이미지는 나라의 수호여신으로서 많은 작가가 현대미

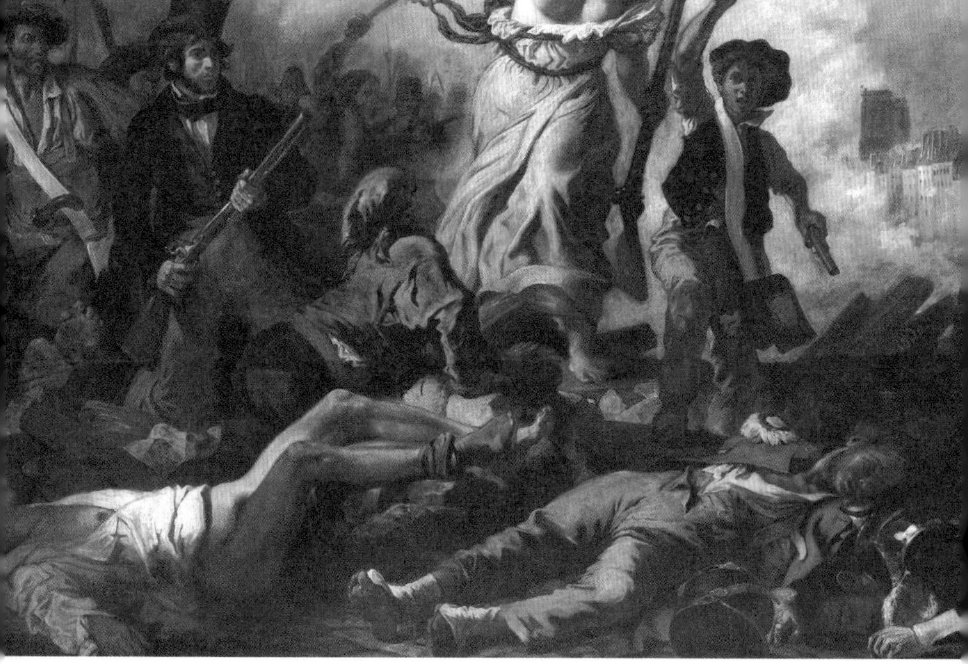

외젠 들라크루아 〈민중을 이끄는 자유의 여신〉 1830년

술의 우상으로 받들었다. 훗날 미국건국을 축하해 선물했던 자유의 여신상도 그런 작품 가운데 하나였다.

〈자유의 여신〉을 내놓기 전까지 들라크루아는 그리스 독립운동으로 촉발된 프랑스와 오토만터키의 전쟁, 기독교를 신봉하는 이웃 나라들의 승리 등을 상상으로 그려 주목받았다. 그러다가 '7월 혁명'을 타고 시민이 눈앞에서 겪었던 사건의 생생한 기억을 건드려 단김에 '낭만화파'의 거장으로 뛰어올랐다.

〈자유의 여신〉은 전체적으로 꼼꼼한 사실 묘사에 얽매이지 않고 사람들의 오랜 갈증을 풀어주듯, 평민 여성을 내세웠지만 아름다운 몸짓에 고전비극의 비장한 분위기를 더했다. 많은 사람이 갈망하던 자유를 여신의 이미지로 창조했으니 이보다 더 '타이밍'이 좋을 수는 없었다.

들라크루아의 관찰력이 뛰어나다고 모두들 감탄했다. 사실 그는 사람들의 마음을 깊이 꿰뚫어 보았다. 일하고 고생하는 여자를 여신으로 내세웠다. 귀부인이 여신으로 나섰다면 누가 따라나섰을까. 신데렐라가 아니라, 공주님이 다시 왕좌를 꿰차겠다고 나선다면 누가 환호할까? 들라크루아는 계급을 무너뜨리고 싶어 하는 사람들의 간절함을 잘 이해했으며 가난을 벗어나 평등하게 살고 싶은 열망을 억척스러우면서도 따뜻한 주부의 이미지로 표현했다.

모로코 여행

그러나 들라크루아가 정말로 거장으로 거듭나는 계기가 있다. 이 작품을 발표하고 난 다음해 1832년 모로코로 떠난 여행이 바로 그것이다.

> 들라크루아의 모로코 여행은 일생일대의 사건이었다. '스마트'했던 들라크루아는 친구들이 많았다. 인기절정의 여배우 '마르스 양'은 열렬한 공화주의자로 들라크루아의 '친구들의 친구'였다. 마르스의 자택은 예술가들이 드나드는 '누벨 아텐(새 아테네)' 카페와 같은 동네에 있었다. 자기 집에서 주로 진보적 예술가들과 어울렸다.
>
> 마르스 양은 오셀로의 데스데몬 역을 맡는 등 무대의 '프리마돈나'였다. 눈부신 스타에게 비범한 애인이 없을 수 있을까? 정계 실력자 샤를 모르네 백작이 애인이었다. 백작은 모코로 술탄의 의중을 떠보려는 국왕의 밀사로 모로코로 건너갈 예정이었다. 들라크루아는 백작이 은밀한 왕명을 띠고 애인과 함께 떠나는 길에 동행하게 되었다. 들라크루아는 꼽사리끼거나 깍두기로 참여한 것은 아니다. 자비로 동행했다. 마르스 양은 애인과 잘 어울릴만한 남자친구 들라크루아와 함께 가고 싶어 했다. 미지의 왕국에서 백작과 화가의 시중을 받으며 마치 여왕처럼 재미를 보려고 했다. (모리스 세뤼라즈 〈들라크루아 전기〉)

프랑스는 모로코 이웃 알제리에서 전쟁 중이었다. 프랑스군은 내륙에서 전투를 집중하려면 지중해 연안의 거점 오랑, 즉 모로코와 알제리 접경을 중립지대로 삼아야 했다. 오랑은 모로코가 장악하고 있고 영국이 뒤를 보아주고 있었기 때문에 프랑스는 오랑에서 모로코가 적대행위를 하지 않겠다는 당부를 받아내려 했다.

모로코 술탄은 알제리에서 신출귀몰하는 압델카데르의 무장군을 지지하고 있었다. 만약 이들의 협공에 영국까지 가세한다면 프랑스가 패할 것이 뻔하자 프랑스 정부는 모로코 술탄의 의중을 떠보려고 모르네 백작을 파견했던 것이다. 백작은 친구들과 관광여행으로 위장하는데 화가처럼 좋은 동반자도 없겠다며 무척 좋아했다.

들라크루아 일행은 배에서 내려 곧장 시장의 융숭한 대접을 받았다. 비로소 오래전부터 꿈꾸던 세계, 앞서 선배화가들이 다투어 그렸던 그림 같은 세계로 들어갔다.

들라크루아는 처음 도착해 거리와 장터로 들어서자마자 "비단과 브로카르와 다마스 검과 무기와 안장으로 번쩍이는 오리엔트"와 마주쳤다. 보는 것마다 기가 막혔다. 꿈에서 깨어나고 싶지 않은 사람처럼 모든 것에 사로잡혔다.

> 여기는 완전히 그림 같다. 걸음을 옮길 때마다 화가들이 수백년 걸려야 그려낼 만한 그림들 같다. 모든 것이 화가들을 위해 넘치는 듯한데……. 하지만 요즘 유행하는 그림처럼 억지로 폼을 잡는 겉멋 든 것이 아니다. 뭔가 단순하고

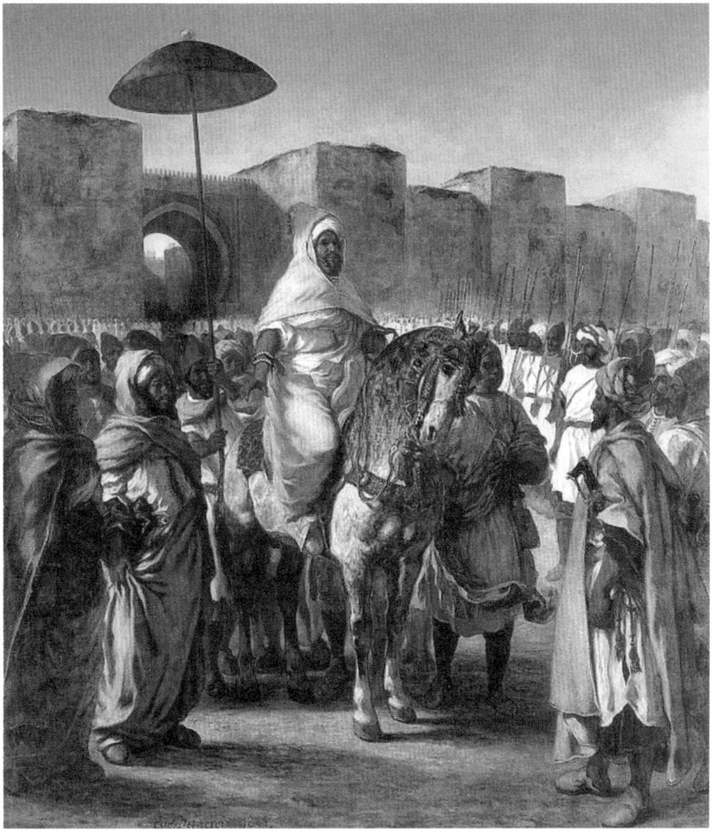

외젠 들라크루아 〈모로코 술탄의 행차〉 1845년

원초적이며, 꾸밈없는 아름다움이다. 과연 화가들을 위한 곳이다. (들라크루아 〈일기〉)

들라크루아는 오랜 세월을 변함없이 사람들이 지켜낸 아름다움을 보았다. 이런 모습을 그는 모로코 땅의 주인 마그레브 민족의 자연스런 고상함이라고 했다.

"그들은 모든 면에서 훨씬 자연스럽다. 모든 것이 엮인 아름다움이다. 우리는 코르셋, 뾰죽한 구두, 웃기는 것들에 묶여 딱한 꼴 아닌가! 과학은 우아함을 해치기나 하고!"

고전화가들이 오래도록 물려받아 지키려 했던, 변함없는 아름다움, "고대 미의 본질"같은 것이다. "멍해질 정도로 강렬하고 짙은 어둠 속에서 떨리는" 아름다움이다. 거칠고 투박해 보이지만 힘찬 아름다움이다.

들라크루아는 말을 타고 돌아다니며, 낙타 행렬에 길을 내주기도 하면서 "어렸을 때 느끼던 감정"이 솟구친다. '젤라바'라는 두루마기 비슷한 사내들의 장옷에서 번쩍이는 푸른 터키석에 한숨을 짓는다.

그는 말안장에서도 스케치북을 놓지 못하고 연필을 놀렸다. 색칠하기가 얼마나 어려웠을까!

"이상한 향기의 합주곡을 어떻게 표현할까? 용연향과 정향과, 온갖 향신료로 뒤섞인 향내를!"

요즘은 우리나라 농촌 여인들은 왜 옷차림이 부자연스러울까. 해묵은 것, 어울리는 환경에서 자신들도 모르게 갈고 닦아온 모든 복장을 버렸기 때문 아닐까? 편리함만 고려하고, 또 고려하도록 자기가 사는 곳과 무관한 아주 먼 공장에서 만든 것을 값이 싸기 때문에 입어야 한다.

우리는 유목민이나 원시부족의 아름다운 복장을 음미하는 눈이 없다. 어차피 각자 집에서 지어입기 어렵다. 그렇다고 마을에서 함께 지어 입던 것도 아니다. 전문가들, 즉 공장에서 옷을 생산하는 사람들은 바쁜 도시생활과 그 리듬과 취향만 염두에 둔다. 들과 밭에서 일하는 사람들이 아름다운 감수성 같은 것이 있으리라고 결코 생각할 줄 모른다. 직업모델을 내세운 어색한 발걸음을 유행이라는 달콤한 말로 억지로 강요한다. "이것을 입지 않으면 시대에 뒤지고 촌스러워 어떡합니까!" 라면서.

황궁은 모로코 북부 메크네스에 있었다. '모로코 가죽' 염색으로 유명한 관광지 페스 서쪽 60킬로미터 떨어진 곳이다.

들라크루아는 메크네스 황궁의 '야수 같은 장벽'에 입을 다물지 못했다. 장벽 위로 베네치아 화가들이 좋아하던 청옥빛 하늘이 펼쳐진다. 시내 전체가 모두 그 빛을 반사한다. 들라크루아는 짙은 녹음이 우거진 구불구불한 골목 사이로 장미월계수 덤불 사이를 누비고 돌아다니며 현지 사람들과 마주치고 나서 친구에게 이런 편지를 썼다.

"자네 한번 상상해봐, 노을에 물든 거리를 거니는데, 너덜너덜한 신발짝을 끌고 걸어 다니는 사람들, 관리들도 세상이 다 자기 것인양 의젓하기만 하다고…….”

들라크루아는 궁전과 성전의 휘황한 모자이크와 미묘한 추상무늬에서 영롱한 빛의 마술을 보았다. 술탄의 궁전은 말할 것도 없고, 술탄의 얼룩말과 의젓하고 너그러운 부족장과 촌로들의 인품을 깊이 존경했다. 유대인과 베르베르족의 뒷골목 동네에서는 수천 년 묵은 풍속의 황홀한 색채에 홀렸다.

사하라 변두리에 있는 태초의 지질과 생물, 사프란을 비롯한 향긋한 화초, 드넓은 사막에서 억세게 살아가는 유목민, 유익한 야생동물과 희귀한 광물이 묻힌 광야……. 듣도 보도 못한 놀라운 소재가 널려 있었다.

들라크루아처럼 유럽 사람이 편견에 젖지 않고 아랍세계를 바라보았던 사람이 몇이나 될까? 모두들 사냥감을 잡아먹지 못해 안달할 때, 그는 사냥감 앞에 얼어붙어 오직 그 아름다움에만 사로잡혔다. 사냥감이라니! 신 같은 존재들인데!

모로코 사람들은 세속의 이해관계에 쪼잔하게 매달려 살지 않았다. 그들은 건방지지 않았으며 거들먹거리지도 않았고 소탈한데다 초연했다. 삶과 신 앞에서 겸손했다! 물질에 얽매이지 않고 영원에 느긋이 기대 사는 모습이었다.

들라크루아는 사막 근처의 대자연을 맛볼 기회는 없었다. 백작과 함께 궁전 부근을 전전하며 도심에서 해묵은 이슬람 문명을 들여다보았다. 그곳을 돌아다니며 들라크루아는 “오래된 것일수록 더욱 빛을 발한다”는 것을 새삼 이해했다. 수공예품과 모로코 가죽염색에서 우러나는 색채에 입을 다물지 못했다.

들라크루아는 야만족이라던 베르베르 유목민촌에서 6개월을 살았다.

"이 강인한 민족이 살던 모습을 어떻게 잊을까! 내가 살아 있는 한 절대로 못 잊을 거야……."

모로코 사람들은 쓰라린 원망과 굴욕, 증오와 복수심에도 모두 마음을 비우고 별수 없이 철전지 부모의 원수를 관광객으로 환대했다. 그렇지만 어떻게 먼 객지에서 좋은 일만 있을까? 메크네스 황궁 앞에서 황제를 뵈려고 기다리는 동안 군중은 친절하지만 않았다. 안내를 맡았던 현지인은 그의 팔을 잡아끌면서 위험한 곳에서는 그림을 그리지 못하게 했다. 불쾌한 경험도 했다.

"우리는 기독교도라 복장과 인상이 다르니 사람들의 반감 때문에 항상 경호원과 함께 다녔다. (…) 오두막집에서도 테라스에 올라간다면 돌팔매나 총질을 당하기 딱 알맞다. 이곳 사람들의 질투심은 지독했다. 여자들은 보통 테라스에서 바람을 쐰다."

어려움이 이랬던 만큼, 동행한 관료들이 은밀히 모로코 사람들을 주선해 포즈를 취하도록 해주었다. 그러나 유태인은 작은 유태교당에서 스스럼없이 반가워하며 포즈를 취했다.

모로코 체험으로 들라크루아는 짙은 황토빛 색상을 더는 사용하지 않고 야만적으로 날뛰는 듯 화려한 색채로 붓을 휘두르게 되었다. 그의 한 마디는 정말 '인생교사의 말씀'처럼 들린다.

"야만족이라고? 가서 봐! 그들의 참을성과 철학을 배워보라고!"

궁지에 몰린 모로코 술탄

모로코의 술탄(황제 격이다) 물레이 압데르라흐만(1822-1859)은 처음에는 선황제 물레이 술레이만(1792-1822)의 쇄국정책을 고수했다. 물레이 술레이만은 민족주의자로 1790년, 모로코 일부를 점령하고 있던 오토만터키제국군을 몰아냈다. 술레이만은 사막 유목 민족들을 다스리며 오아시스들을 장악했다.

그러나 물레이 압데르라흐만은 개항하지 않을 수 없었다. 이웃 알제리는 프랑스가 뭉개고 있었고 영국 함대도 언제든 무력시위 할 수 있다며 지중해를 누비고 있었다. 술탄은 깊이 고민했다. 숱한 우여곡절에도 수백 년 꿋꿋이 지켜온 왕조가 외세 때문에 무너지는 모습을 보고 싶지는 않았다, 그러나 개방정책조차 순탄하지 못했던 것은 유럽의 열강이 너무 욕심을 부리고 공격적으로 나왔기 때문이다. 그래도 술탄은 순순히 양보하지 않고 한번 붙어보았지만 역부족이었다.

모로코 술탄의 처지는 아시아 군주들과 비슷했다. 청나라도 조선도 그러지 않았던가. 군주들은 자존심 때문에 '종묘사직'을 지키고 백성을 끌어안겠다며 외세를 애써 모른 척한다. 그러다가 차츰 외세가 예상 외로 막강한 줄 알게 되어 마지못해 빗장을 풀고 바깥을 기웃거리다가 일격을 받고 휘청거린다. 적들은 수구파와 개혁파를 가리지 않고 줄을 대고 매수해 이간질하여 왕조를 무너뜨리려고 내전을 조종한다. 각종 정보기관과 교회와 예술가, 친선단체를 꾸리고 좋은 게 서로 좋다며 어울려 놀자면서, 의료봉사 등을 앞세워 호감을 사면서 좋은 것을 훔치려는 흑심을 숨긴다. 왕조를 무조건 사악하다고 밀어붙이고 장점보다 약점을 선전하면서 순진한 민중을 선동한다. 이런 식이다.

프랑스가 모로코에 밀사를 먼저 파견한 뒤, 함대를 보낼 즈음에는 이미 준비해둔 민중봉기로 모로코 정정은 어수선했다. 프랑스 밀정들은 봉건치하에 억눌려 살던 사람들의 울분에 불을 질렀다. 불쏘시개를 갖다 대면서 불을 꺼주겠다고 도와주는 척했다. 겉으로야 나폴레옹 1세 황제 때부터 항상 공화주의 이상을 내세우면서 말이다.

압데르라흐만 술탄의 외교도 능란했다. 여러 나라와 적당한 거리를 두고 중립으로 평화를 지키려는 정책으로 같은 이슬람의 사우디 왕국과 손을 잡고 오토만터키제국을 견제했다. 모로코가 공식외교관계를 맺은 나라는 사우디 왕국뿐이었다. 모로코 술탄은 사우디 왕국의 '와하브주의'에 동조하여 표면상으로는 순수하게 신앙을 내세워 동맹을 유지했다. 와하브 운동은 사우디 족장 와하브가 일으킨 정풍운동으로 이슬람의 케케묵은 형식주의를 비판하고 이슬람의 순수한 혼을 되찾자는 운동이었다. 일종의 수니파 원리주의와 비슷했다.

1831년 이슬리 전투에서 프랑스에 패한 술탄 압데르라흐만은 화평을 맺었다. 이슬리는 알제리와 모로코의 지중해안 쪽 경계지역이다. 술탄은 수도 탕헤르에 프랑스 총독부 설치를 허용했는데 바로 그 해 들라크루아는 술탄의 행차를 그리는 기회를 잡아 이때 그려둔 밑그림으로 1845년에 유화를 완성했다. 1844년 프랑스 조정은 외교 설득에도 프랑스의 요구를 거부하던 모로코로 군대를 파견했다. 들라크루아는 이를 분개하고 슬퍼했다.

프랑스는 국왕의 막내아들 주앵빌 왕자를 보내 탕헤르에 함포사격을 했다. 프랑스 왕자들은(앞장에서 보았듯 그의 형 오말 왕자는 알제리에서 압델카데르를 제압했다) 명예욕에 굶주려 악착같이 큰 전공을 세우려고 전 세계 어디로든 달려가 물불을 가리지 않고 포를 쏘아댔다. 형제끼리 후계자 자리를 다투면서 공연히 외국을 제물로 삼은 것이다. 프랑스 왕자들은 대대로 이런 침략을 일삼았고 또 그 공적으로 권력을 강화했다. 이는 고대 로마제국에서 군인들이 즐겨 구사하던 파렴치한 전략과 똑같다. 카이사르의 〈갈리아 원정기〉는 그 훌륭한 증언이다. 또 카이사르와 함께 공동집정관을 지낸 크라수스는 결국 페르시아에서 적에게 붙들려 사망할 때 치욕을 당했다. 스파르타쿠스 노예(검투사)의 봉기를 처절하게 진압했던 크라수스는 그때까지 세계 최고의 부자였다. 그러나 탐욕의 말로가 얼마나 비참했는지 그처럼 멋지게! 증명한 인물은 없다.

"크라수스의 잘린 머리는 파르티아 왕궁으로 보내졌다. 그의 유해를 묻은 묘도 짓지 않았다. 지휘관이 없는 상태로 많은 병사가 죽임을 당했다. 페르시아 사람들은 크라수스의 입에 황금을 녹여 채웠다. 그러면서 이렇게 말했다.

'그렇게 탐했던 쇳덩이잖아, 실컷 처먹어! 영원히!" (디오 카시우스 〈로마사〉)

카리브 해의 사탕수수밭

〈생 도맹그 종려수 고지전〉 장비에 수코돌스키

세상에서 가장 무심하게 맑은 바다가 카리브 해 아닐까. 가장 많은 피눈물을 삼켰지만 언제나 금세 시치미를 떼듯 푸르러지는 바다다. 해마다 몰려오는 허리케인 덕에 그렇게 맑아지는 것일까?

프랑스와 영국은 카리브 해의 섬들에서 18세기와 19세기 내내 농장과 배와 부두에서 수십만의 노예를 착취했다. 그런데도 서양제국 학자들은 일부 못된 농장주들만 치부했을 뿐, 나라살림에 그다지 보탬이 되지는 못했다는 주장을 내놓기도 했다. 과연 그랬을까?

21세기 들어서자마자 아이티공화국은 가장 큰 천재지변을 겪었다. 2010년 지진으로 사망자만 20만이 넘고 실종자 부상자는 3백만을 헤아렸으며 수도를 비롯해 모든 국토가 황폐화했다. 이런 난리 통에 4천 명이 넘는 교도소 수감자는 탈출해 자유를 맛보았다. 국민은 폐허 틈에서 천벌을 면치 못했다고 절규했다.

국민이 고생하고 신음하는 나라가 한둘이 아니지만 그중에서도 아이티 국민은 최근 2세기 동안 극심한 고통을 겪었다. 그런데 얼마 전(2016년) 태풍 '매튜'로 9백 명 넘게 사망했다. 그 수백 배가 넘는 이재민도 나왔다.

장 클로드 뒤발리에는 19살이던 1970년대에 아버지의 사망으로 아이티 종신대통령 자리를 물려받았다. 장 클로드 뒤발리에는 세계 최연소 국가원수로서 독재자를 대물림한 신기록을 세웠다. 북한의 김정은 보다 더 어린 독재자로서 미국 등 부유한 나라들과 손을 잡았다. 그러나 이는 후진국이 항상 그렇듯, 원조와 차관을 받아 착복하려는 수작이었다. 횡령 외에도 전매할 수 있는 나라의 수입원(사탕수수와 함께) 담배의 생산과 판매를 독점해 치부했다. 뒤발리에는 대통령궁을 나와 출장에 나설 때마다, 굶주린 국민이 그가 지나갈 때를 기다려 아우성칠 때 전용 리무진 속에 앉아 지폐뭉치를 던지는 퍼포먼스를 즐겼다. 짐승 떼처럼 길바닥에 날리는 돈을 주우려 허둥대는 국민들을 비웃었다.

20세기에는 프랑스 군인으로 인도차이나와 북아프리카 등지에서 전술을 익힌 아프리카 군인들이 쿠데타로 대통령이나 독재자로 정권을 잡고는 했다. 19세기에 노예해방 운동이 거세던 중남미 카리브 섬나라들에서도 비슷한 일들이 있었다.

노예해방운동은 혁명의 결실이었다. 아이티 사람들은 15년 동안(1791-1804) 프랑스와 싸워 이겨 공화국을 세웠다. 아메리카 노예저항운동 가운데 가장 성공적인 사례였다.

이렇게 식민지에서 벗어나 아이티 공화국을 세운 혁명을 아이티 독립전쟁 또는 해방운동이라고 한다. 혁명의 추진력은 역사를 거스른 프랑스의 반동정치에서 비롯했다.

나폴레옹 보나파르트가 '통령' 시절 공동집권하던 또 다른 통령은 캉바세레스였다. 통령정부(統領政府)는 집정정부(執政政府)라고도 한다. '콩쉴라' 라는 그 어원을 따르면 고대 로마의 최고위직 집정관이라는 표현에 가깝다. 나폴레옹이 쿠데타로 집권해 꾸린 정부였다가 1804년 나폴레옹이 황제에 오르면서 폐지했다.

캉바세레스는 일찍이 식민지 농장주 집단을 대변하던 변호사로 대혁명 중의 주역들 가운데 가장 능란하게 처신했다. 목숨이 위태롭고 무거운 공포에 짓눌린 채 한 치 앞을 내다보기 어려운 시국에서 살아남았다. 단 한 번의 극히 사소하고 심지어 엉뚱한 실수만으로도 죽을 때였다. 캉바세레스는 오락가락하지 않을 만한 확고한 입장이나 사상도 없었지만 그는 '테르미도르의 반동' 사건으로 혁명 동지 로베스피에르를 제거하는 데 참여했다. 그 뒤 공안위원회 의장으로 전횡을 부렸다. 또 그 얼마 뒤 나폴레옹이 쿠데타를 일으키자 거기에도 동조했다. 캉바세레스는 혁명의 대의를 훼손하고 출세와 영달에만 집착했다는 점에서 나폴레옹과 한통속이다. 캉바세레스를 온건하고 유능한 행정, 법률가로 보는 평가도 있기는 하지만 그는 좌우를 기웃거리며 빠져나갈 구멍을 찾을 때만 유능했다. 그에 못지않은 훌륭한 변호사, 관료가 넘치던 시절이다. 하지만 나폴레옹의 환심을 산 자들만 민망한 영웅처럼 역사에 남았다.

이런 캉바세레스가 혁명 때 폐지한 노예법을 되살려 냈고 그것을

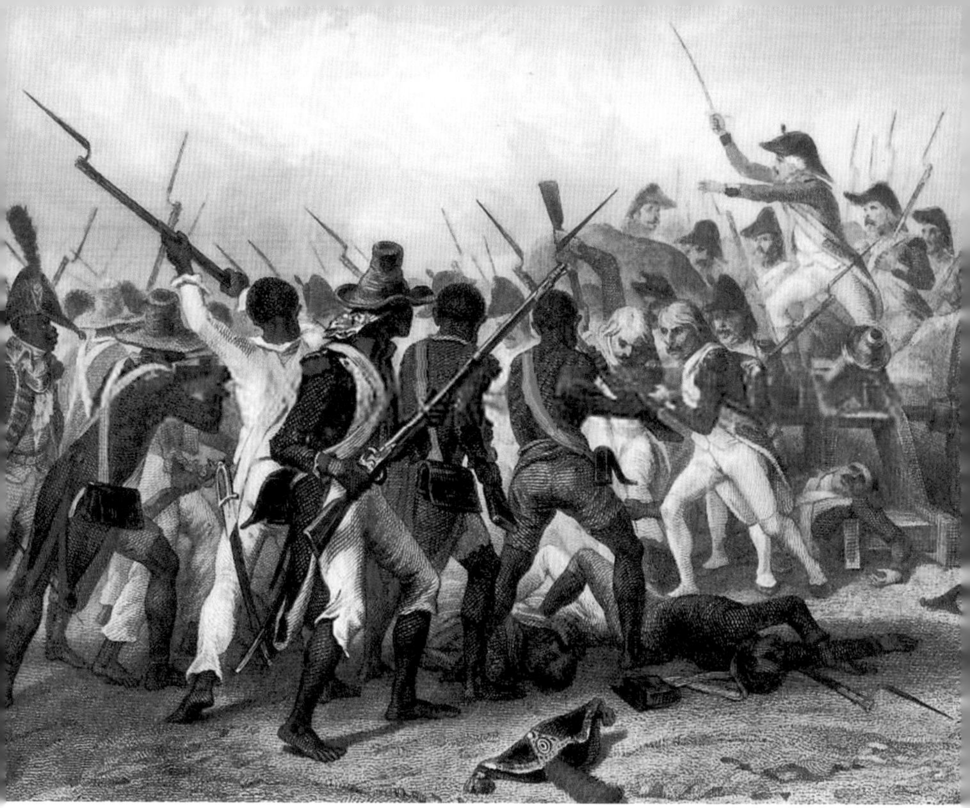

오귀스트 라페 〈1802년 아이티 혁명전쟁 크레타피에로 전투〉 1839년

나폴레옹도 동의했다. 두 사람은 역사를 암흑의 시대로, 거꾸로 돌려 혁명으로 이룩한 위대한 성과를 뒤집었다. 노예제의 복원은 반동적 제국주의로 건너가는 징검다리였다. 나폴레옹은 금세 본색을 드러내고 절대권력자로서 황제를 칭했다.

캉바세레스는 식민지 사탕수수 농장주이던 친구들 편을 들어 노예제폐지의 숭고한 정신을 무시했다. 사탕수수는 "식민지의 진주"이자 경제의 기반이었다.

프랑스 통령정부가 노예제를 되살리자 식민지 아이티에서 반대

운동이 일어났다. 루이 델그레스가 무기를 들고 일어났다. 정부는 1802년에 진압군을 아이티 생 도맹그로 보냈다.

수코돌스키의 그림에서 보는 프랑스 진압군의 돌격대는 폴란드 군인이다. 폴란드 부대는 원래 다뉴브 군단 소속으로 5천2백여 병력이었는데 독일과 스위스 보충대도 섞여 있었다. 진압군으로 섬에 도착한 폴란드 병사들은 반군 편에 가담한 아이티 원주민 군인들과 친해져 150여 명이 적군에 투항했다. 2년 동안 계속된 전투와 풍토병으로 4천여 명이 전사하고 4백여 명만 남아 병력손실은 막대했다. 폴란드는 나폴레옹군에 참전해 훗날 러시아로부터 독립을 위해 싸우려고 장정을 보냈지만 이런 꿈은 물거품이 되었다.

1803년 프랑스 군대가 철수할 때, 프랑스로 돌아가지 않고 섬에 남은 폴란드 패잔병이나 투항병의 후손이 지금도 아이티에 일부 살아 있다. 우리나라 울릉도에 러시아의 후손이 살아 있는 것과 비슷하다.

1803년 11월 18일의 〈생 도맹그 종려수 고지전〉을 그린 폴란드 화가 수코돌스키는 장교 시절에 혁명(1830년)에 가담했다 가택연금을 당했다. 수코돌스키는 사면 받고 로마로 유학을 떠나 5년간 프랑스 예술원장 호라스 베르네(앞장에서 보았던 프랑스 역사화의 거장)에게 지도를 받았다.

수코돌스키는 친구가 많았고 큰 영향을 받았던 프랑스의 수도 파리에서 몇 해 씩 체류했다. 〈종려수 고지전〉도 1845년 파리에서 그렸다. 종려수 고지 전투는 아이티에서 벌어졌지만 수코돌스키에게

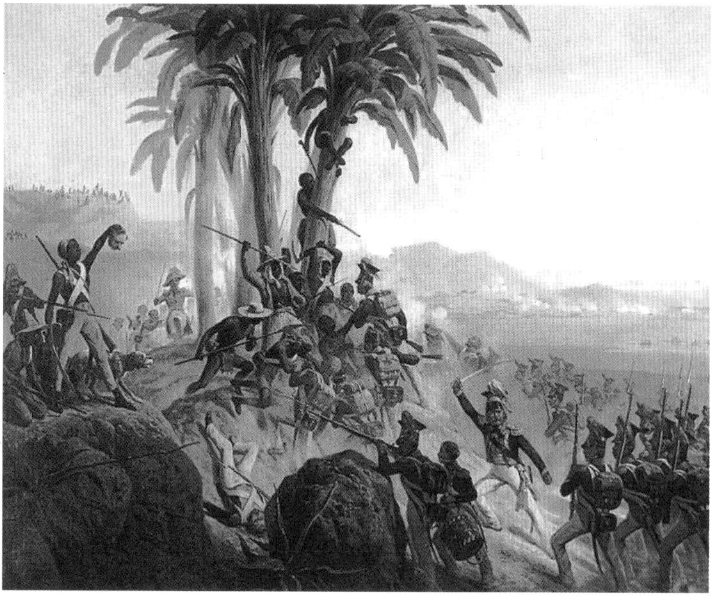

장비에 수코돌스키 〈생 도맹그 종려수 고지전〉 1845년

매우 특별했다. 북쪽 바닷가에 살던 동포가 열대의 섬에서 살게 된 사연에 감동했기 때문이다. 나폴레옹제국의 전쟁으로 얼마나 많은 사람과 민족의 운명이 뒤틀렸던가!

해방열사 솔리튀드

아이티의 이웃 자메이카와 앙티유 제도에서도 비슷한 전쟁이 벌어졌다. 앙티유 제도에는 원주민과 아프리카에서 끌려온 노예와 백인과 여러 혼혈족이 뒤섞여 살았다.

프랑스 대혁명이 터졌을 때, 많은 왕당파는 사방에서 혁명파와 싸우다가 해외로 망명을 떠나기도 했다. 수도권과 일부 남쪽 지방은 혁명파에 동조했지만 수구파의 저항도 완강했다.

카리브 해의 섬들에서 커피와 담배와(경작의 수익성이 떨어져 17세기에 벌써 대량경작을 포기했다) 설탕 등 수지맞는 농장을 수구파가 경영하고 있었기에 강제노동 하던 노예들이 많아 수구파와 공화파 혁명 세력은 어느 곳보다 심하게 대립했다. 뿐만 아니라 같은 군함에 승선한 장교와 사관이 사상 차이로 등을 돌려 싸우곤 했다.

앙티유 제도에서도 이런 혼전이 벌어졌다. 지지기반을 넓히려던 나폴레옹은 앙티유 제도의 거대한 농장주들을 내칠 수 없었다. 중요한 물주들인데!

혼혈인 루이 델그레스(1766-1802)는 앙티유 제도의 아름다운 섬 바스테르의 보병연대장으로 노예폐지론자였다. 1802년 1월 델그레스는 본토에서 노예제를 다시 인정한다는 소식에, 백인 공무원들을 쫓아내고 백인장교들을 체포했다. 그러나 나폴레옹이 파견한 진압군에 저항하다 참패했다.

1802년 5월 28일, 루이 델그레스와 군인과 민간인 동료들은 폭약을 터트려 모두 자결했다. "자유가 아니면 죽음뿐"이라는 대의를 따랐다. 델그레스 장군 곁에서 끝까지 함께 싸우다 구사일생으로 붙들린 여자가 있었다. 뮐라트레스 솔리튀드, 즉 '고독한 혼혈녀'라는 이름으로 임신 중에 무거운 몸으로 싸우던 그녀는 얼마 뒤 아이를 낳았다. 그러나 출산하고 나서 바로 다음날 처형당했다. 이 가엾은

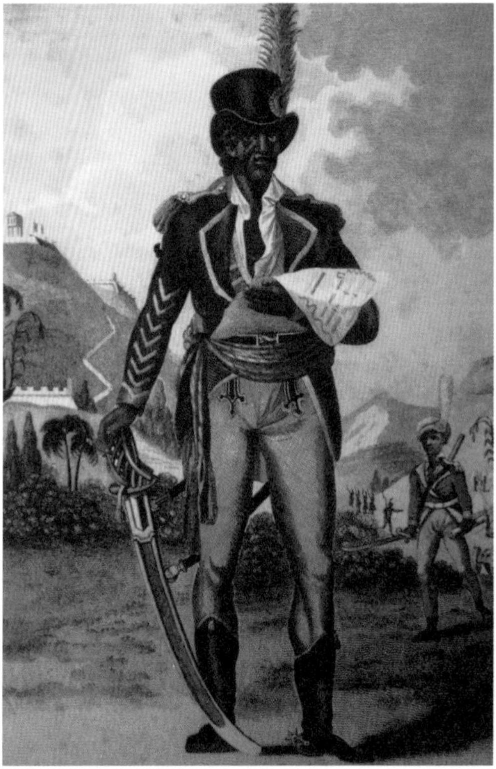

19세기 판화 〈아이티 혁명가 투생 루베르튀르〉

여인의 전기 작가는 이렇게 말한다.

흑인을 붙잡아 밀매하던 상인들은 포르투갈이나 스페인 등 백인과 흑인 노예 여자의 혼혈인이 많았다. 뿌리가 없고 배척당하기 쉬웠던 이들은 자연스레 인신매매단으로 활약하거나 무기밀매로 큰돈을 벌어 세력을 키웠다. 흑인 부족들은 이들을 붙잡아 인디고(쪽빛) 염료통에 집어넣어 피부

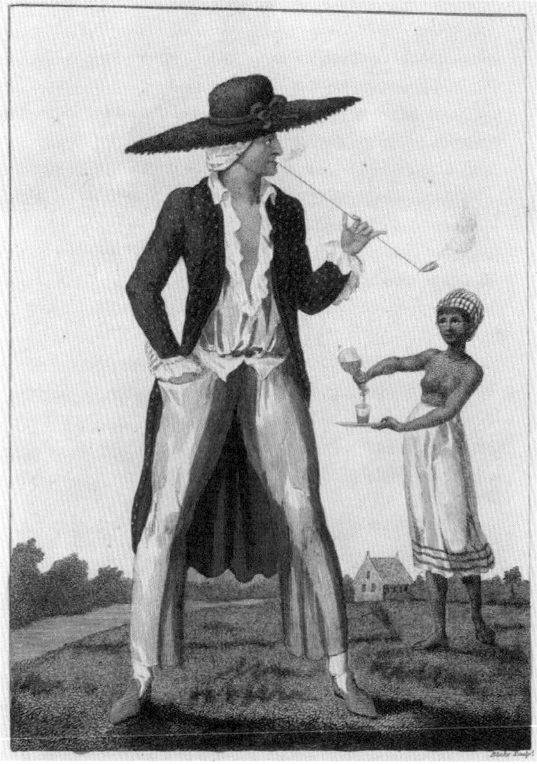

19세기 판화 〈수리남 농장주의 아침〉

색을 짙고 검게 염색하기도 했다.

최근 프랑스 학교와 역사책과 언론에서는 노예제폐지를 유럽 계몽주의의 선물이라는 듯 이야기한다. 새빨간 거짓말이다. 카리브제도 식민지 주민의 처절한 투쟁으로 얻어낸 것이다.

산업화한 나라들마다 값싼 인력과 시장과 소비자가 끝없이 필요했다. 이런 것이 부족하면 억지로 만들어내는 짓을

서슴지 않았다. (실비아 세르뱅 〈혼혈녀 솔리튀드〉)

우리도 지금 어떻게든 값싼 노동력을 얻으려고, 일하는 사람을 부려먹기 쉬운 환경을 만들려고 정재계 인사들이 잔머리를 굴린다. 교활한 계략은 수백 년 전부터 되풀이 된다.

바스테르 섬에서 가정교사(1816-1822)로 일했던 펠릭스 롱쟁(1787-1822)은 〈과들루프 여행기〉에서 당시 사정을 꼼꼼히 기록했다. 롱쟁은 노예제에 반대했다.

자유라는 고상한 감정을 아는 사람이라면 누구든 노예라는 소리에 치를 떨지 않을까. 자기와 똑같은 인간, 가장 소중한 인간을 겁탈할 만큼 변태적이고 또 그들의 목숨과 행복을 앗아버릴 만큼 비열한 인간들이 어떻게 있을 수 있을까, 그런데 앙티유 섬에서는 이런 파렴치한 인간들이 끔찍한 모습을 보인다.

아프리카 연안에서 지금도 목마르게 찾고 있는 현명한 법을 무시하면서, 사악한 백인들은 잔인한 폭정을 부린다. 수많은 흑인이 슬픈 나날을 보낸다. 건방진 혼혈인은 불쌍한 노예의 억척스런 노동 덕에 치부하고 있다. 한가하고 사나운 야만인이자 압제자들을 먹여 살리려고, 불쌍한 사람들이 피땀을 흘리며 땅을 적시고 있지 않은가!

자연의 법은 어디 갔을까? 얼마나 잔인하기에 이런 파렴치한 짓을 할까! 어떻게 인간으로서 역겹고 극악무도한 짓을 하면서도 부끄러움을 모를 수 있을까! 어떻게 이토록 악독한 자들이 기독교도일 수 있을까! (…)

'라 그랑드 테르' 섬사람 몽페르튀는 흑인 노예 여섯 명을 사들였다. 어느 날 아침 노예들이 사라졌다. 그들을 찾아 나섰는데, 숲에서 발견되었지만 피투성이였다. 도끼와 칼이 옆에 놓여 있었다. 목과 머리가 잘린 채였다. 한 명이 다섯 명의 목을 치고 나서 자기 목을 칼로 찌른 모양이다.

파리즈 피스 씨 댁의 노예 펠리시엔은 고생을 견딜 수 없다는 생각에 갈리옹 다리까지 내려가 강물에 몸을 던졌다. 다리 이백 피드 밑에서 흐르는 강이고, 그 바닥은 바위투성이인데!

매일, 백인들은 도주한 노예들을 붙잡으러 숲으로 들어간다. 하지만 붙들어 오기보다 대부분 죽은 모습이나 보고 돌아온다. 이것이 노예제도의 결과다.

당신들은 어떻게 그들의 주인이 되었나? 그들에 대해 무슨 권리가 있을까? 당신들이 무슨 자격이 있을까? 당신들은 백인 그들은 흑인이다. 색만 다를 뿐, 기후와 풍습과 음식의 결과일 뿐 아닌가. 이런 차이로 그들을 폭력으로 다스려도 될까? 아니다. 당신들이 거만하게 뭐라고 떠들든, 흑인도 당신들과 똑같은 특권을 타고 났다. 자연은 흑인도 당신들과 마찬가지로 자유롭게 창조했다. 그들의 자유를 해친다면, 이는 하느님을 모욕하는 것이며, 하느님의 작품에 감히 대드는 것이다! 무서운 줄 알아야지. 그들이 어느 날,

쏟았던 눈물과 땀과 피에 대해 당신들을 벌해달라고 하늘에 빌 텐데.

그렇다면 오늘의 현실은? "철강업처럼 막강하던 사탕수수"도 옛날만 못하고 바나나와 사탕수수가 주산물이지만 그 비중이 너무 높아 경기에 지나치게 민감해 수출 시장에 크게 좌우된다. 결국 다른 필수품인 과일과 야채가 부족해 대량 수입해다 먹는다. 정부의 인위적 개입과 지원이 없으면 사탕수수도 수급을 맞추기 어렵다. 주민들의 생활비 부담은 갈수록 커질 수밖에 없다.

카리브 해로 가장 많이 끌려온 사람들은 야루바족으로 아프리카 황금해안의 베냉, 코트디부아르, 나이지리아 등지에 널리 퍼진 거대한 민족이다. 친근하게 들리는 '아가씨(agassi)'라는 이름도 많다. 프랑스 테니스의 영웅 아가씨는 남성이다. 물론 여자 이름으로도 부른다. 야루바 '아가씨'들은 완벽하게 둥근 두상에 피부는 초콜릿빛에 눈동자는 수정처럼 맑고, 치아는 백진주빛이다. "머리 위에 바람에 흔들리는 푸른 꽃송이처럼 우아하게 두건을 두른 야루바족 여인들의 아름다움은 세상 어디에서도 찾아볼 수 없이 생기에 넘친다."

이런 민족의 딸들을 납치해서 목에 쇠고랑을 걸고 끌어갔다. 야루바족의 강제이주를 주목하는 역사가는 너무 드물다. 은폐할 목적으로나 주목할까!

노예밀매에는 특히 각 나라 해군 탈영자들이 설쳤다. 군에서 은퇴한 뒤 잘 아는 바다에서 사략선을 운영하며 해적질을 일삼았다.

또 기회가 생기면 어느 해군에나 붙어 용병으로 전투에 뛰어들어 몸을 팔 뿐 아니라 이런 자들이 가장 잔인하게 싸웠다. 생 도맹그 전투에서도 이들이 많이 참전했다.

아이티 혁명의 선구자 투생 루베르튀르는 〈자서전〉에서 이렇게 말했다. 자서전은 〈톰 아저씨의 오두막〉의 저자 비처 스토이브 여사에게 바친 책이다.

> 흑인에게 너는 무지하니까 노예로밖에 살 수 없다고 하는 악담이 어디 있을까? 흑인이 무지하고 노예라고? 위대한 문명의 중심이던 이집트는 흑인의 문명 아니었던가? 흑인들이 지금까지 누구나 감탄하는 기적적인 문명을 창조하지 않았던가? 파라오 시대에 그 고장을 찾아갔던 헤로도투스는 얼마나 권위 있는 역사가인가? -이집트 고대 주민이 흑인이었다는 점을 인정하지 않더라도-볼네 백작도 직접 조사하고 나서 선배 역사가의 경험을 확증하지 않았나?
>
> 고대와 현대의 많은 학자가 스핑크스를 보고서 분명 에티오피아 민족의 얼굴이라고 하지 않았나? 그렇다면, 만에 하나 이집트 주민이 코카서스(백인)의 후예라고 하더라도, 파라오의 땅에서 최고의 문명을 누리던 시대에, 모든 것이 미개하던 유럽에서 사람들은 완전히 야만스레 살지 않았던가?
>
> 그렇다고 하느님께서 그 먼 옛날에 이집트 사람에게, 유

> 럽 사람은 어둠과 무지와 미신에 영원히 파묻혀 노예로 살다 죽을 팔자라고 했을까? 그럴 리 없다. 문명은 모든 고장에서 동시에 나타나지 않는다. 인도에서 이집트로, 이집트에서 그리스, 그리스에서 이탈리아, 이탈리아에서 유럽으로 퍼지는 데 수백 년씩 걸렸다.
>
> 어느 인종도 어느 민족처럼 지상에서 자신을 빛낼 차례가 있다. 사회는 절대 동시에 진보하지 않는다. 한 고장에서 해가 질 때야 다른 고장에서 다시 해가 빛난다. 문명도 마찬가지다. 역사의 가르침이다. (투생 루베르튀르 〈자서전〉)

투생은 노예들을 부리던 작은 커피 농장주였다. 투생은 사실 농장주와 노예라는 난처한 중간 입장에 있었다.

혁명전쟁은 처음에 그야말로 지옥이었다. 노예들은 백인들을 잔혹하게 참살했고 포로도 없었다. 부상자를 그대로 방치해 들판에서 죽어 썩도록 내버려두어 섬은 지옥으로 변했다. 너무 오래 억눌렸던 분노는 악마의 성화보다 더 무서웠다.

노예해방 운동

18세기 말부터 19세기 초까지 자메이카 최대 무역항 팔무스에는 선술집과 선원, 목수, 농장주와 일꾼, 무역상이 넘쳤다. 여러 인종과 각 직종의 사람들이 모여들었다. 방대한 설탕, 또 사탕수수로 담

그는(해적들이 즐기는 술이라고 알려진) 럼주를 영국으로 수출했다. 특히 노예무역이 가장 호황을 누렸다. "매일 30여 척의 대형 범선에서 아프리카에서 잡아온 흑인들을 내려놓고 다시 노예들이 만든 럼과 설탕을 싣고 떠났다."

카리브 해 섬나라들만큼 인간해방운동이 눈부신 곳이 있었을까. 이곳만큼 인권운동의 선구자들이 반식민 봉기의 위대한 전통을 세운 지역이 있을까?

프랑스와 영국 모두 카리브 해의 섬에서 노예를 해방하고 자유민 지위를 '법으로' 보장했지만 그렇다고 총독의 식민지 주민 박해는 별로 달라지지 않았다. 백인과 혼혈백인의 도움으로 교육을 받고 유럽 문화에 동화해 살아가지 않는 한 비참한 생활은 달라지지 않았다.

이런 핍박 때문에 노예해방이 공표되고 나서도 원주민 봉기는 끊이지 않았다.

1831년에 흑인 침례교 목사 새무얼 '샘 샤프'(세계에서 가장 빠른 사람 우사인 볼트 같은 국민영웅이다)가 주도한 봉기에서 11일간, 6만여 명의 노예가 들고 일어났다. '크리스마스 봉기'라고도 하고 '자메이카 노예 봉기'라고도 한다. "노예 500명이 사망했다. 이 중 300여 명은 재판을 받고 처형되었다! 법원에서는 보통 3, 4명을 즉시 처형하곤 했다." 명백한 사법살인이다.

이 무렵에 선한 선교사들이 없지는 않았다. 극악무도한 농장주의

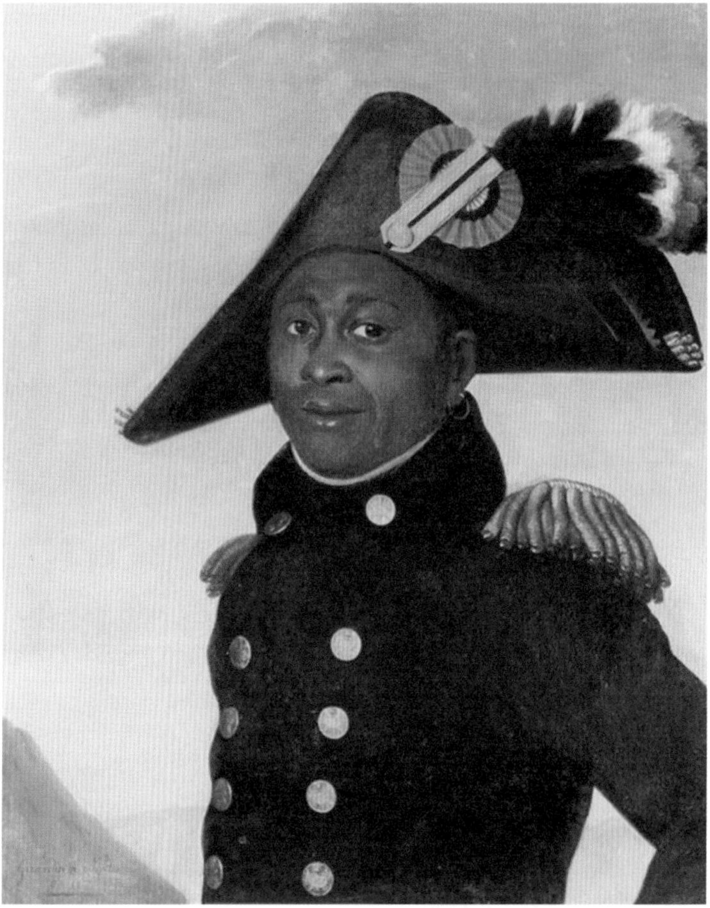

콩트 드 지라르댕 〈투생 루베르튀르〉 1804년

행패를 보면서 선교사들이 노예들에게 들고 일어나라고, 주권을 찾으라고 부추겼다며 경찰의 조사를 받기도 했다. 모처럼 성직자들의 양심이 살아났던 것이다. 그러자 백인 농장주들이 흑인 예배당과 공소(가택교회) 같은 곳을 파괴하기도 했다.

이런 상황에서 중간에 서 있던 사람들의 비극도 많았다. 흑백 어느 쪽에서도 신뢰받지 못하고 또 어느 쪽에서 완전히 미움 받지 못하고 '박쥐'로 오해받으며 괴로워했던 사람들이다. 혼혈인은 흑도 백도 아닌 갈색으로 통했다. 주로 아버지가 백인이라 백인 정부에 충성했다. 하지만 이들 가운데 백인 총독의 권력남용을 비판하고 흑인을 두둔한 인물들도 가끔 나왔다.

아무튼, '새중간'에 낀 사람이 가장 외롭지 않을까. 비빌 언덕이 양쪽에 있다고들 하지만 사실을 그 골짜기에 처박혀 있을 뿐이다. 양다리를 걸친다는 비아냥거림이나 받는다. 우리 삶만큼이나 복잡하고 깊은 자신의 진실은 왜곡되기 일쑤다. 선명하지 않다는 이유만으로!

바로 개신교 부제 폴 보글(1822-1865)이 이런 처지였다. 혼혈인 보글은 백인의 후견으로 공부했지만 노예해방을 지지했다.

보글은 흑인의 계몽과 전도에 나섰지만 이런 활동으로 세상은 달라지지 않았다. 식민 통치란 통치 계급과 그들의 이익을 위한 것이고 법은 그들만을 위해 있었다. 보글은 무기를 들고 싸우지 않고서는 세상을 바꿀 수 없다며 무장투쟁에 나섰다. 그러나 보글은 패배했고 동지 438명과 함께 모두 국가전복죄로 참수형을 당했다.

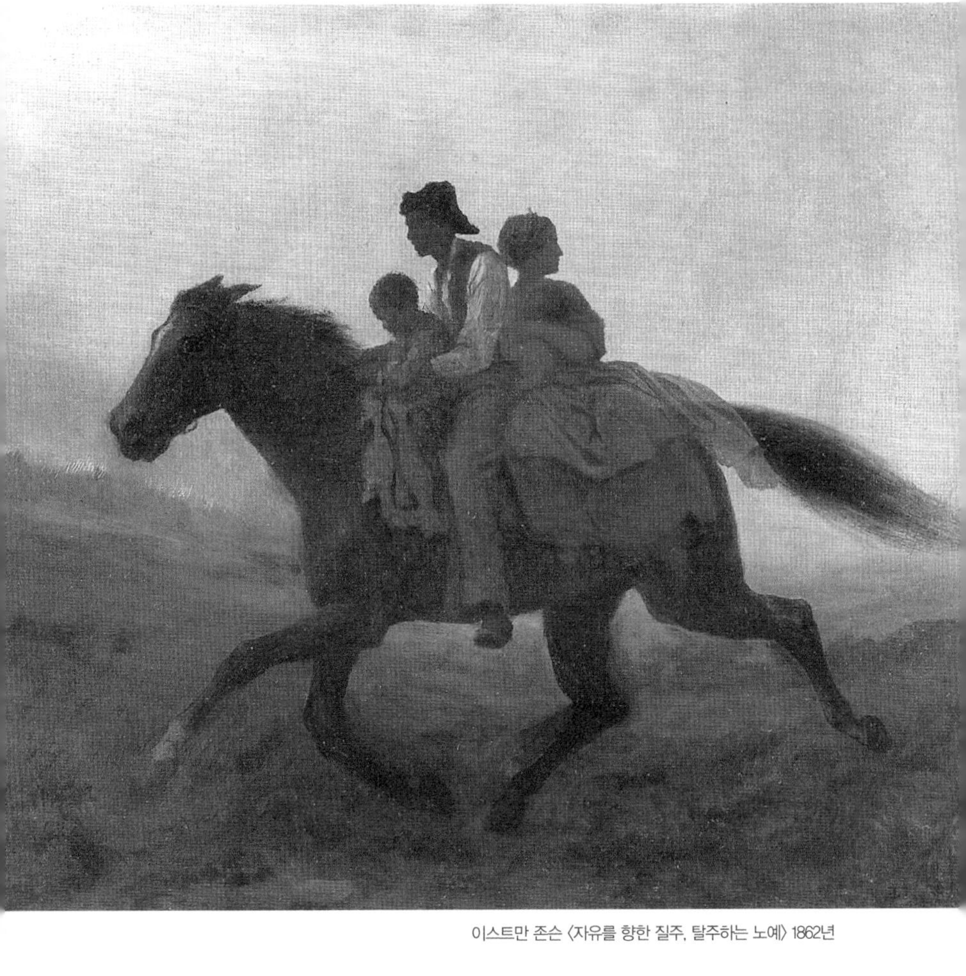

이스트만 존슨 〈자유를 향한 질주, 탈주하는 노예〉 1862년

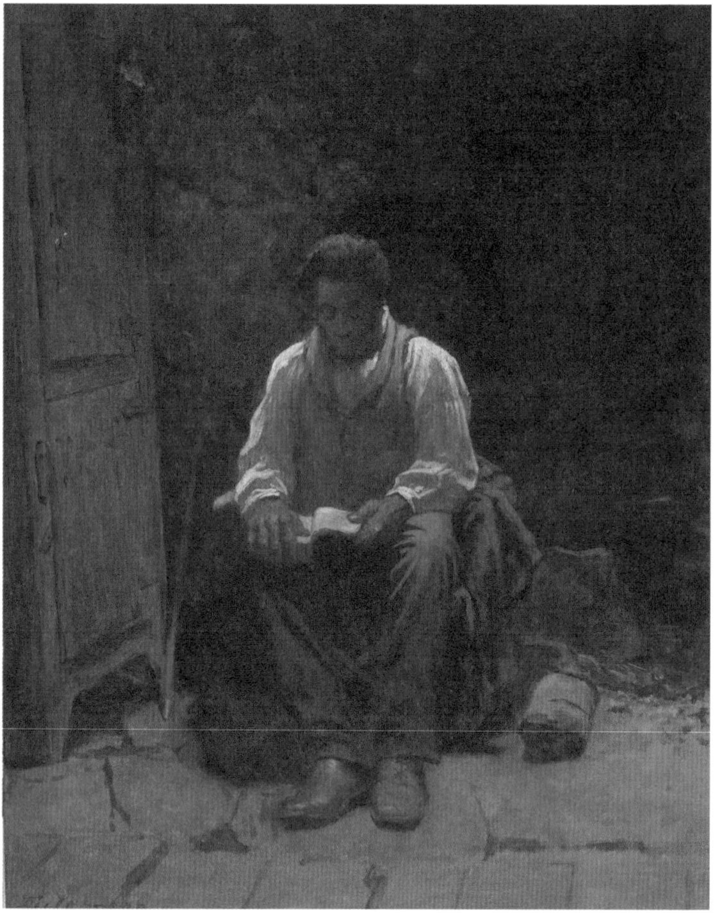

이스트만 존슨 〈주는 나의 목자〉 1863년경

네덜란드 사람 요한 가브리엘 슈테드만(1744-1797)은 수리남 식민지로 노예봉기를 진압하러 나섰던 장교였다. 그러나 슈테드만은 되레 검은 여자에 반해 노예봉기군에 뛰어들었다. 슈테드만은 한눈에 반한 혼혈 노예 '물라토'계의 요안나와 결혼했다. 그는 원주민의 실상과 전통을 전하는 글을 남겨 유럽 백인들의 오해를 바로잡는데 이바지했다. 슈테드만은 자기의 영혼을 사로잡은 요안나를 이렇게 설명했다.

> 요안나는 중키보다 조금 큰 편이다. 요안나는 자연미를 가장 세련되게 보여주었다. 보기 드물게 늘씬한 다리로 걸었다. 얼굴은 타고난 겸손함으로 넘쳤고 부드럽기만 했다. 흑단처럼 검은 눈에 정다움이 넘쳤다. 진심으로 솔직하게 말하는 듯 짙은 뺨에는 주홍빛이 감돌았다. 코는 완벽한 모양으로 작은 편이지만, 입술은 말할 때마다 조금 도드라졌다. 고른 치아는 산봉우리에 덮인 백설처럼 눈부시게 반짝였다. (슈테드만, 〈수리남 여행〉)

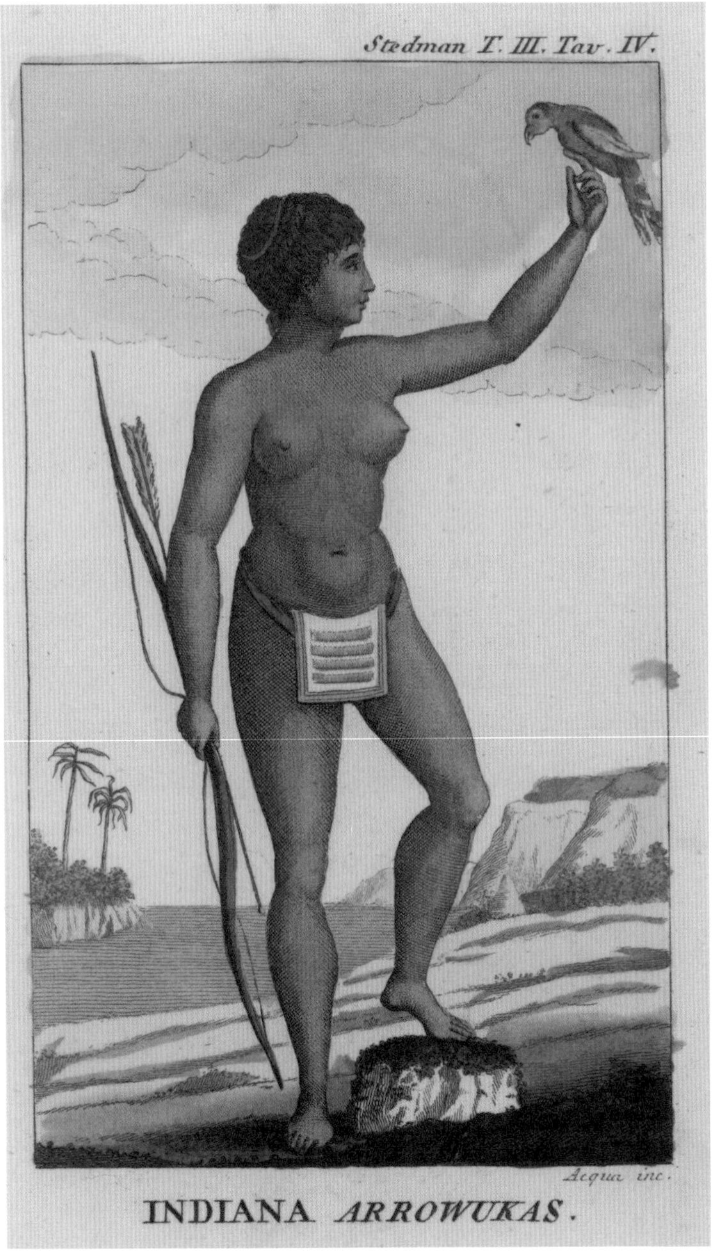

요한 가브리엘 슈테드만의 〈수리남 여행〉에 수록된 판화 〈수리남 원주민〉 1813년판

사하라 열풍의 수수께끼

〈마담 무아테시에〉 도미니크 앵그르

프랑스 처녀 마리 드 푸코(1821-1897)는 '산림과 수자원' 총감의 딸이다. 마리는 1842년에 자기 나이보다 딱 두 배 연상의 홀아비와 결혼하고 그때부터 '마담 무아테시에'로 통했다. 마리의 남편 무아테시에는 제2 제정, 즉 나폴레옹 3세 시대를 주름잡은 직물도매상이었으며 황제의 측근으로 증권에 투자해 큰돈을 벌었다. 마담 무아테시에가 입은 화려한 드레스는 남편 회사의 최고급 원단을 끊어 지어입지 않았을까?

애당초 앵그르는 마담 무아테시에의 초상을 그릴 생각은 없었다. 앵그르는 사내들이 능글맞고 고집불통으로 유명한 서남부 지방 출신으로 그 고장 사람답게 고집이 셌다. 역사화만 그림으로 보았지 초상화는 신통치 않게 보았던 사람이라 무아테시에 씨가 아내의 초상을 부탁했을 때 거절했다. 그러나 앵그르는 우연히 다시 부인을 만나고 나서 마음이 싹 달라졌다. 부인은 '여신처럼 기품에 넘치는 우아한' 미인이었다. 앵그르는 펄쩍 뛰었다. 탐미의 화신으로 통하는 화가가 어떻게 미인을 그냥 내버려둘까!

당시 방대한 해외식민지 개발과 금융계의 호황과 도로, 철도, 운하 등의 투자로 억만장자들이 속출했고 초대형 토건사업을 지지하는 후광도 강력했다. 사하라, 수에즈 개발은 생시몽 백작의 사상을 추종하는 중도우파의 역할이 결정적이었다. 이들은 인류공영과 복리를 위한 사업이라며 토건세력을 두둔하는데 그치지 않고 자연을 멋대로 유린하는 인위적 환경에 감격했다. '모던'하고 멋있다고! 정말이지 생시몽의 사상은 현대를 위험하게 몰아갔다. 사람들은 현대문명을 편의 위주로만 생각했지 그것이 자연의 바탕을 갉아먹는 줄 모르고 막연히 들떠 있었다.

생시몽주의자들은 오직 과학기술로 현대화해야 행복해진다고 주장했다. 개발세력의 앞은 창창해보였다. 그러나 부작용이 따르지 않을 수 있을까? 투자에 얽힌 비리가 만연했다. 오죽했으면 두 개의 대양을 잇는 파나마 운하사업까지 중단했을까. 이 사업은 미국으로 넘어갔다.

정관계 로비와 이권쟁탈은 상상을 초월했다. 에펠탑을 올린 거장 귀스타브 에펠조차 추문에 연루되었고, 그는 파나마 운하 스캔들 이후 거의 잊혀져 변변한 전기조차 없다. 사람들은 냉정했다. 아무리 거창한 일을 했어도 한번 식은 싸늘한 민심을 되돌리기는 어려웠다. 사람들은 에펠탑으로 그의 이름을 기억할망정 막상 인간 에펠이 누구인지 별로 궁금해 하지 않는다. 귀스타브 에펠은 초현대식 철교로 프랑스의 예스런 남부 지역을 미래의 골짜기로 되살렸

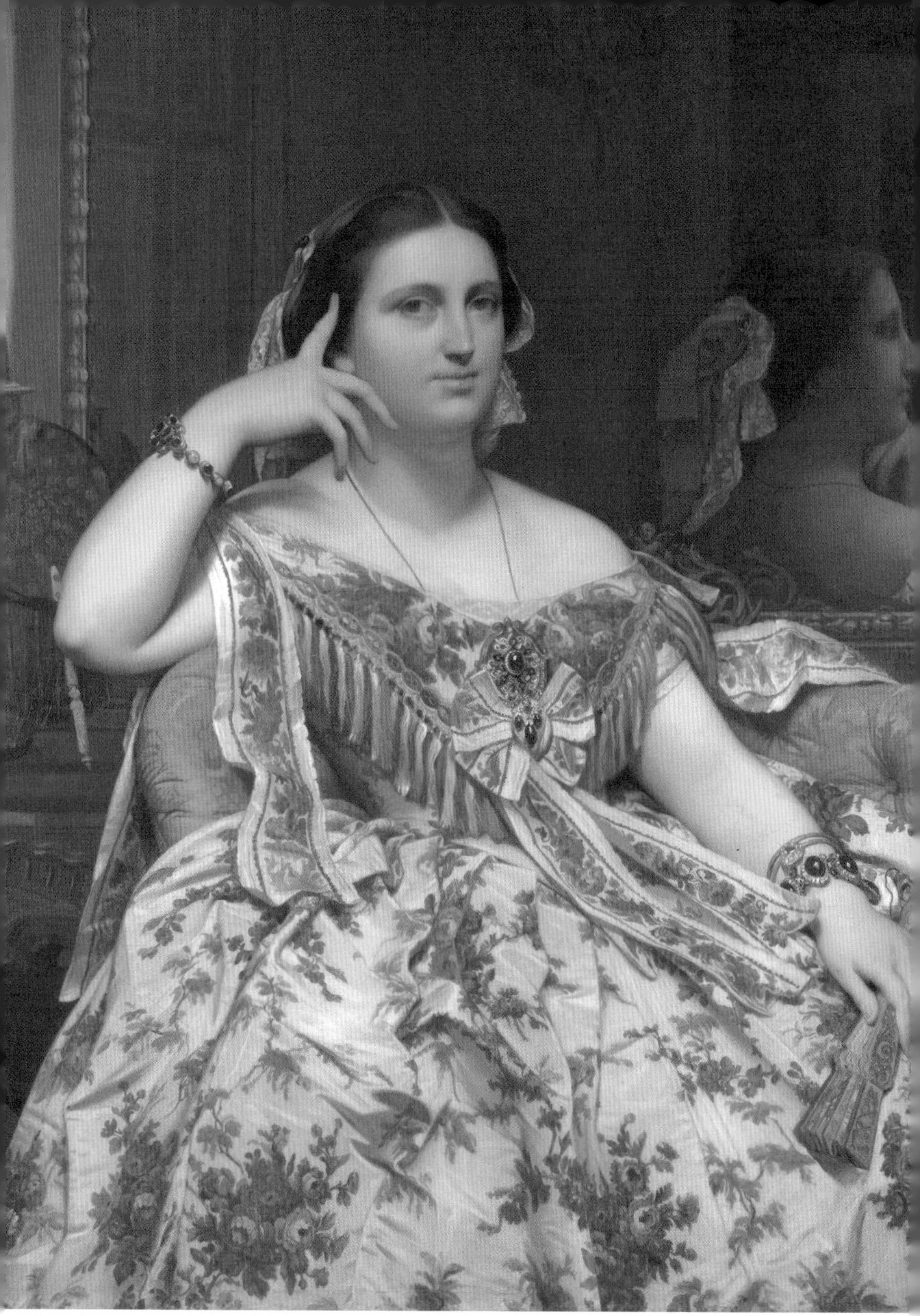

도미니크 앵그르 〈마담 무아테시에〉 1856년

다. 이만 년도 더 된 황홀한 벽화로 넘치는 동굴에서 구석기 사람들이 살던 고장이다. 에펠은 미래파였지만 미래에 탑만 남았다.

악마 같은 화가

앵그르는 거장 다비드의 수제자였다, 하지만 스승과는 정치적으로 정반대 길에서 아예 '반대' 노선이니 '다른' 노선 같은 것이 있다고도 믿지 않는 사람이다. 앵그르는 스승의 노선이든 뭐든 약한 쪽만 아니라면 다른 어떤 길이든 무조건 따랐다. 앵그르는 1862년부터 종신상원의원이 되고나서 수미일관 여당 편만 들면서 무조건 '묻지 마, 고정표'를 던졌다. 앵그르는 정치에 질색하고 완전히 초연했던 순수한 예술가라서 그랬을까. 아니다! 그렇다면 왜 물러나지 않고 의원 자리를 지켰을까. 앵그르는 대처의 영광과 명예에 굶주린 벽촌 출신이다.

사람은 때로 재주가 너무 뛰어나 사람들을 홀릴만한 솜씨를 보이면 천사보다 '악마 같다'는 소리를 듣기 쉽다. 흠결도 있고 괴상해도 사람의 눈길을 끄는 무서운 매력 때문이다. 완벽한 천사의 매력과 다른 힘이다. 앵그르도 이런 희귀한 인물이었다. 종교로 치면 파문당한 이단파의 교주 비슷하게 앵그르는 무엇엔가 단단히 홀려 있었다고 누구든 인정했다. 어쨌든 그의 태도가 너무 진지해 어느새 그 진정성 덕분에 인정받곤 했다.

많은 동료 예술가는 앵그르의 역량과 처신을 시샘하기는 커녕 오

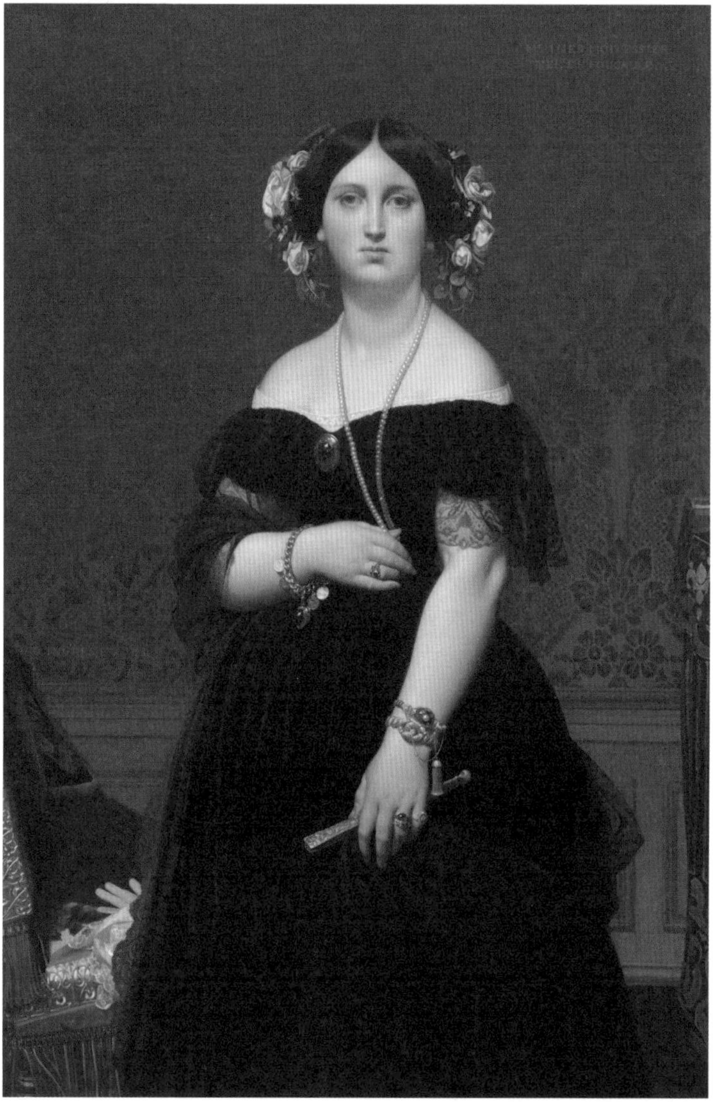

도미니크 앵그르 〈마담 무아테시에〉 1851년

히려 왕정복고주의자, 보나파르트 추종자, 공화주의자, 사회주의자 등 여러 정파가 다투던 시절에 앵그르는 평생 막무가내로 한 가지 원칙만 지켰다. 권력을 잡은 자에게 충성하고 아부하는 이것만이 원칙이었다.

앵그르는 1824년, 고향 몽토방(서남부 파리에서 8백여 킬로미터 떨어진 곳이다) 대성당에 루이13세(그 몇 세대 전의 왕)의 인물화를 그려 주목받았다. 즉 왕정복고로 샤를 10세가 정권을 잡자 그의 조상을 신성한 이미지로 되살려 왕당파의 환심을 샀다.

앵그르의 그림은 기이했다. 앵그르는 "라파엘로의 원숭이가 되어도 좋다"고 할 만큼 고전파만 이상으로 삼았다. 그는 바티칸 교황집무실을 찾아가 라파엘로의 벽화를 보면서 "고양이가 먹이에 달려들듯 달려들었다"고 한다. 라파엘로를 완벽한 이상미를 보여준 선배화가로 생각하고 성모의 아름다움을 가장 뛰어나게 보여주었다고 믿으면서 앵그르는 자기 곁에 살아있는 여자들 가운데에서 가장 아름다운 이상형을 찾아내겠다고 다짐했다.

이렇게 앵그르는 탐미밖에 몰랐다. 그는 바이올린 연주도 곧잘 해서 툴루즈 관현악단의 바이올린 주자로도 참여했다. 어디를 가나 고전음악회를 찾아다녔고, 낭만파 거장 글뤼크의 광팬이었다. 이런 사람이 어느 날 오페라에서 테너가 기막힌 노래를 부르는 데 고개를 돌리고 괴로워했다. 곁에 있던 친구가 음악이 형편없느냐고 물었다. 그러자 아니라면서, "째진 듯 못생긴 저 눈매를 도저히 못 봐주겠어!"라고 했다.

아무튼, 앵그르의 그림은 가마에서 구워내는 절묘한 도자기 같다. 그가 생각하는 예술은 어떤 사상이나 주의를 전하는 수단이 아닐 뿐더러 한 폭의 초상은 명품이면 그만이라고 믿었다.

앵그르는 나폴레옹이 통령 시절일 때 전신상을 그리면서 초상화가로 명성을 얻었다. 그때부터 즉시 상류층 여자들의 초상을 그리기 시작해서 파리 금권정치의 상징이던 유대인 제임스 로췰드의 저택을 드나들며 부인들을 접했다. 제임스 로췰드는 궁내부대신 탈레랑이 사망하자 그의 파리 시내 저택을 넘겨받은 사람으로 오스트리아, 영국 등 프랑스의 적국을 위해 일했다. 뿐만 아니라 왕당파가 재집권하도록 뒷돈을 대며 굵직한 사업권을 따내고 최상의 포도원을 손에 넣었다. 로췰드 일가는 금융, 기간산업 등 문어발식 경영으로 지금도 그렇지만 당시에도 이미 사실상 세계 최대재벌이었다.

앵그르는 로췰드 저택 안주인과 그곳에 드나들던 인물들의 초상을 그렸다. 그러나 앵그르는 크게 후회했을 짓을 했다. 자기 앞에 포즈를 취할 시간이 없을 만큼 분주하던 그 집의 전 주인 탈레랑의 동반자 디노 공작부인과 또 그녀와 정치 살롱의 경쟁자로 '외교가의 여신' 도로테아 본 리벤 공주를 그리지 못했다.

러시아 공주의 정치 살롱

리벤 공주는 러시아 치하의 라트비아(오늘날 공화국) 총독의 딸이자 런던 주재 러시아 대사(1812–1834년) 알렉산드레비치 리벤 왕자의 부인이다. 많은 미술사가들은 전해지는 두 여인의 초상화가 신통치 않아, 앵그르가 그렸다면 어땠을까 아쉬워한다.

디노 공작부인은 외교가의 소문을 확인할 수 있는 소중한 〈회상록〉을 남겼다. 그녀는 "남편의 명성에 흠집을 내지 않을 만큼 지성이 뛰어났다."

탈레랑과 메테르니히 두 사람이 유럽 정가를 좌지우지 했던 것은 앞 장에서 보았다시피 잘 알려진 사실이다. 1836년, 탈레랑이 발랑세 성으로 리벤 공주를 초대했을 때, 탈레랑의 애인이던 디노 공작부인은 일곱 살 연하의 공주를 건방지게 보았다. 디노 공작부인 또한 정치적 입김에서 남편 못지않았고 게다가 교양 있고 내로라하는 미인이었기 때문이다.

리벤 공주는 남편이 러시아로 귀국한 뒤에도 파리에 눌러앉아 정치 사랑방(살롱)을 로췰드 대저택 한 층을 세내어 꾸려 놓고는 아지트로 삼았다. 그곳이 바로 정객과 수완가들이 "유럽의 전망대"라고 할 만큼 최고급 '로비'의 현장이었다. 런던 외교가에서 공주는 "유럽 외교의 무당"으로 통했다. 공주는 마녀 같은 해결사였기 때문이다.

메테르니히의 핍박으로 독일을 떠난 시인 하인리히 하이네가 그녀의 아파트에 묵기도 했다. 혁명의 열망을 품고 있던 하이네는 로췰드와 같은 유대 동포였지만 그 저택을 "파리 금권정치의 베르사유"라고 빈정대었다.

유대인은 금권과 정보가 통하는 곳이면 어디든 가리지 않고 줄을 대고 일을 따내지 않았던가. 의리고 뭐고 국가고 간에 가리지 않지만 자기 가족과 동포는 반드시 챙긴다. 유대인은 흔히 세계와 인류의 보편성이 중요하다고 주장하지만 유대정신, 랍비의 말씀이 꼭 그 중심에 있어야 할까. 다른 혼이 그 자리를 돌아가며 차지하면 안 될까. 그리스도 정신이나 단군의 혼이 그 중심에 있으면 안 될까?

리벤 공주는 각국 외교관들과 허물없이 지냈다. 특히 지식인, 예술가의 자유사상 탄압에 앞장선 건방진 인물 메테르니히 왕자와 절친했다. 심지어 대영제국의 둘째가라면 서러워할 충신 팔머츤(1784-1865) 경과도 '무슨 일이 있었다'는 소문도 있었고 그가 공주의 '로비' 덕에 외무장관직을 차지했다는 설이 있다. 공주는 이런 식으로 정계의 거물들을 무릎 꿇게 하고, 그밖에도 내로라하는 사내들과 염문을 뿌리며 불행이라곤 조금도 모른다는 듯 자신만만하게 살았다. 공주는 런던 사교계에 왈츠도 소개했다. 이런 공주인데 도도하지 않았다면 되레 이상하지 않았을까? 공주는 자신보다 신분이 낮은 상대를 거침없이 무시하는 바람에 속물 소리를 들으며 많은 적을 만들었다. 말하자면 '갑질'의 완벽한 화신이다. 남편보다 더 드센 성격으로 앞으로 나서길 좋아했다. 오죽 나대면 런던 외교가 사람들은 "러시아의 대사는 두 분"이 있다고 비아냥거렸을까! 우리나라처럼 여자 대통령이 둘이나 있다는 탄식보다야 못했지만…….

1825년, 러시아 황제 알렉산더 1세는 리벤 공주에게 "공주는 훌륭한 외교관감인데 치마 입은 여자라서 아쉽다"면서 비밀스런 일을 맡겼다. 여자가 공직을 맡지 못하던 시대였지만 대신 공주는 본격적 첩보활동을 하게 된다. 리벤 공주는 그리스 독립과 벨기에의 탄생에 개입했다. 공주는 이런 활동으로 본의 아닌 어려움도 알게 되었다. 공주는 팔머츤이 친(親)러시아 정책을 펼 것으로 예상하고 그를 지원했지만 팔머츤은 눈치 없이 러시아 황제의 비위를 거슬렀다. 두 거물의 갈등으로 공주는 런던에서 살 수 없었다.

파리로 건너간 공주는 그곳에서도 머지않아 내각수반이 될 프랑수아 기조의 손을 잡았다. 기조는 외무장관으로 베트남과 중국에 함대를 보낸 인물로 하원의원 시절에도 식민지 강공책을 변함없이 밀어붙였다. 아무튼 공주는 기조와 손만 잡은 것은 아닌 모양이다. 공주는 죽는 날까지 기조를 가장 위대하다고 치켜세우며 감싸주었는데 사실상 공주의 마지막 애인이었다. 공주는 늘 마지막이라 더욱 '진실한' 애인으로서 최선을 다했다.

1854년, 크리미아 전쟁이 터지자 공주는 프랑스의 적이 된 러시아 사람으로서 브뤼셀로 피신했다가 곧 파리로 돌아왔다. 러시아 정부도 그녀가 적국으로 애인을 찾아 들어가는 것을 눈감아 주었다. 과연 사랑에 국경은 없다! 사랑은 조국도 적국도 모두 눌러버리는 무서운 힘을 발휘했다. 그렇지만 공주는 얼마 살지 못했다. 국경을 넘나드느라 너무 지쳤을까. 그녀의 임종은 기조가 함께했다. 공주는 "외교의 달인" 탈레랑이 숨을 거두었던 바로 그 방에서 눈을 감았다. 한 시대의 외교에서 가장 뛰어났던 한 쌍의 천재는 이렇게 같은 방에서 하늘로 올라갔다. 이상한 운명이다.

리벤 공주의 언변이 훌륭했다며 이런 말을 남긴 외교관이 있다.

"공주는 거의 3, 40년 동안 법원과 내각 사람들을 모두 알았다. 외교의 모든 비밀보고서까지 낱낱이 알았다."

무아테시에 부인은 이렇듯 유럽의 섭정 같던 리벤 공주의 살롱에 가끔 드나들었다. 그런데 무아테시에 부인에게 조카가 있었다. 갑자기 사하라 사막에서 불쑥 나타난 샤를 드 푸코(1858-1916)라는 인물이다. 2005년, 교황 브누아 16세가 성위에 올렸던 푸코는 대체 어떤 성자였을까?

사막의 마지막 성자

샤를 드 푸코는 오랜 세월 고독하고 아무도 모르는 은밀한 수행 끝에 성자가 되었다. 푸코는 태고부터 이어지던 사하라의 모든 신을 잡신이나 사탄으로 여겨 추방하겠다는 듯 홀로 사막으로 들어가 사하라 원주민 투아레그족의 깊은 본거지에서 은둔했다. 그곳에서 찾아오는 동포들과 수상한 여행자들을 만났다. 푸코가 사막에서 어떤 기적을 낳았을까?

샤를 드 푸코는 사상 '최후의' 가톨릭 은둔성자다. 3세기에 성 아우구스티누스가 북아프리카 사막에서 처음 "사막의 성자"로서 일으킨 바람을 오늘 다시 일으켰다. 그런데 그 모래바람 속에 모진 비극의 씨앗이 섞여 있었다. 푸코 자신을 포함해 주변사람들이 차례차례 의문사로 사라졌고, 푸코의 행적은 너무 신비에 싸여 많은 의혹을 남겼다. 그중 가장 큰 의혹은 무엇일까? "푸코는 고모가 운영하던 살롱의 배후"라면서 "모로코를 식민지로 만들고 사하라 전역을 프랑스 군대가 장악하는 데 최첨병 노릇을 하지 않았느냐"는 의혹이다.

또 다른 의혹은 "푸코가 사하라에서 프랑스 국내정치에 뜨거운 바람을 불어넣으려고 했다"는 설이다. 푸코는 제3공화정 시절 고모의 살롱을 드나들면서 수차례 장관과 총리를 지낸 루이 뷔페를 후견했다는 주장이다. 아무튼, 성자의 높은 뜻을 우리가 어떻게 예단할까. 사막에서 고독하게 수도하고 있을 때 위험을 무릎 쓰고 손을 내미는 동포를 그가 과연 뿌리칠 수 있었을까? 푸코의 과거로 돌아가 보자.

샤를 드 푸코는 23살 때 북아프리카에서 근무 중 군대를 포기하고 모로코 사막으로 여행했다. 이때 마르도셰(1826–1886)라는 유대인의 도움을 받았다.

어렸을 때 푸코는 고아가 되어 외조부 품에서 자랐고 커서는 사관학교에 입학했지만 학업에 관심이 없었다. 외조부가 물려준 막대한 유산으로 망나니짓을 하며 방탕하게 지냈다. 마치 성 프란체스코의 청년 시절을 보는 것 같다. 그렇게 방황하던 청년이 어느 날 불쑥 시리아 트라피스트 수도회에 가입하고는 시리아 여기저기를 전전하다가 금욕생활을 하겠다면서 팔레스타인을 거쳐 1911년, 사제서품을 받았다. 사제가 된 푸코는 알제리 령 사하라로 들어가 '홀로' 수도회를 설립하겠다고 했다. 푸코는 사막 부족들과 어울려 살며 투아레그족의 언어와 문화를 공부해 프랑스–투아레그어 사전도 펴냈다. 고전이 된 사전이다. 푸코가 몰두한 부족 연구는 성자의 위신에 걸맞게 폭과 깊이를 가늠하기 어렵다고 한다. 그것을 평가할 만한 사람도 없었기 때문일지도 모르겠지만.

사하라 오지에서 독거생활을 하던 푸코는 1916년 은둔처에서 암살된 시신으로 발견되었다.

푸코가 사망하고 나서 몇 년이 지난 1921년 르네 바쟁은 〈푸코 전기〉를 펴냈다. 이 책에서 의혹들이 제기되었다. 아직 밝혀지지 않은 사실도 많다. 그러나 어느 날 마치 기적처럼 성자 푸코의 자취가 남은 깊은 사막이 단번에 전 세계에 알려졌다. 프랑스가 1960년대에 그곳에서 핵실험을 강행했다. 그 뒤 거대한 유전도 나왔다.

비명에 간 성자 푸코와 그에 얽힌 사람들도 이상한 운명을 맞았다. 푸코가 젊었을 때 사막을 안내한 마르도셰는 모로코 게토 출신 랍비였다. 마르도셰는 14살 때이던 1839년부터 3년간 지중해 연안의 유대인촌을 전전하며 랍비 수련을 한 뒤 예루살렘에 정착해 랍비 자격을 얻고 유대인 대상(隊商)과 함께 이집트, 리비아부터 북아프리카 서쪽 끝까지 이어지는 '향과 향신료 통상로'를 따라 알제로 들어갔다.

마르도셰는 알제에서 10여 년간 랍비로 일했다. 이때 그는 친한 상인들과 사하라를 드나들며 사업을 구상했다. 동생 이삭과 함께 사하라를 남쪽으로 질러 내려가 이슬람 성지, 툼북투까지 내려가려 했다(앞장 참고). 툼북투는 니제르 강변 도시로 지금은 말리 공화국에 속한 곳으로 무슬림이 아닌 이교도는 절대 못 들어가는 수수께끼 같은 도시였다. 일찍이 모로코 술탄이 사하라를 종주해 이곳까지 이슬람 대제국을 건설하기도 했다.

마르도셰는 코란을 환히 꿰뚫고 있어 의심을 받지 않았다. 그는 죽을 고비를 여러 번 넘기며 무사히 툼북투로 들어가 결국 그곳 마시나 부족장 아흐메드 아흐마두에게 부탁해 눌러 살면서 사업을 하고 1863년까지 번창했다. 마르도셰는 고향 모로코로 돌아가 가족과 친구들을 데려오려고 "금가루와 타조 털과 상아"를 보여주며 설득했다. 몇 사람이 마르도셰를 따라 툼북투로 이사해 유대인촌을 건설하고 유대교 의식을 은밀히 행하며 살았다.

이런 믿기 어려운 소식에 모가도르 주재 프랑스 영사 오귀스트 보미에는 마르도셰를 만나려 안달했다.

한편, 마르도셰와 경쟁하던 모로코 상인들이 가만히 있지 않았다. 결국 마르도셰는 모로코 상인들의 모략과 공세를 못 견디고 파산한 채 구사일생으로 1871년 수단으로 건너갔다. 그런데 때마침 운이 좋았다. 프랑스 당국에서 아랍어, 베르베르어 등 사막 부족의 언어에 능통한 사람을 찾고 있었는데 마르도셰야말로 최적임자였다. 마르도셰는 수단 지역에서 정보를 수집했다. 마르도셰는 이것을 묶어 "툼북투에 정착한 최초의 이스라엘 사람"이라는 글을 파리 지리학회보에 발표했다. 마르도셰는 프랑스 지리학회와 자연사박물관을 위해 일한다는 명분으로 '포섭되어' 사하라의 지리, 역사, 문화에 대한 정보를 전했다. 마르도셰는 임무 수행을 위해 파리로 초빙되었고 1874년까지 유명학자들을 만나며 지리학자로 행세했다. 그러나 이런 일이 오래 가지 못했다. 3년 뒤, 마스도셰의 뒤를 봐주던 오귀스트 보미에 영사의 사망으로 마르도셰는 연줄이 끊어졌다. 별 수 없이 마르도셰는 사하라 북쪽 오랑으로 건너가 탈무드를 가르치며 생활했다. 수입은 옛날만 못해 궁색했다. 마르도셰는 수에즈 운하를 뚫은 거물사업가 레셉을 만나 사하라 철도건설 건에서 일감을 찾기도 했다.

"1883년 2월 어느 날, 알제 도서관장 오스카 맥카시(〈알제리의 지리〉의 저자)의 제안이 들어왔다. 25세의 초짜 탐험가를 위해 반 년 정도 모로코 사막 가이드를 해주겠냐는 것이다. 마르도셰는 건강이 좋지 않았지만 그 일을 맡기로 했다."

청년은 당시 막 군복을 벗은 샤를 드 푸코였다.

거대한 사하라에서 위험천만한 일은 일상사였지만 당시는 특히 심각했다. 기독교도는 발각되면 즉시 죽음을 맞았다. 마르도셰는 익숙한 방법을 택해 청년 푸코를 랍비 차림으로 변장시키고 모로코 유대인 행세를 하도록 했다. 두 사람은 위태로운 11개월의 여행을 무사히 마치고 살아 돌아왔다. 그 험로에서 푸코는 프랑스 지리학회에 〈모로코 이해〉라는 책을 제출해 금상을 받았다.

바쟁은 〈모로코 이해〉가 단순히 지리책이 아니라 "군사, 정치에 관한 보고서"라고 했다. "하천과 부족과 그들의 부대와 화기와 필마에 관한 것이 절반이다. 지금도(1920년) 프랑스 군 지휘관들이 지침서로 이용한다."

"마르도셰는 푸코를 안내한 사막 여행이 정치, 군사 목적의 여행인 줄 몰랐을까? 마르도셰는 그 여행으로 평생 모험가의 이미지를 망쳤다. 여행에서 돌아온 뒤 그는 탈진한 끝에 몸을 추스르지 못하고 사망했다. 마르도셰는 부당하게 잊혔고 푸코 자신이나 그의 많은 전기 작가도 마르도셰를 무시하니 안타깝다!"(자콥 올리엘)

마르도셰가 〈모로코 이해〉에 결정적으로 중요했다는 주장이다.

이 무렵부터 푸코 주변에서 이상한 죽음의 그림자가 얼씬거렸다. 1886년부터 몇 해 동안 푸코의 동료와 협조자들이 석연치 않게 속속 사망했다.

툼북투에서 모로코로 돌아와 지내던 마르도셰는 탐사 자료를 앙리 뒤베리에(1840-1892)에게 보냈다. 그런데, 사하라 전문가 뒤베리에는 1892년에 자살했다는 발표가 나왔다. 하지만 사인이 분명하지 않았다. 어떤 역사가는 뒤베리에를 "깜쪽 같이 사라진 세기의 실종자"(장 루이 트리오)라고 했다.

뒤베리에의 사후에 펴낸 〈일기〉에서 알제 시절의 비화들이 밝혀졌다. 뒤베리에는 1857년 25살 때 도서관장 오스카 맥카시와 여행하면서 비밀의 세계로 발을 들여놓았다. 이런 식으로 계속 정체가 모호한 인물들이 푸코 주변에서 꼬리를 물었는데, 이들 모두 생시몽주의자였다.

"오스카 맥카시는 아일랜드 출신으로 식민지 관료였다. 앙리 뒤베리에, 샤를 드 푸코 등 사하라 지리에 대한 일급 견문록들을 맥카시가 직간접 지원했다. 식민통치를 굳히고 방대한 사하라 대륙을 누비던 유목민을 장악하는 데 필수 정보였다. 맥카시는 나중에 유전이 나올 것까지 예상했을까? 지리학자였다지만 맥카시는 사실상 정부의 민간 외교관이자 특급밀사 내지 요원이었다."

뒤베리에는 〈북부의 투아레그족(1864년)〉이라는 책을 내놓았다. 하지만 출간 후 여행 중에 티푸스에 걸려 거의 모든 기억을 상실했다.

“세기의 실종자” 뒤베리에는 샤를 드 푸코의 친구였으며 푸코는 트라피스트 수도원에 들어가면서 뒤베리에와 함께 하던 사하라 탐험을 중단했다. 절망한 뒤베리에가 버림받은 감정으로 자살했다는 설이 있다. 이는 사실이 아닐지 모른다. 그러나 또다른 분명한 사실이 있다. 뒤베리에는 사하라 원주민의 종교와 이슬람 비밀결사 비슷한 수도회와 접촉했다. 1883년, 뒤베리에의 메모가 발견되어 확인된 사실이다.

다마스쿠스의 알제리 주민들은 이슬람교도였지만
기독교도를 숨겨주고 이슬람 광신도를 잡아 죽였다.
이렇게 피를 좀 더 흘리고 나서야 사건은 수습되었다.
하지만 이때부터 오리엔트의 많은 기독교도가
유럽, 아프리카, 신대륙으로 이민을 떠났다.

Chapter 3

텅 빈 무대, 사하라의 비밀

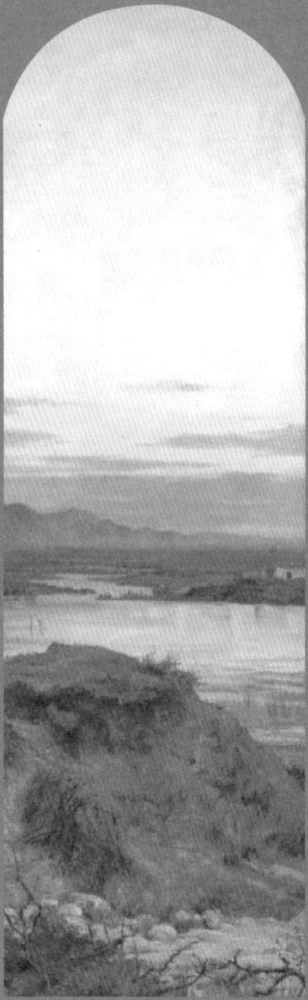

영광 속의 마지막 항해

〈퇴역 전함 테메레르〉 윌리엄 터너

대영제국 빅토리아 시대에 그림은 왕립아카데미에서 전시했다. 관객은 귀족과 상류층이라 그림은 어떤 식으로든 이들의 호감을 사야 했다. 상류층은 제국의 영광을 고취하는 그림을 뛰어난 작품이라 생각했다. 마치 북한 화가들의 정권을 찬양하는 벽화 같이 국민의 자존심을 북돋는 유치한 그림으로 쉽게 감격하는 호전적이고 감상적인 군인의 취향이다. 뭐든 지배하는 힘을 훌륭하다고 치켜세우는 것들로 상류층은 이런 감정을 부추기는 그림을 좋아했다. 고상한 작품을 알아보는 사람은 많지 않았다. 그림도 사람처럼, 제대로 알아보는 눈을 키우는 데 오랜 시간 꾸준히 경험을 쌓아야 한다.

바다 그림에서 불세출의 솜씨를 보여준 터너는 영국 사람들이 가장 좋아하는 화가다. 터너는 해매다 여론조사에서 역사를 통틀어 가장 인기 있는 화가로 꼽힌다. '국민화가'라고 할만하다. 그러나 사실, 터너가 변화무쌍한 광채로 그린 바다는 짙은 안개에 파묻힌 영국의 날씨 덕은 아니다. 터너도 다른 화가들처럼 이탈리아, 베네치아에 가서야 비로소 색채에 눈을 떴다. 베네치아에서 색의 비밀을 깨달은 뒤, 영국 해안을 전과 다르게 보게 되었다. 하지만 베네치아에서만큼 흥겹지 못했을 것이다. 베네치아와 템즈 강변에서 수증기는 빛을 매우 다르게 굴절시키고 광채도 색의 밀도도 다르다.

터너는 또 다른 바다로 눈을 돌렸다. 영원한 깊이를 숨긴 채 차분히 출렁이는 바다 대신, 폭풍에 시달리며, 피에 물들고 불길에 휩싸인 바다로 눈을 돌렸다. 그는 역사적 사건으로 출렁였던 바다를 그리는 데 재미를 붙였다.

터너는 〈트라팔가 해전(1822-24)〉처럼 영국인의 위신을 높인 해전들을 그리고 낭만주의화가들이 열심히 그리던 해양사고도 그렸다. 서유럽 어느 나라나 식민지 개척에 분주하고 해로를 많이 이용하던 시절이라 해난사고가 빈번했다.

터너는 대영제국이 해가 지지 않는 제국으로 오대양의 주인이 되는 데 결정적 역할을 했던 전함에 눈을 돌렸다. 연승을 주도한 기함이 아닌 주목받지 못하던 전함이지만, 오히려 역사의 교훈을 간직한 배였다. 말하자면, 산전수전 다 겪은 늙은이 같은 배라고 할까. 더는 멀리 떠날 수 없고 저무는 바닷가 암초에 앉아 지난 세월을 곱씹는 우울한 영웅 같은 배.

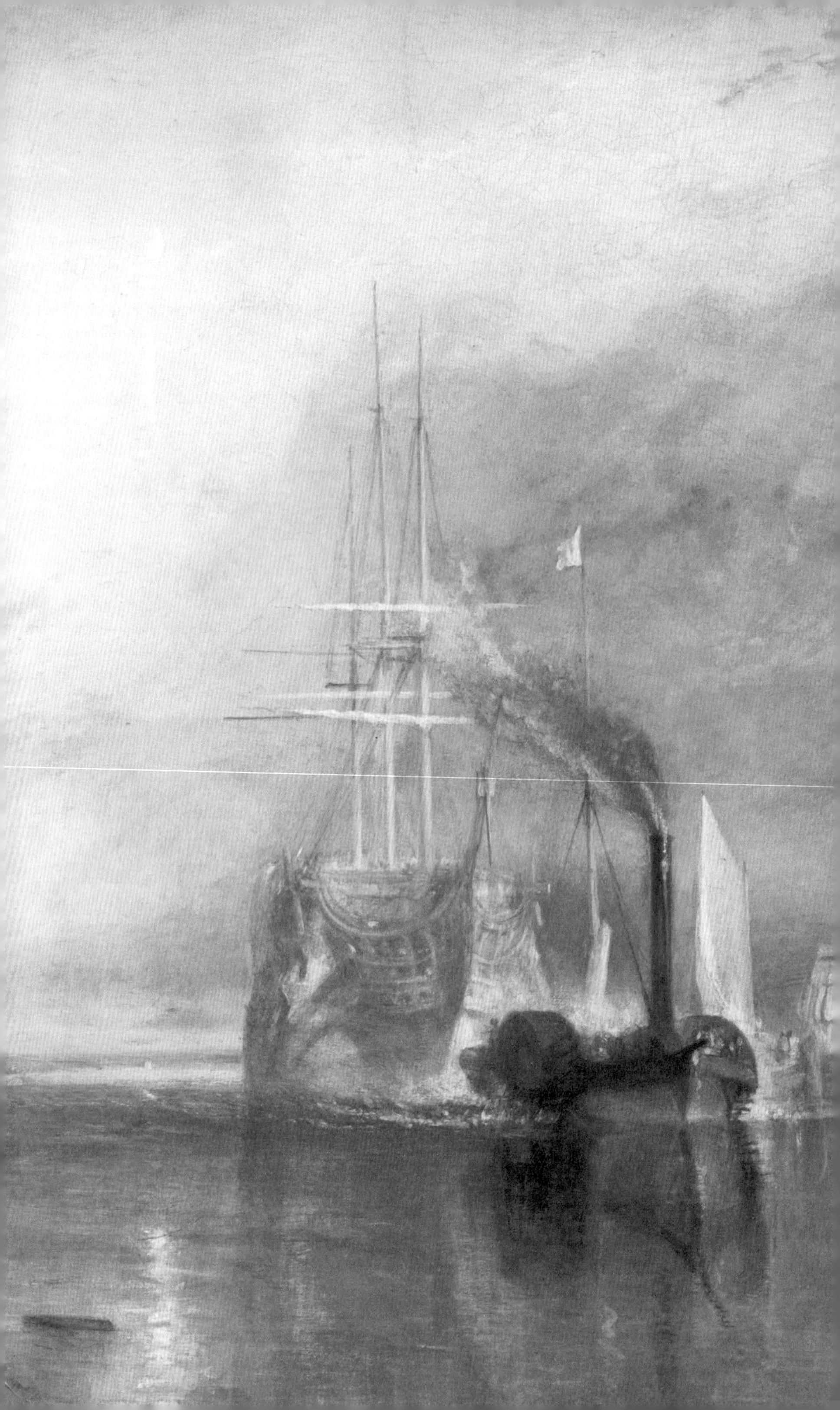

윌리엄 터너 〈퇴역 전함 테메레르〉 1839년

환생하는 전함

터너는 대서양과 인도양에서 벌어진 사건보다는 가까운 곳에서 소재를 찾았다. 그는 오랫동안 템즈 강변에 살아 강어귀에서 바닷물이 드나드는 분위기나 앞바다의 정박장에도 익숙했다. 터너는 모델로 삼을 배를 보려고 부두로 찾아갔다.

터너가 틀리지 않았다. 그가 고른 테메레르 호야 말로 여러 면에서 파란만장한 역사를 간직하고 있었다. 퇴역식을 하는 범선 테메레르는 유난히 비장해 보였다. 더 이상 혼자 바람을 타고 움직이지 못하고 뒤쪽에 붙은 첨단증기선에 끌려 나갔다. '돛배로서 마지막 전함'이다.

테메레르는 마치 달라이라마가 계속 환생하듯 새로 건조한 군함에도 같은 이름이 붙여졌다. 터너가 그린 것은 1798년에 진수한 2세대 테메레르 호였다.

원래 1세대 '테메레르'호는 프랑스 전함이었다. 무모하게, 앞뒤 가리지 않고 대드는 산돼지처럼 우직하고 '겁이 없다'는 이름이다. 테메레르 호는 야포 74문을 장착하고 1749년에 처음 출항해 7년 전쟁 중이던 1759년 8월 19일, 라고스 전투에서 영국 해군에 나포되었다. 수리를 마친 테메레르는 영국해군 전함 'HMS 테메레르'로 이름을 바꾸고 프랑스와 싸우게 된다. 이렇게 1세대 테메레르 호는 영국의 명예가 되었지만 프랑스로서는 치욕이었다.

테메레르 호가 영국해군으로 실전에 참전한 것은 단 한 번뿐인 1805년 스페인 남쪽 트라팔가 앞바다에서 벌인 해전이다. 테메레르는 넬슨이 지휘하는 함대 소속으로 나아갔다. 트라팔가 해역에서 영군 함대는 프랑스, 스페인 연합함대를 봉쇄하는 임무를 띠고 있었다. 때때로 난바다로 나가 전함과 맞장을 뜨기도 했다.

스페인 해안으로 출동하기 전, 테메레르 호는 지중해 연안의 프랑스 해군기지 툴롱 앞바다에서 연안포대의 사격을 받아 크게 파손되었다. 몇 해 동안 거금을 들여 수리를 마친 테메레르는 엘리압 하베이 선장의 지휘로 1804년 1월 1일 다시 스페인 항구 봉쇄 함대에 투입되었고 거기에서 트라팔가 해전을 맞았다.

그 뒤 실전에는 출전하지 않고 템즈 강에서 거룻배 등으로 쓰였다. 그렇게 좀 더 일한 뒤 1838년 템즈 강에서 예인선에 끌려 해체선거로 들어갔다. 이 광경을 터너가 그렸다. 그러나 이런 배경보다 더 특별한 사건에 얽히기도 했다.

선상반란

테메레르 호는 선상반란을 겪었다.

1801년, 프랑스는 아미앵에서 영국과 평화협상 중이었다. 조만간 영국은 해상봉쇄를 풀고 함대를 중립지역에 가까운 먼 바다로 보내기로 해 전함 테메레르도 아일랜드 남부 방트리 만에서 카리브 해 앙티유 제도로 건너갈 예인선의 도착을 기다리게 되었다. 그러자 선원들이 반발했다. 벌써 칠팔 년 넘게 배에서만 살아온 선원들은 협상 타결로 귀가할 날만 초조히 기다리다가 날벼락을 맞은 꼴이었다. 선원들은 고향 집이 아니면 절대 다른 곳으로 못가겠다고 거세게 저항했다.

12월 초, 10여 명의 선원이 장교들과 험담을 주고받는 등 사태는 꼬여갔고 대다수 선원은 동조도 반대도 하지 않았다. 주동자들은 장교들 앞에 방책을 세우고 비웃고 위협했다. 태업은 아니었지만 그렇다고 방책을 풀지도 않았다. 고향에 가게 해주면 풀어주겠다고 했다. 사건 보고를 받은 상부에서 질서회복의 명령이 떨어지자 더는 못 참겠다면서 선원들이 장교들과 부딪쳤고 병사들이 가세했다. 선원 몇이 장교들에게 붙들려 고랑을 찼지만 이들을 풀어주라는 항의도 거셌다. 양측은 며칠간 대치했다.

일단 테메레르 호는 영국으로 급히 귀환 명령을 받았고 반란선원들은 즉시 재판을 받았다. 선원 4명은 테메레르 선상에서, 나머지 8명은 뿔뿔이 다른 배에서 항명죄로 교수형을 당했다. 나머지 여럿이 태형을 받았는데 실제 처형자의 수는 다르다는 주장도 있다.

처형을 마무리한 테메레르 호는 즉시 바다로 나가 앙티유 제도의 항구로 들어갔다. 그 사이 아미앵 협상안이 의회를 통과하고 배는 다시 영국으로 돌아왔다.

트라팔가 해전(테메레르 호의 활약)

테메레르가 다시 바다로 나갔을 때 카디스 항의 봉쇄를 맡았다. 넬슨은 함포 100문으로 무장한 빅토리 호 선상에서 전투를 지휘하고 있었는데 9월 28일에 그곳 정박장으로 들어와 합류했다.

트라팔가 해전에서 테메레르 호는 빅토리 호와 함께 프랑스의 '르 르두타블' 호를 측면에서 포격했다. "판자조각이 물에 떠다닐 만큼 완파했다. 테메레르는 주돛대가 부러져 자칫 침몰할 위기였다. 그러나 신속한 수리로 복원되었다."

영국 측은 상실함 0, 전사 400명, 부상 1200명이라는 비교적 가벼운 피해로 끝났다. 그러나 넬슨은 교전 중 프랑스 측 총탄에 맞았는데도 4시간 동안이나 지휘를 계속했다. 몸이 대체 어떤 사람이었을까? 과거 전투에서 부상해 이미 만신창이던 몸 아닌가?

넬슨은 일찍이 이집트 앞바다에서 나폴레옹 보나파르트와 벌인 해전에서 영웅이 되었다. 그러나 넬슨은 영웅답게 행동하지 않았다. 정부의 보상이 적다며 남작 작위까지 거절하며 투정을 부렸던 졸장부가 총탄을 맞은 채 분전했다니 더욱 놀랍다. 혹시 과장된 이야기 아닐까. 아니면 돈벌이가 되는 전투라서 그렇게 힘을 냈을까?

이 해전에서 프랑스 해군의 피에르 드 빌뇌브 사령관은 영국군에 생포되어 넬슨의 장례식까지 지켜보았다. 나폴레옹 1세가 얼마나 격분하고 그를 미워했는지 라스 카즈가 대필한 황제의 〈회상록〉에서 잘 드러난다.

빌뇌브 사령관은 1806년 4월 브르타뉴의 작은 모를레 항구로 귀국했지만 감히 파리로 올라가 황제를 만날 엄두를 내지 못했다. 그렇게 브르타뉴 시골 여관에서 미적대다가 시신으로 발견되었다. 시신은 어디 묻혔는지 아무도 모르게 사라졌다.

빌뇌브 사령관은 하인에게 금전과 편지를 담아 가족에게 전하는 보따리만 남겨둔 채 자결했다고 한다. "그가 가장 두려워했던 것은 황제의 분노"였다.

모를레는 수십 년 뒤 소설가 알렉상드르 뒤마가 만년에 건강을 수습하고 조용히 해물요리를 탐하면서 몇 달 동안 최후의 걸작 〈요리사전〉을 집필하러 내려갔던 마을 근처로 먼저 찾았던 곳이다. 해물 좋기로 유명한 포구다.

증언을 남긴 아벨 비유맹 교육부 장관은 트라팔가 해전에서 후퇴하지 않고 용감하게 자기 자리를 지킨 빌뇌브의 발언을 묘비명에 세워주었어야 한다며 안타까워했다.

"적의 포화가 터질 때 적의 사정거리 밖에 있는 사관이라면, 제자리를 벗어난 셈이다. 그 자리를 벗어나 있다는 것은 치욕이다."

라고스 해전의 에피소드

테메레르 호는 매우 이색적인 기록에도 등장한다. 테메레르가 프랑스 전함으로 영국에 나포되던 라고스 해전을 전하는, 노예제 폐지운동가들이 경전처럼 아끼는 〈아프리카 사람, 구스타부스 바사의 삶〉(1789)이라는 책으로 묶인 글이다. 저자 올라우다 에퀴아노는 전직 노예였다. 노예가 자신의 삶을 직접 증언했다.

이 책은 영국과 프랑스가 대서양 패권을 다툰 7년 전쟁(1756-1763)의 목격담인데 에퀴아노는 그것이 7년 전쟁인 줄은 몰랐다.

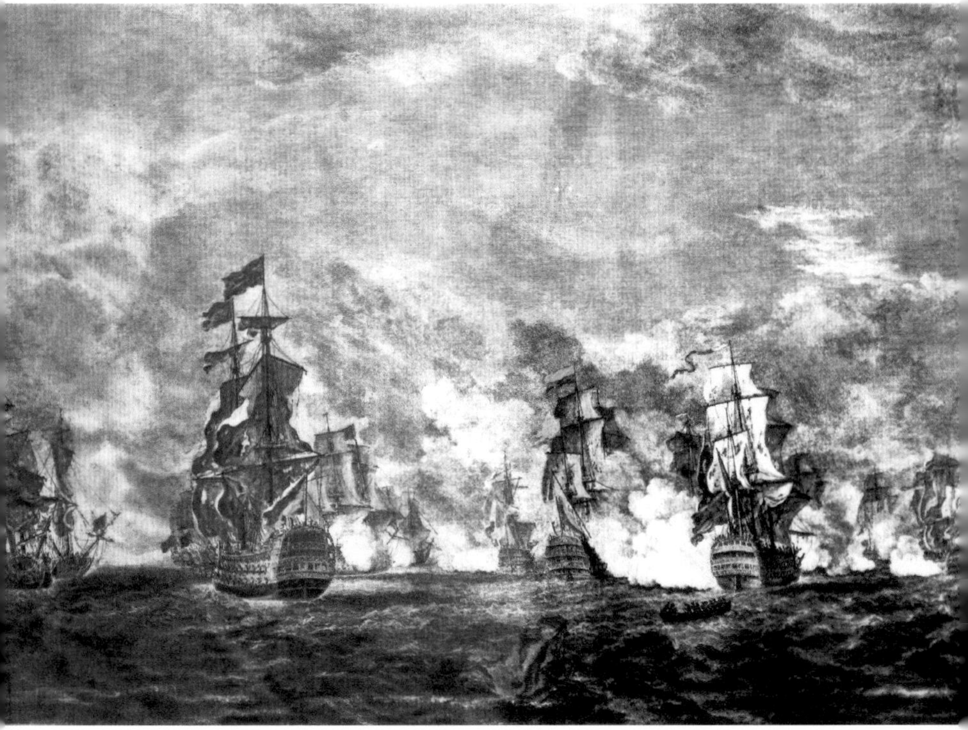

리처드 패럿 〈라고스 해전에서 프랑스 지중해함대를 격파하는 영국함대〉 1806년

7년 전쟁은 나중에 역사가들이 붙인 이름이다.

7년 전쟁은 유럽의 열강과 식민지 용병이 참전해 싸운 세계 대전급 전쟁이다. 영국과 프랑스는 아메리카와 인도에서 겨루다가 프랑스는 지금의 캐나다 일부와 인도 동남부 지역을 내주었다. 우리 시대에는 쓰나미로 피해가 컸던 지역으로, 수백 년간 남아있던 프랑스 건물들이 거의 다 무너졌다.

7년 전쟁 중 프랑스와 영국 해군은 라고스에서 한판 승부를 벌였고 이 전투에서 프랑스 함대는 궤멸되었다. 프랑스 함대는 영국 침공을 준비하며 지중해의 툴롱과 대서양 하구항(라 로셀, 로리앙, 벨일섬)에서 대서양 해를 장악하려고 했지만 라고스 전투의 패배로 계획은 수포로 돌아갔다.

에퀴아노는 열두 살 때 고향 아프리카 나이지리아에서 노예상인에게 납치되어 미국 버지니아 농장으로 팔려갔다. 그 뒤 영국 해군 대위 마이클 파스칼이 '구스타부스 바사'라는 새 이름을 지어주었다. 에퀴아노는 스웨덴의 전설적인 왕의 이름이기도 했다.

에퀴아노는 열여섯 살 때 대위와 함께 9년간 대서양을 누볐다. 그 뒤 런던 선주 로버트 킹이라는 상인에게 팔려가 주인이 계속 바뀌는 가운데서도 시중을 들고 갑판원으로 일하며 짬짬이 장사도 하며 돈을 모았다. 모은 돈으로 '자유를 사들여' '마침내 해방노예가 되고 그동안 영어를 배우고 세례를 받아 기독교도가 되었다.

해방된 에퀴아노는 여생을 터키, 북극해로 여행하며 살았다. 1789년 프랑스 대혁명이 터지자 에퀴아노는 런던에서 '아프리카의 아들'이라는 흑인노예 해방운동단을 꾸려 활약했다. 에퀴아노는 이렇게 말한다.

"나는 1745년에 풍요로운 황금해안(세네갈에서 앙골라에 이르는), 베냉 왕국의 부락에서 태어났다. 에싸카라는 깊은 산촌이다. 바다도 왕국의 수도도 모르는 그 산골에서 아버지는 작은 부족의 촌장이었다. 종도 거느리고, 가축을 키우고 불을 펴놓고 노래하고 춤추려 즐겁게 살았다. 싸우고 돌아오거나 사냥 갔다 돌아온 날 축제는 정말 즐거웠다."

에퀴아노는 처음 버지니아 농장 시절에는 부채질을 맡는 노예였다. 착실하던 에퀴아노는 전쟁이 터지자 전함 '더 나무르' 호에 선장의 몸종으로 승선해서 전투를 겪었는데 화약을 담당했다.

에퀴아노는 선상에서 만나는 사람들마다 납치당한 사연을 털어놓고 여동생과 다시는 못 보고 헤어지고 만 것을 슬퍼했다. 비슷하게 생겼다는 여자를 안다는 사람의 말을 믿고 찾아 나섰다가 허탕치기도 했다.

> 나는 늘 주인을 기다리는 5분 대기조였다. 바르셀로나가 정말 좋았다. 우리가 정박한 동안, 원주민들은 많은 과일을 들고 와 영국보다 훨씬 싼 값에 팔았다. 양가죽통에 든 포도주도 기막힌 맛이었다.(…)
>
> 1759년 8월쯤, 우리는 지브롤터로 항해했다. 우리는 함대에 물과 보급품을 대는 동안 긴장을 풀고 해변에서 쉬고 있었다.
>
> 어느 날 제독이 많은 장병을 이끌고 상륙했다. 저녁 일곱 시쯤, 정박대기 중이던 모든 전함에서 신호가 올랐다. 그 순간 함성이 울리며 앞바다에서 프랑스 함대가 곧장 튀어나와 우리 앞을 가로질렀다. 제독은 급히 장교들과 함께 배로 돌아왔다. 소란은 말도 못했다. 모든 배들이 난리법석으로 혼란 속에 밧줄을 끌어당기고 닻을 올렸다. 그 와중에

많은 사람과 보트가 해변에 발이 묶였다.

우리 배로 급히 올라탄 다른 전함의 선장 두 사람과 함께 다른 배들이 따라오는 가운데 서둘러 움직였다. 우리 장교들은 갑판에 매달려 선장들을 기다리지 말고 즉시 배를 띠워 쫓아오라고 했다. 이렇게 전투준비를 하면서 우리는 어둠 속에서 프랑스 함대에 맞섰다. (…)

적함들은 우리를 멀리 따돌리며 나아갔다. 밤에 그들을 따라잡지 못했다. 날이 밝자 우리 몇 마일 앞에서 적함 일곱 척이 일렬로 항해하고 있었다. 우리는 즉시 그들을 추격해 오후 4시쯤 그들을 따라붙었다. (…) 서로 포를 쏘아대는 살벌한 접전이었다. 무시무시한 포성에 많은 동료가 나가자빠졌고 나도 혼비백산했다. 결국 프랑스 함대가 완전히 무너지고 우리가 이겼다. (…)

전투 중에 우리 배가 심하게 부서졌다. 사상자도 많고, 배는 산산조각이 났다. 돛대, 갑판 어디 한구석 성한 곳이 없었다. 파편들이 배 여기저기에 걸려 있었다. 많은 목수와 선원이 수리에 매달렸다. 수리를 끝내고 나서 우리는 영국으로 향했다. (…) (에퀴아노 자서전〈아프리카 사람〉)

이때 에퀴아노가 타고 있던 전함(더 나무르 호)과 싸웠던 프랑스 전함 테레메르 호는 영국 함대가 정박한 지브롤터 항구로 끌려갔다. 에퀴아노의 배도 크게 손상되어 수리했지만, 패배한 프랑스 전함 오세앙 호는 로가스 곶으로 피해 들어갔다. 그러나 '더 나무르'

호의 함포에 맞고 대낮처럼 심야를 밝히는 화염과 함께 폭발하며 가라앉았다.

프랑스 해군은 패배를 인정하지 않고 불평을 했다. "최소한의 신사도를 지키지 않은 부당한 전투"였으며, "전쟁법에 반하는 치사한 짓을 했다"고 했다. 영국군이 라고스가 중립해역인데 침공했다는 것이다. 그렇듯 보스카웬 제독은 승장이었지만 명예롭지 못했다.

루브르와 외제니 황후

〈루브르 박물관의 탄생, 설계안을 보고받는 황제 내외〉 앙주 티시에

앙주 티시에는 앞장에서 이야기했던 알제리 독립운동의 영웅 압델카데르가 앙부아즈 성에서 유폐 생활할 때 초상을 그리기도 했다. 1852년, 프랑스의 이른바 '관용' 정책을 널리 선전한 압델카데르가 자유를 얻고 풀려나는 장면도 그렸다. 프랑스 대통령은 식민지 저항의 상징적 인물을 풀어준다고 과시했다. 저항은 이미 끝났고, 위험스럽지도 않았는데 말이다. 이런 어처구니없는 생색을 내는 데 그림은 더할 나위 없이 좋은 수단이다.

1848년 선거에서 루이 나폴레옹 보나파르트, 즉 나폴레옹1세의 조카는 제2공화정의 대통령에 당선되었다. 하지만 그는 대통령으로 만족할 사람이 아니었기에 의회에서 민주세력에 밀리자 황제가 되려고 '친위 쿠데타'를 감행했다. 유신체제 비슷하게 영구집권을 노린 반란이다. 1852년 대통령은 군대를 동원해 12월 2일 심야에 의원들과 정적과 급진파인사를 체포하고 의회를 해산했다. 군인이 최고라며 군부를 추켜세우고 충성 맹세를 받았다.

이렇게 수립된 제2제정으로 대통령은 프랑스제국의 황제 나폴레옹 3세로 한 계단 더 올랐다. 황제는 대대적인 대국민 선전전에 나서 수세기의 컬렉션으로 넘치던 루브르궁을 중앙박물관으로 개조했다. 또 13개의 박물관을 통합해 '제국박물관'으로 삼았다. 사실상 루브르 박물관을 세계 최대의 박물관으로 확장해 나폴레옹제국의 위용을 보여주려는 야심찬 프로젝트였다.

티시에의 그림은 건축가 루이 비스콘티가 박물관 신축설계를 보고하는 자리를 보여준다.

루이 비스콘티는 파리 시내 군사박물관에 있는 나폴레옹 1세의 웅장한 대리석 석관을 디자인했다. 비스콘티는 이탈리아 출신으로 제국건축총감에 임명되었다. 그러나 계획을 보고하고 갑자기 심장마비로 급사하는 바람에 뒷마무리는 퐁텐블로 성의 극장을 짓고 있던 르퓌엘이 맡았다. 르퓌엘은 이탈리아 유학파로 로마의 복고풍 바로크 스타일에 익숙했다.

그림에서, 비스콘티는 설계도를 설명하고 있다. 루브르박물관 학예관을 지냈고 왕실 컬렉션을 관리하는 살비아크 드 비엘 카스텔 백작이 보인다. 황제 곁에 실크햇을 들고 서 있는 인물이다.

카스텔 백작은 〈회상록〉을 남겼다. 이 책속에 정재계, 문화예술계의 많은 인물이 등장하고 있지만 사람을 무시하고 혐오하던 저자의 내심만 들키고 말았다. 백작은 정치적으로 골수 보나파르트 신봉자였다. 얼마든지 우리나라 어떤 정당대표, 국민의 머슴처럼 단식을 하며 황후를 보호할만한 인물이다. 그러나 프랑스는 너무 맛

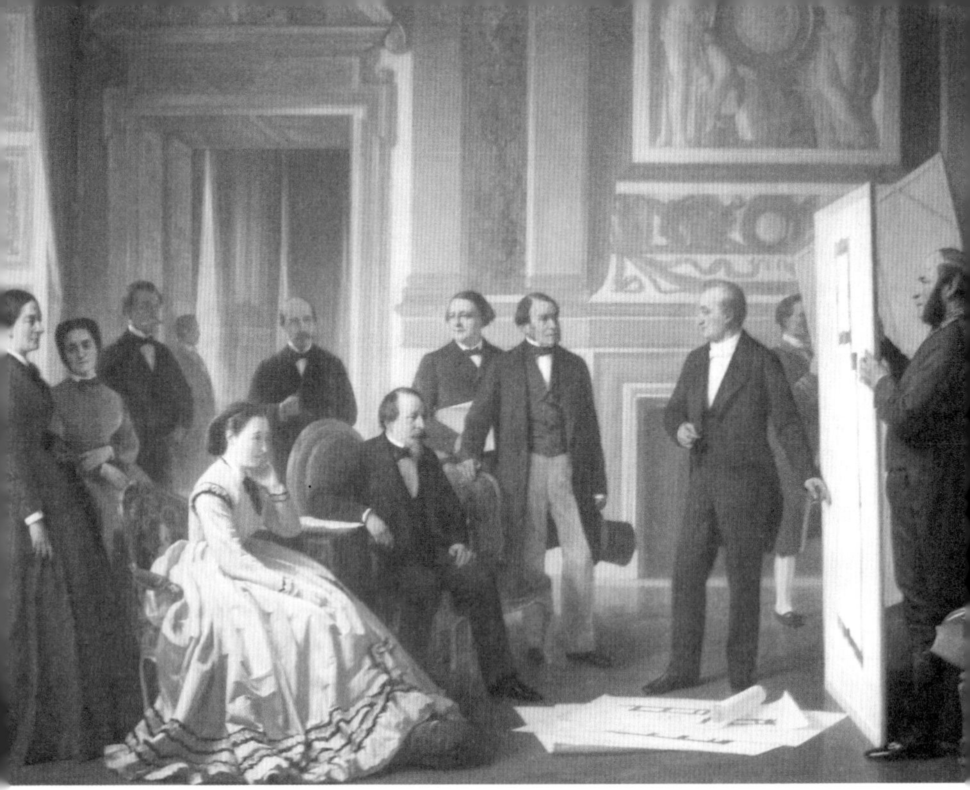

앙주 티시에 〈루브르 박물관의 탄생, 설계안을 보고 받는 황제 내외〉 1865년

있는 요리가 많아 총칼로 자결하면 모를까, 절대 단식을 하지 않는다. 프랑스 사람들은 굶는 것을 죽음보다 더 무서워한다. 백작은 〈회상록〉에서 이렇게 외친다.

"빨갱이들은 대역죄인이다. 왕당파들은 어느 왕자를 따르든 멍청하다. 더구나 진짜 바보들도 있다. 이들이 함께 나라를 이끌고 있다."

19세기의 여왕

나폴레옹 3세는 무력에 열광하느라 예술에는 흥미도 교양도 없었다. 제2제정의 예술정치는 외제니 황후의 작품이다. 황후는 엄청난 컬렉션을 공금(국세)으로 끌어 모았다. 황후는 요즘 같은 시대에 상상하기 어렵지만, 공금을 자기 돈처럼 사용하며 허영을 부렸다. 겉으로는 황실소유로 "국유화한다"했지만 사실상 자기가 갖겠다는 뜻이었다.

황후는 이런 일을 힘들이지 않고 했다. 황후의 몇 마디에 만사를 척척 해내는 황소 같은 뉴베르케르커라는 충복 덕분이다. 뉴베르케르커는 변덕이 죽 끓듯 해 종잡을 수 없던 황후의 비위를 척척 맞출 만큼 능구렁이였다.

황후의 보폭은 넓었다. 궐 밖의 유럽과 세계를 쥐락펴락하며 '19세기의 여왕'으로 영원히 기억되고 싶어 했다. 황후는 영국의 빅토리아 여왕(재위 1837-1876)보다 아름답고 활달했다. 그래서 모든 면에서 대영제국 여왕보다 으스대고 싶어 했고, 최고의 박물관으로 이런 욕심을 더욱 채우려고 했다.

빅토리아 여왕은 선천성 혈우병 탓에 거동이 불편했다. 운동은 상상도 못하고 조심조심 말을 타고 산보를 다녔다. 이렇게 불편한 빅토리아 여왕을 평생 섬긴 진짜 머슴이 있다. 존 브라운이다. 애버딘과 발모랄, 하일랜드의 안개와 위스키와 참나무 향이 그윽한 골짜기로 졸졸 흐르는 계곡물을 따라 왕비를 모시고 산책길을 누볐던

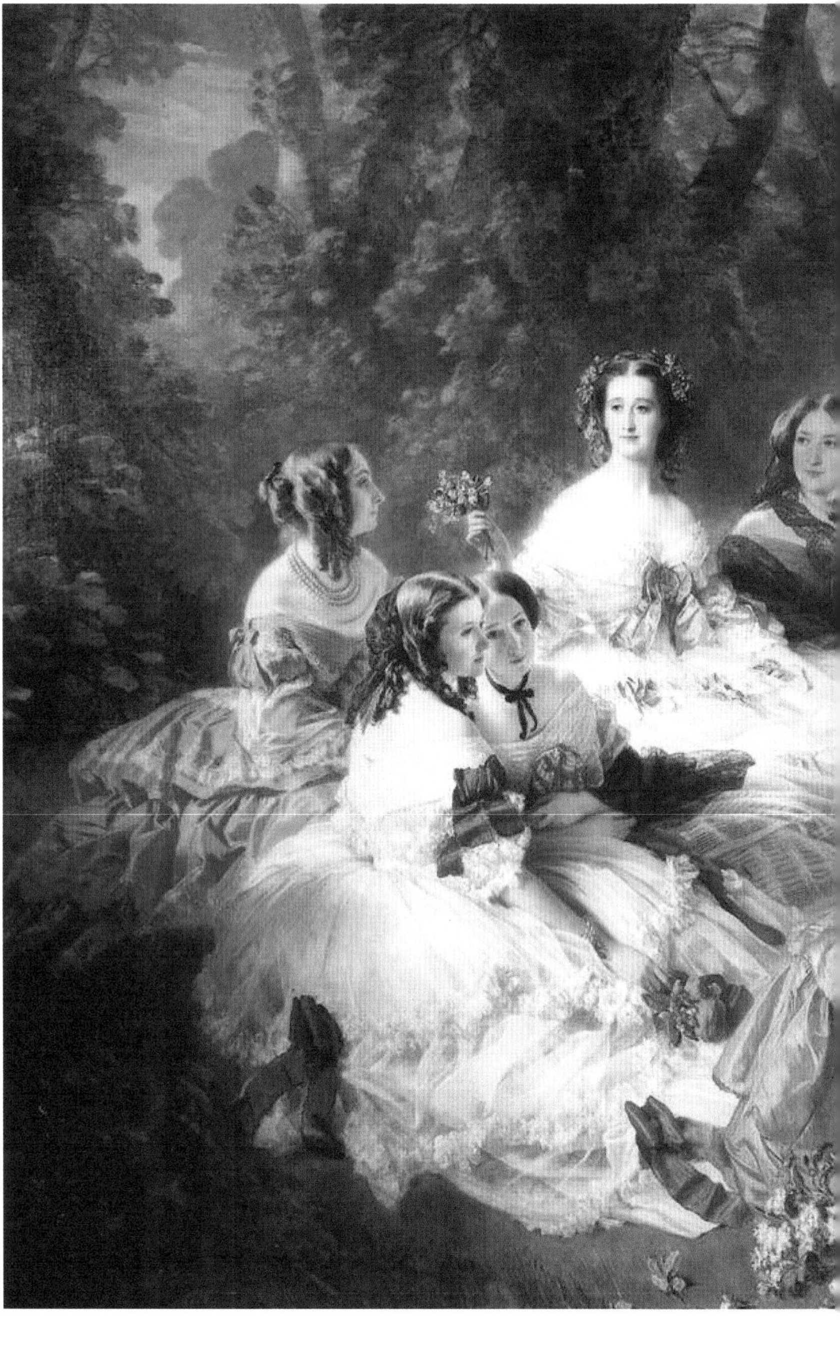

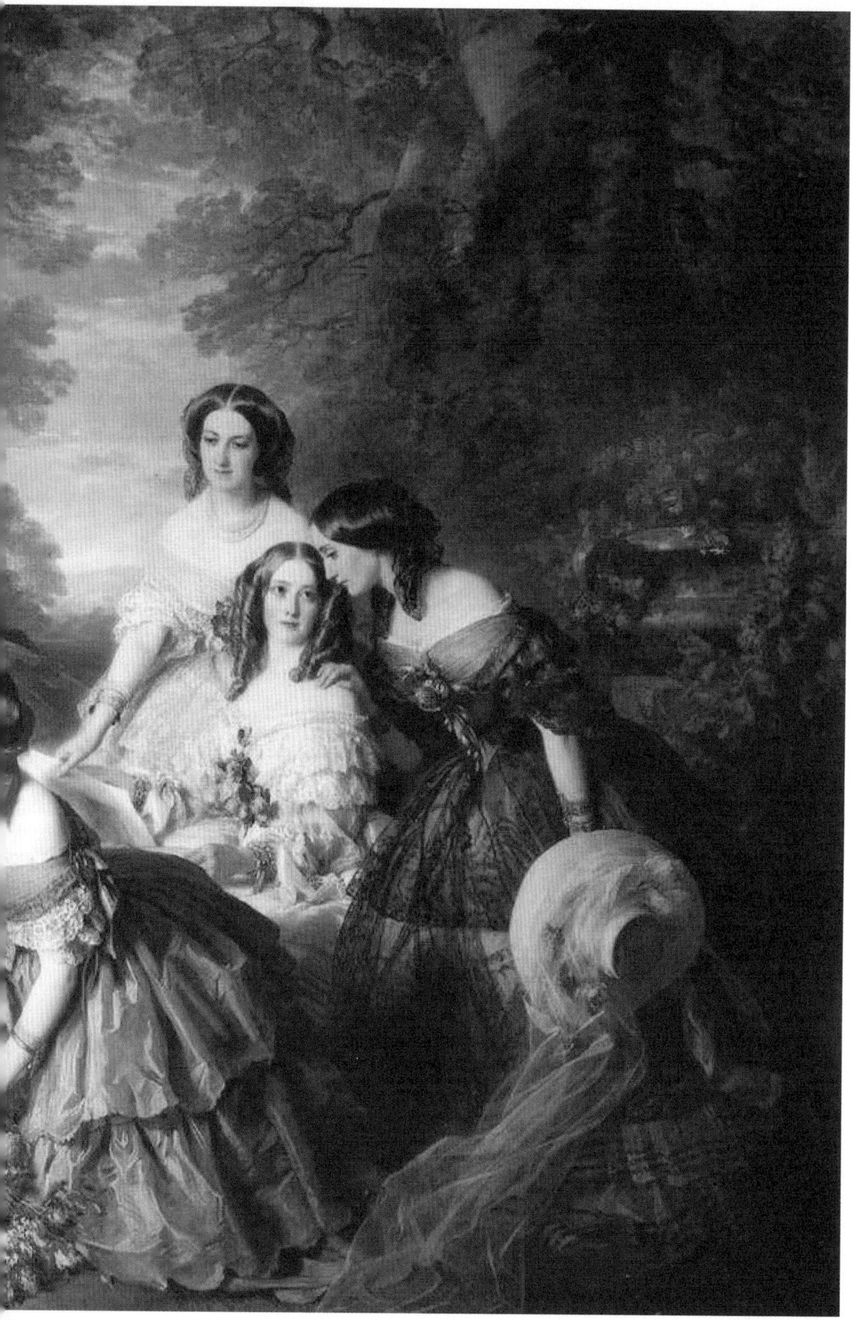

프란츠 빈터할터 〈외제니 황후와 시녀〉 1855년

브라운이다. 브라운은 여왕의 문고리 대신 말고삐를 잡고 항상 곁을 지켰다.

외제니 황후는 스페인 여자답게 가톨릭광신도로서 교황을 숭배했다. 정치를 모르면서 그저 자기 위력을 보여주고 싶어서 교황을 위해 북아프리카 용병으로 근위대를 창설하자고도 했다. 그러나 대외정치를 모르지 않는 황제 때문에 망신을 당하곤 했다. 황제는 이탈리아를 교황청에서 독립된 자잘한 왕국들로 갈라놓을 속셈이었기 때문에 황후의 의견에 반대했다.

이런 것은 애교에 불과하다. 외제니 황후는 전쟁도발마저 서슴지 않았다. 황후는 막대한 돈이 드는 멕시코 원정을 간신들에게 직접 부추겨 미국 개신교의 영향에 맞서 남미를 거대한 가톨릭 왕국으로 통합하려 했다.

나폴레옹 3세는 어린 시절에 풍파를 많이 겪어 성격이 음침했다. 의심 많기로 유명한 프랑스 사람 가운데 최악의 사례로 보일만하다. 반면에 외제니 황후는 자기 존재감에 몹시 민감해서 자신이 많은 사람 앞에서 돋보이지 않고는 못 견뎌했다. 그래서 국내외 큰 행사에 빠짐없이 나타나 테이프커팅을 하거나 대신들과 귀부인들을 거느린 행차를 너무너무 좋아했다. 이런 수선스런 성격으로 많은 사람의 핀잔을 받고, 뒤에서 수군대는 손가락질도 받았다.

이런 황후였기에 영국을 따돌리고 사업권을 따낸 수에즈 운하개통식에 그 먼 길을 달려가 참석했다. 나폴레옹 1세의 유해가 돌아오던 부두에도 나가서 기다렸다.

과시욕은 그렇다 치고, 외제니 황후는 고문서 기록에 남은 것만 보아도 엄청난 이권개입을 했다. 특히 예술 분야에서 전횡을 일삼았다. 말하자면 최근 우리나라에서 큰 추문을 일으킨 박근혜-최순실게이트와 블랙리스트의 '데자뷔'였다.

나폴레옹 3세 스타일

외제니 황후는 1860년대에 문학예술을 검열하여 반정부 성향 작가들을 탄압했다. 이런 강경책에 가톨릭교회는 가장 신바람을 냈다. 가톨릭교회는 수많은 식민지사업에 나섰고, 대혁명 후 다 죽었다가 완전히 되살아났다. 황후 측근의 건축가, 학자들을 내세운 문화재 사업의 방대한 예산을 성당과 수도원 재건에 퍼부었다. 철부지들과 여자들을 겨냥한 사회사업은 절대 빼놓을 수 없었는데 이들의 환심을 사두어야 장차 황실의 영구집권을 보장할 수 있을 것이기 때문이다. 이른바 묻지 마 지지자들을 키우는 일이다.

그뿐만 아니다. 황후는 아예 디자이너처럼 한 시대의 스타일을 내놓았다. 자기 시대를 완전히 자기 취향에 맞추라고 한 것이다. 이때에도 '혁신'과 융복합 같은 뜻의 '절충'을 내세워 창의력도 없는 무능한 작가들과 안목없는 관중이 적당히 얼버무리기 좋은 스타일이 유행했다.

흔히 절충하는 '짬뽕' 스타일은 탐욕스런 자들에게서 나온다. 이런 사람들은 독창성도 없으면서 좋아 보이는 것이면 뭐든지 다 허겁지겁 쓸어 담으려고 한다. 개성에 넘치는 스타일은 명쾌하고 담백한 면이 두드러진다. 그러나 제2제정기처럼 세속취미가 지나칠 때, 그 스타일은 화려함만으로 성에 차지 않는다는 듯 과장을 부린다. 걸맞지도 않게 나무를 뒤틀고 중국식 자개를 '상감'기법으로 박아 넣고, 금속에 또 금테를 두른다.

나폴레옹 1세 때 제국공방에서 개발한 스타일은 단정하고 위엄이 서려있으며 박력에 넘치고 자질구레한 군더더기는 없다. 그러나 나폴레옹 3세 스타일에는 이런 단아한 맛이 없다.

"외제니 황후는 정말로 마리 앙투아네트처럼 욕심 많다. 선왕 루이 16세의 박물관에 보관된 명품가구를 제멋대로 갖다 썼다. [경복궁의 가구를 자기 아파트에 들여 놓겠다는 것과 다름없다.] 목공들에게 과거의 걸작들을 똑같은 복제품으로 만들어 놓으라고도 했다."

황후는 1869년 파리에 〈오페라〉 건물을 지을 때도 건축가 샤를 가르니에의 초안을 보며 말실수를 해 망신을 샀다.

"가르니에 씨, 이건 아녜요. 개성이 없잖아요!"

"마담, 이것은 말이지요. 나폴레옹 3세 스타일입니다요."

자기가 개발했다는 스타일 '나폴레옹 3세 스타일'조차 몰라보다니. 신하들은 화장실로 달려가 실컷 웃었을 것이다.

황후의 추태는 끝이 없었다. 황후는 가구와 건축에만 '나폴레옹 3세 스타일'을 요구하지 않고 조금 말을 바꿔 '제2제정 패션'이라는 것도 내세웠다. 드레스, 코트 등을 제2제정 스타일이라고 불렀다. 이번에는 샤를 보르트(영국 이름은 찰스 워스) 같은 얼치기 디자이너가 황후의 비위를 맞추었다.

런던 원단가게 점원이던 보르트는 현대식 '맞춤복'을 개발했다. 싸구려 기성복이 아니라, 고급 양재였다. 옷을 공장이 아니라 명장의 공방에서 나온 명품으로 내놓았다. 보르트의 스타일은 그저 사치스러울 뿐 세련된 안목이 없어 무지하고 샘만 많은 귀부인의 변덕에 쉽게 '맞추기'가 너무 쉬웠다. 최소한 디자이너로서 자부심조차 없었다.

황후 다음으로 보르트의 '부티크'에서 옷을 지어입기 좋아했던 사람은 그레퓔 백작부인이다. 소설가 마르셀 프로스트가 〈잃어버린 시간을 찾아서〉에서 게르망트 공작부인의 모델로 삼은 부인이다. 보르트의 스타일이 궁금하다면 〈잃어버린 시간을 찾아서〉에서 게르망트 공작부인을 따라가 보면 된다.

보르트는 사치를 스타일로 승화시킨 괴력을 보였다. 귀부인들을 안심시키는 작전이 통했다. 보르트는 뻣뻣한 천 대신 부드럽고 하늘하늘한 천으로 몸매를 좀 더 두드러지게 하고 고전주의 양식도 빌려왔다. 시베리아 담비털과 모피조각을 붙이기도 했다. 이탈리아 디자이너들이 그가 지은 옷을 입은 여자들을 보고 얼마나 코웃음 쳤을까!

외제니 황후는 '세계 최고의 미녀'라는 아부를 들으며 살았다. 어차피, 누가 황후를 감히 둘째 미녀라고 부를까. 첫째가 있다한들 무사했을까. 황후는 국가원수의 특권을 황제와 함께 누린 마지막 황후였다. 그래서 황후는 그 누구도 다시 누리지 못할 특권을 마음껏 즐기려 했을지 모른다. 황후는 황제가 해외 원정으로 궁전을 비웠을 때 섭정으로 통치했다. 요즘도 대통령의 '영부인'이나 '영애'만 되어도 간신배들이 벌떼처럼 몰려드는데, 직접 통치권을 휘두르던 황후는 얼마나 대단했을까.

외제니 황후는 처녀 시절, 어머니와 친했던 훌륭한 인물을 만났다. 가극 〈카르멘〉의 원작자 프로스페 메리메가 그녀의 가정교사였다. 메리메가 프랑스어를 가르쳤고 〈적과 흑〉의 소설가 스탕달은 역사를 맡았다. 두 사람은 제자가 황후가 되자 벼락출세했다. 1853년 벽면서생 메리메는 문화재청 고관이 되었다. 스탕달은 외교관으로 이탈리아로 나갔다. 두 사람 모두 평소 하고 싶던 소원을 성취했으니 정말 운 좋은 인연이다.

문화계의 총수 뉴베르케르커

루브르 박물관장 뉴베르케르커는 어떻게 문화정책의 총수로 떵떵거렸을까. 골수왕당파 뉴베르케르커는 어린 시절 국왕 샤를 10세의 시종이었고 우리의 육사 같은 학교였던 근위대 사관생도였다. 하지만 7월 혁명으로 샤를 10세가 몰락하자 군에서 출세하긴 힘들겠다고 생각하고 예술가로 방향을 틀었다. 특이한 전향이다.

뉴베르케르커의 작품을 기억하는 거의 사람은 없이 그가 무슨 실력인지 알 수 없지만 실력을 보였다는 소문만 남았다. 워낙 거구였던 뉴베르케르커를 여자들은 "쉬고 있는 숫사자"같다며 감탄했다. 문인 공쿠르 형제는 〈일기〉에서 "마차 뒤에 숨은 사냥꾼" 이라고도 했다.

조각가로서 뉴베르케르커는 〈나폴레옹 1세의 기마상〉을 청동으로 복제해 여러 벌 전국 각지에 심었다. 나폴레옹 3세는 큰아버지를 위인상으로 높이는 조각가를 싫어할 리 없었다.

뉴베르케르커는 1849년 12월 제국박물관 총감에 취임하자 곧장 루브르 궁으로 들어갔다. 총감은 1851년 나폴레옹 3세의 쿠데타를 지지하고는 이때부터 프로이센과 전쟁에서 패한 황제가 영국으로 망명할 때까지 예술계를 '호령'했다. 작가들에게는 곰처럼 으르렁대고 여자들에게는 숫사자처럼 달겨들었다.

예술가들은 뉴베르케르커를 문화계의 '수상'이라고 비아냥거렸다. 뉴베르케르커가 문화계 곳곳에 심복들을 박아두었기 때문이다. 1881년 그의 오랜 세월 동안의 독재가 끝난 뒤에야 정부에서 예술부가 독립했다.

총감은 황궁소장품을 비롯해, 4대 박물관으로 손꼽히며 지금도 최고의 컬렉션을 자랑하는 루브르, 뤽상부르, 베르사유, 생제르맹 앙 레(세계 최고의 선사고고학유물관)를 모두 책임졌다. 국전도 좌지우지했다. 그러나 정치든 취미든 극히 수구적이었다. 작가와 평론가들은 항상 그를 성토했다. 자기 마음에 들지 않는다고 천재들을 '블랙리스트'에 올려놓고 홀대했다. 그럴만했다. 유치한 안목의 짐승 같은 인간이 어떻게 천재를 알아보겠는가. 인상주의, 사실주의,

자연주의의 위대한 거장들인데! 거장 카미유 코로, 귀스타브 쿠르베, 영원한 농촌과 자연의 화가 밀레의 작품은 국고로 구입하지 않았다.

장 프랑수아 밀레는 〈씨뿌리는 사람〉으로 몇몇 사람의 극찬을 받았다. 그럼에도 밀레는 무명이었다. 그림이 팔리지 않았다.

상업성이 부족해도 예술성이 높은 작품은 당대의 소중한 증언이기에 마땅히 공공기관에서 구입해야 하지만, 실무자들이나 결정자들(심사위원을 포함해서)이 안목이 부족해 걸림돌이 된다. 이런 난처한 일은 프랑스도 예외는 아니었다. 예술가 출신이 장관이 되어도 사정은 달라지지 않는다. 그럴 수밖에 없다. 예술가는 행정가가 되면 예술가를 위해 일하지 않는 집권세력의 뜻을 따르는 하수인일 뿐 참다운 예술가도 못된다. 관청을 기웃거리며 관련분야의 공직을 노리거나 더 큰 입지를 탐하는 사람들을 위해 일한다. 그 자신은 그저 예술학교를 다녔다거나 예술계의 이력이 있을 뿐이다. 권력기관은 이런 "문화계 인사"를 반길 수밖에 없다. 애당초 교양 없고 예술을 사랑할 마음도 없고, 업무처리만으로도 바쁜 사람들에게 골치 아프고 까다로운 예술가들을 쉽게 통제할 얼굴마담이 필요하기 때문이다.

파리 남쪽 퐁텐블로 숲속의 마을, 바르비종에서 입에 풀칠하며 근근이 살았던 밀레는 이런 말을 했다.

> 고대 이집트의 전능한 파라오는 예술가의 재능을 방치하지 않았다. 그리스 현군 페리클레스는 파르테논 신전을 꾸

미려고 조각가 페이디아스를 선발했다. 알렉산더 대왕도 조각가 프락시텔렉스를 굶기지 않았다. 로마의 안토니우스 집정관은 예술의 수준을 높이 끌어올릴 자유를 주었다.

하지만 지금 우리 예술은 장식품일 뿐이다. 아부하는 재주일 뿐이다. 중세예술의 전통과 같다. 신앙심의 표현을 떠받치는 기둥이다.

헌데, 우리 시대의 거물들은 예술을 위해 무엇을 했나? 안 하느니만 못한 짓이나 했다. 라마르틴은 1848년 국전에서 어떤 그림을 골랐던가? 자기 문학과 정치의 취향에 맞는 주제만 골랐다. 그가 자택에 렘브란트의 그림을 걸 리가 없다. 빅토르 위고도 루이 블랑제와 들라크루아를 같은 수준으로 보았다. (알프레드 상시에, 〈자연을 사랑한 화가, 밀레〉)

밀레는 종종 문인들이 그림 보는 눈이 없다고 비판했다. 물론 밀레는 퐁텐블로 숲속에 살던 많은 훌륭한 화가들이 하고 싶던 말을 했을 뿐이다. 자연을 사랑하는 순수한 화가들은 파리 시내의 화랑들의 '오프닝 파티'나 기웃거리며 관리에게 아부하는 화가들을 경멸했다.

뉴베르케르커는 현대미술을 홀대하지 않았다면서 체면치레를 했다. 그는 극빈층 예술가를 골라 지원한다면서 홍보효과를 겨냥했다. 너무 궁색해 차마 그냥 넘겨볼 수 없는 클로드 모네를 1867년 루브르 복도에서 바깥 거리풍경을

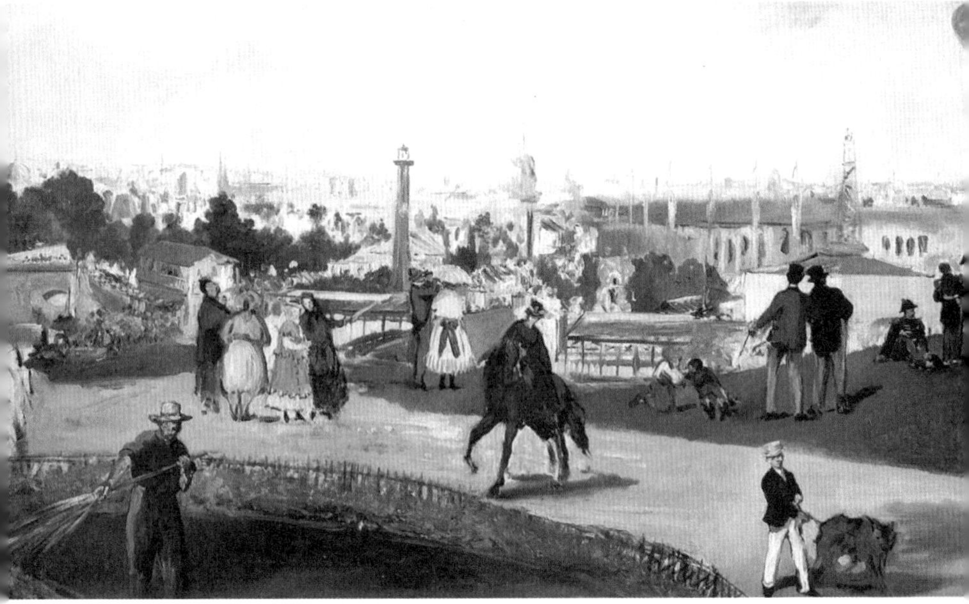

에두아르 마네 〈1867년의 파리 만국박람회〉 1867년

그리도록 선심을 썼다. (존 리월드 〈인상주의의 역사〉).

이렇듯 거만하던 뉴베르케르커 총감은 어떻게 문화권력이 되었을까? 총감은 피렌체 유학 시절 조각을 공부하며 마틸드 공주와 사귀었다. 마틸드 공주는 나폴레옹 1세의 동생 제롬 보나파르트의 외동딸이자 나폴레옹 3세 황제와는 사촌지간이다. 러시아 귀족 남편과 시큰둥하던 공주는 사냥꾼과 야수를 모두 합친 듯한 '터프가이' 뉴베르케르커의 품에 안겨 자신을 사이에 두고 남편과 '맞장 뜰만한' 사내라며 좋아했다. 두 사람은 4반세기 동안 애인으로 지내다 공주는 나중에 남편과 이혼했다.

마틸드 공주는 사냥개처럼 뒤뜰에 숨겨두었던 애인을 황후에게 소개했다. 이때부터 뉴베르케르커는 예술계를 혼자 주물렀다.

마틸드 공주는 그림도 곧잘 그렸다. 공주도 살롱을 운영했는데 주로 보나파르트파의 사랑방이 되었다. 소설가 마르셀 프루스트도 드나들었다. 그의 장편 〈잃어버린 시간을 찾아서〉속에서 주인공 스완이 된 실물 샤를 하스, 또 노르푸아의 모델이 된 외교관 베네데티 백작을 여기에서 만났다.

뉴베르케르커 총감은 루브르 궁내 공관에서 예술계와 고급공무원, 외교관 등 각계 거물들과 매주 금요일마다 만찬을 즐겼다. 이른바 '루브르의 금요회' 모임이다. 한번 모임에 2, 3백 명이었으니 밥값이 얼마나 들었을까. 가난한 예술가들은 어떤 생각을 했을까.

만찬 자리는 정책을 선전하는 자리이기도 해서 문인들이 단골 초대손님이었고 페니실린으로 인류를 구한 파스퇴르 박사도 단골이었다. 신랄한 평론가 테오필 고티에는 그 자리가 "눈도장 찍는 자리였다. 정말 분위기가 개떡 같다"고 끌탕하면서 명사들이 '떼거지'로 몰려드는 밥상이라고 했다.

금요회 만찬에 여자들은 없었으며 남자들만 참석할 수 있었다. 식사하는 동안 악단과 배우들은 분위기를 띄우며 공연했다.

> 〈아베마리아〉의 작곡가 샤를 구노는 피아노를 쳤다. 여자가 낄 수 없는 자리라, 총감의 애인 마틸드 공주는 거실에 붙은 곁방에서 회식을 몰래 지켜보았다. 회식이 끝나면,

총감은 비위에 맞는 인물을 따로 불러 2차를 했다. 그 자리에서 예술품 구입이나 지원방법 등 중요한 결정을 내렸다.

총감은 이 모임을 순수한 문화친목회로 가장했다. 사실상 정계와 사회의 수많은 엘리트를 접하면서 측근과 황실을 지지하도록 관리했다. 물론 황제는 파리 북쪽의 콩피에뉴 궁전에서 (지금은 박물관이다) 마찬가지로 또 다른 '연찬'으로 인맥을 관리했다. (콩피에뉴 제2제정박물관 학예관 알랭 갈로앵)

프랑스와 일본의 수교

외제니 황후는 얼마나 활달했는지 만국박람회장(1867년)의 기구를 타고 올라가기도 했다. 발명되지 얼마 되지 않은 수소기구라 위험했겠지만 개의치 않고 그 위에서 넓은 박람회장을 내려다보며 좋아했다고 한다. 지금은 에펠탑이 서 있는 샹드마르스 광장은 혁명 기념일마다 전 국민이 모이는 곳이었다.

1867년의 파리 만국박람회는 제2제정이라는 '황금기'를 과시하는, 사상 유례 없는 식민지 박람회였다. 만국박람회는 현대화로 미개한 문명을 개화해야 한다면서 식민지 정복욕을 정당화했다. 철도와 전봇대를 세우고 운하를 뚫으면서 지구촌을 '황금시장'으로 개발하려는 사업가들이 앞장섰다.

귀스타브 에펠은 토목사업계의 신인으로서 '산업'을 주제로 했던 박람회장에서 가장 중요한 전시관이었던 기계관을 설계해 이름을 알렸다. 마치 고대 로마의 장군들이 너도나도 이웃 나라들로 쳐들어가 날강도짓을 하고 호사를 부리며 으스대던 시절과 비슷했다.

로마 장군들은 개선문을 세웠지만, 제2제정 사업가들은 박람회장을 지었다. 박람회장은 상품견본시장과 미술전시장이자 관광과 투자와 문화를 한데 엮은 구경거리였을 뿐만 아니라 강대국의 첨단과학과 식민지의 원시문명을 보여주는 커다란 놀이마당이었다. 박람회장은 요즘 백화점과 마찬가지다. 물건을 중심으로 어마어마한 '지상최대의 쇼'를 벌이는 무대로, 물신에게 바치는 거대한 제단이었다.

조직위원장 제롬 나폴레옹 왕자는 나폴레옹 1세의 막냇동생 제롬 보나파르트의 아들이다. 제롬 보나파르트는 나폴레옹제국 시대에 괴뢰국 베스트팔렌의 왕이었다. 제롬 보나파르트는 언어학자 롤랑 바르트가 에세이 〈카메라 루시다〉의 첫장에서 소개해 우리에게도 잘 알려졌다.

제롬 나폴레옹 왕자는 나폴레옹 1세의 친조카이자 나폴레옹 3세의 사촌형님이다. 두 사촌은 사이가 좋았는데 여자 문제에서는 비장하게 서로 모를 만큼 숨긴 채 은밀히 한 여자를 사랑했다. 당대 최고의 비극여배우 라셸 펠릭스를 두고 한 치의 양보 없는 대결을 벌였다. 거물은 스타를 좋아하는 법이다. 별을 달거나 따먹는 재미처럼 건방진 욕심을 채워주는 것이 어디 있을까! 자신이 별똥인 줄도 모르고, 혜성처럼 샛별을 싸고돌며 집어삼키기라도 했다는 듯

뿌듯해 할 텐데.

펠릭스 양은 일자무식이었지만 뛰어난 연기력으로 우둔한 사내들을 울렸다. 그녀는 결핵으로 단명했다. 펠릭스 양은 나폴레옹 1세의 조카들과 공허한 연애만 하지 않았다. 나폴레옹 1세의 사생아 발레스키 백작과 실속 있는 사랑으로 아들을 낳았다.

만국박람회장에서 많은 일이 벌어졌지만 특히 외교무대로서 중요했다. 정치인들과 각국 지도자들이 만나 한 잔 하면서 친선도 다지고 수작도 걸고, 나름대로 상대의 속내를 살피고 저울질 했다. 손님들은 빈손으로 오지 않았다.

기술자로서 나중에 사회학에 큰 영향을 준 뒤플레가 박람회 사무총장이었다. 그는 외교사절들이 들고 온 70여 개의 훈장을 받았다.

주최국 프랑스는 홈그라운드의 이점을 살리는 데 총력을 기울였다. 조만간 외교의 승리를 준비하는 전야제였다. 각종 공개, 비공개 파티가 넘쳤다.

은밀한 황실의 파티는 주로 '파티의 여왕' 보나파르트 가의 마틸드 공주와 외제니 황후가 손발을 맞추었다. 두 여걸은 많은 공주, 옹주, 시녀들을 이끌고 박람회의 취기를 더욱 달구었다. 아프리카에서 나온 다이어, 황금의 광채와 또 중국의 도자기, 인도와 아랍의 향신료에 취해.

외빈으로 누가 다녀갔을까?

"포르두갈 여왕, 스웨덴 왕자, 벨기에 국왕 부처, 러시아 황제, 터키 황제와 웨일즈 왕자, 바이에른 왕, 알제리 족장, 프로이센 왕, 일본의 왕자….”

수많은 사절단 가운데 일본전시장과 일본 대표단이 가장 눈길을 끌었다. 프랑스는 일본을 특별대우하며 구워삶았다. 프랑스는 일본 군대의 현대화를 도모해 신무기 시장으로 삼기 위해 일본과 군사협정을 맺고 군사고문단을 파견하기로 했다.

일본은 마지막 쇼군 도쿠가와 요시노부의 동생 도쿠가와 아키타케가 시미주 영주 자격으로 박람회장을 방문했다.

그 몇 해 전 최초의 일본 외교사절이 파리를 방문했지만 그때는 서로 인사만 했다. 일본이 서구화(메이지유신)에 돌입하면서 해외로 파견한 첫 번째 외교사절이다. 그러나 프랑스와 외교관계가 순조롭지는 않았는데 요코하마 개항을 요구했지만 일본은 선뜻 응하지 않았다.

일본은 박람회에 오키나와의 나하(那覇) 왕국의 예술과 전통 기술을 선보이고 한편에서는 무기와 방적기도 구입했다.

프랑스는 그해, 곧바로 쥘 샤누안을 단장으로 포병장교 쥘 브뤼네 등 17명의 장병으로 군사고문단을 요코하마로 보냈다. 프랑스 고문단은 일본에 들어간 첫 번째 외국군사고문단이었으며, 아마추어 화가였던 브뤼네는 쇼군 부대에 신식무기와 전술을 가르쳤다. 쇼군 도쿠가와 요시노부는 프랑스 군복을 입고 기념촬영을 했다.

그러나 프랑스와 도쿠가와 막부의 거래에 반대하는 세력이 들고 일어나 결국 1868년 ‘보신(戊辰)’ 내전(무진전쟁)이 터졌다. 프랑스는 일본 내전을 부채질한 셈이다.

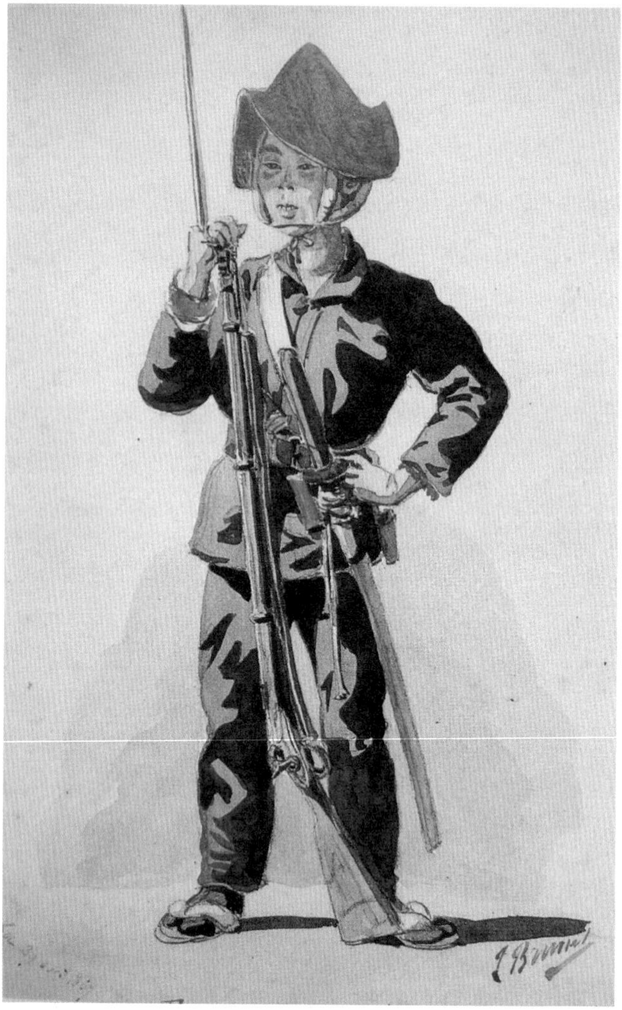

쥘 브뤼네 〈일본 쇼군 병사〉 1867년

이슬람 영웅 압델카데르

〈1860년 다마스쿠스 기독교도를 구하는 압델카데르〉
장바티스트 위스망스

화가 장바티스트 위스망스는 안트베르펜 출신이다. 오리엔트에 미친 화가들처럼 많은 그림을 현지에서 그렸다. 위스망스는 그리스, 오리엔트, 북아프리카를 두루 찾아다녔으며 특히 시리아 일대를 가장 좋아했다. 그 지역 주민을 위스망스처럼 우아하게 그린 화가는 드물다.

위스망스는 성서에서 말하는 모든 인물이 시리아에 고스란히 살아있다고 보았다. 물 깃는 여인, 어린 목동, 삶을 달관한 어른의 모습 등의 일상을 그렸으며, 다른 화가들처럼 선정적으로 과장하지 않았다. 그래서 그는 다마스쿠스 참사 소식을 듣고서도 종교적 갈등과 차별을 우습게 보았다. 모두 한 뿌리에서 나온 사람들이 왜 서로 증오하고 죽이는지 답답해했다. 그는 사태를 수습하러 프랑스에서 달려온 이슬람의 영웅을 그렸다. 알제리 영웅 압델카데르가 다시 한번 세계의 이목을 끈 장면이다.

1860년 시리아 다마스쿠스에서 폭동과 학살이 벌어졌을 때였다.

우선 사건의 배경을 보자.

이란과 터키는 수천 년 전 페르시아제국 때부터 바빌론과 아시리아와 정복지를 다루는 방법이 달랐다. 오토만제국은 소수민족에게 일정한 자치권을 인정했다. 거대한 제국을 통치할 때 지나친 핍박에 따른 반발을 두려워했기 때문에 정권을 보다 쉽게 유지하려는 유화책이다. 대학살을 겪은 아르메니아 민족과 지금도 독립운동을 하는 쿠르트 민족과 체첸 민족을 보면 터키의 관용이란 거물처럼 '폼'을 잡는 거짓말이다. 중국이 이웃나라를 야만족이라 부르며 거들먹거리던 것과 똑같다.

아무튼, 성서의 이야기 중에 엄연한 사실로 밝혀진 것이 있는데 바로 '바빌론 유수' 사건이다. 기원전 720년대에 이스라엘 부족들이 아시리아제국으로 끌려가 바빌론에서 노예로 살았다(열왕기). 그 부족을 바빌론에서는 사마리아 사람으로 불렀다. 사마리아 사람들은 나중에 풀려나 귀향했지만 일부는 그곳에 유대교당을 짓고 계속 눌러 살기도 했다. 그렇지만 이질적인 여러 민족은 시시때때로 갈등을 겪었다. 같은 민족도 지역이 다르다는 것만으로도 걸핏하면 미워하고 물어뜯고 싸우기 마련인데, 다른 민족끼리는 오죽할까. 1860년, 시리아에서 이런 싸움이 또다시 벌어졌다. 이번에는 이슬람교도가 마론족을 공격했다. 이슬람의 일파 드루즈족은 일벌레 같이 지상낙원을 일구겠다며 열심히 일하고 부를 쌓은 마론족을 시기했다. 시리아와 레바논에 모여 살던 드루즈족은 송아지를 숭배한다.

드루즈족은 이슬람 수니파 계열이다. 뉴욕의 9.11 테러리스트, 아프간의 탈레반, IS-이슬람국가의 활동가는 수니파다. 수니파는 소수과격파가 아니다. 이슬람 다수의 정통파인데 다만 활동가들이 테러리스트 소리를 듣는다.

드루즈족은 마론족을 잡아 죽이겠다고 나섰다. 마론족은 아시리아, 페니키안의 후예로 5세기부터 가톨릭으로 개종했다.

"저 개들 좀 봐! 오래전부터 일만 하고 재물만 쌓더니 하느님의 선민인 우리보다 부자가 되었어, 곧 막강해지겠지. 저들을 죽이고 재산을 뺏고 집들도 때려 부셔야 하지 않겠어!"

마치 수십 년 뒤 독일 나치당의 발언처럼 들리는 소리였다. 이 말대로 드루즈족은 팔을 걷어붙이고 광분하며 만행을 저질렀다. 다마스쿠스에 살던 마론족 1만여 명이 학살당했으며, 프랑스 영사관이 불타고 국기가 찢겼으며 기독교 유적이 파괴되었다.

8월, 베이루트 항에 프랑스 등의 병력 1만 5천이 상륙해 집결했다. 터키는 아흐메드 파샤를 다마스쿠스 시장(베이루트 총독 겸임)으로 새로 임명하고 수습에 나섰다.

베이루트로 피신한 기독교 난민은 더위 속에 비참하게 지냈다. 영국, 터키, 프랑스 모두 새로운 충돌을 방지할 평화유지군 노릇을 했다. 신임 시장은 앞서 크리미아 전쟁 때 기독교 연합함대 앞에서 적의 기를 죽이려고 거침없이 행동했던 잔인한 인물로 자기 부하 수십 명을 죽여 갑판에 내세웠다! 그래서 이런 짓을 연합군 지휘관

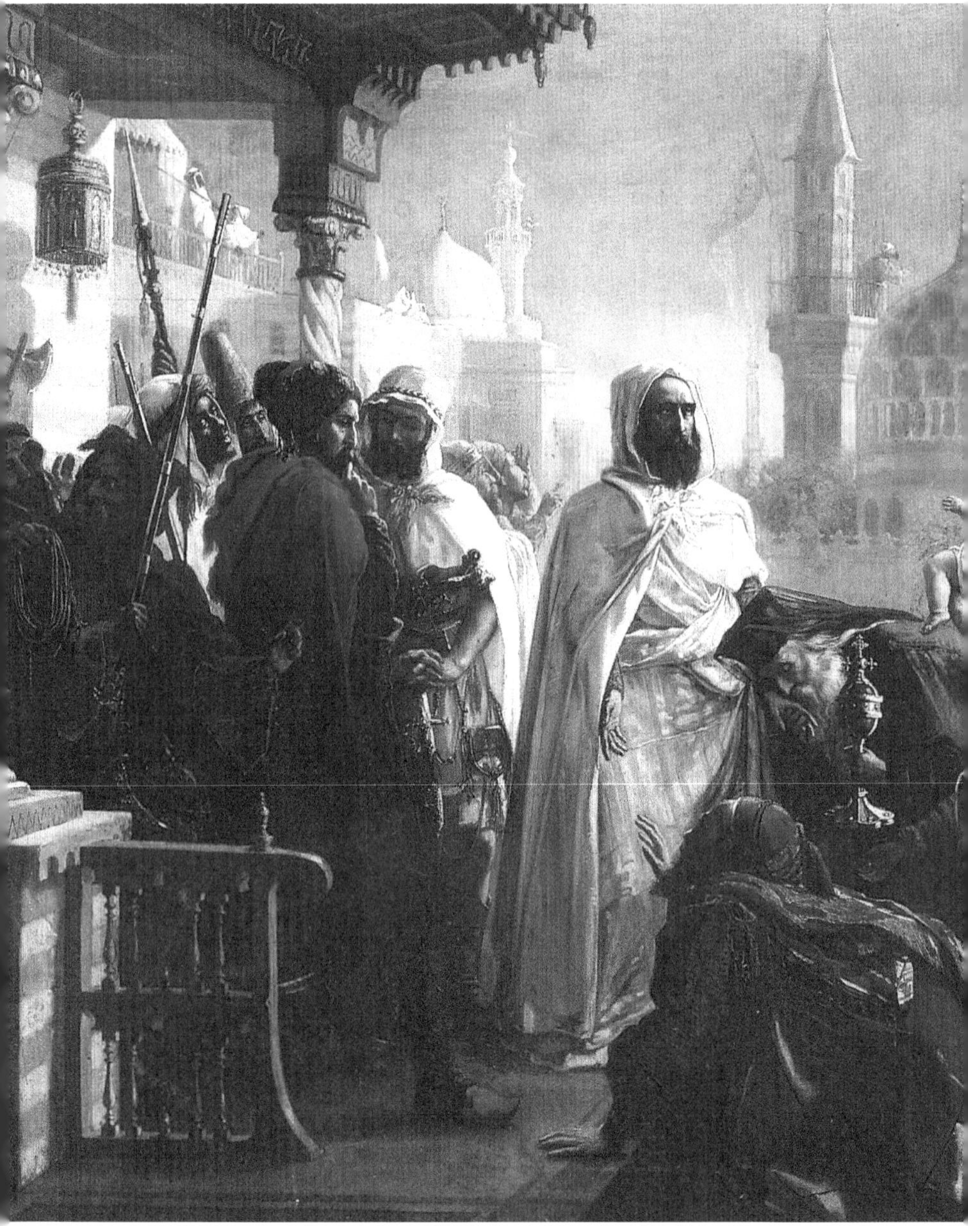

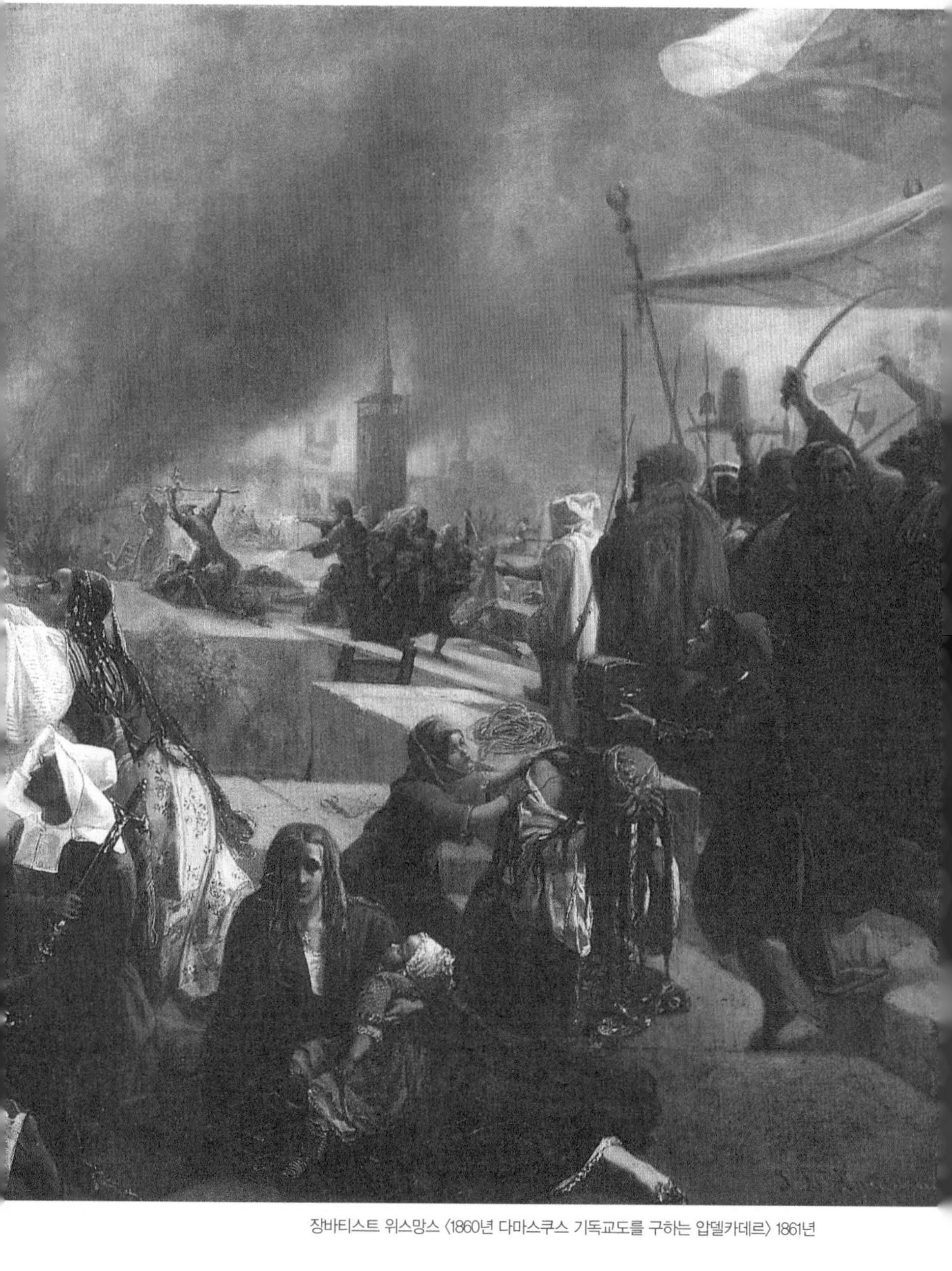

장바티스트 위스망스 〈1860년 다마스쿠스 기독교도를 구하는 압델카데르〉 1861년

들은 '터키 취미'라고 비아냥대기도 했다. 그러나 이미 양측에서 많은 희생자가 났던 마당이다. 주민들은 이를 갈며 "개들을 잡아 죽이자"고 흥분을 가라앉히지 않아 공포가 만연했다.

프랑스 고고학자 바티스탱 푸줄라가 마침 사건 현장을 목격했다. 그 해 8월, 푸줄라는 6백여 년 전 십자군이 주둔했던 시리아를 프랑스 병력 일부와 함께 답사 중이었다. 보병 500여 명이 승선한 민간 범선 '보리스텐' 호를 타고 알렉산드리아 항에서 육로를 통해 시리아로 들어갈 예정이었다. 그 선상에 종교인, 민간인, 영국이 개업한 오토만 은행장과 영국 상인이 섞여 있었다. 마론 신도들은 알렉산드리아 항구에 피신해 있었다. 알렉산드리아의 이집트 총독은 난민이 된 마론족 사제 일행과 여러 부족장에게 과거 사용하던 궁을 내주며 예우했다.

푸줄라는 오토만제국 역사가였기에 뛰어난 이슬람 사람의 재능으로 일군 찬란한 세계가 피로 물드는 것을 진심으로 슬퍼했다. 푸줄라가 승선한 배는 중간에 말타 섬에 기항했다. 그러나 "병사들은 민간복장으로 상륙하도록 했다. 2백 년 이상 터키와 싸우며 살아온 주민들은 시리아 사태에 흥분하고 있어 군복을 보고 복수극이라도 벌인다면, 항구에 주둔한 영국군을 자극할 수도 있기" 때문이었다.

먼저, 그 해 봄, 레바논에서 두 주민 간에 싸움이 붙었다. 레바논은 터키의 오토만제국 치하에 있었다. 유혈사태는 시리아로 번졌지만 오토만제국 당국은 사태를 해결하지 못했다. 너무 걷잡을 수 없어 차라리 수수방관하는 사이, 터키는 기독교 강대국들이 호시탐탐 자기 제국을 무너뜨리려 한다고 의심해 극도로 긴장하고 있었다.

터키가 지배하는 지역에서 여러 기독교 민족은 항상 문젯거리였다. 터키제국 내의 아르메니아, 마론, 이탈리아 계 등 기독교 주민이 금전문제로 이슬람교도와 유혈충돌을 일으킬 때마다, 프랑스를 비롯해 영국, 프로이센, 오스트리아 또 러시아까지 개입하면서 터키의 주도권을 위협했기 때문이다. 그래서 터키 지배층에서는 언제든 때가 된다면, "모든 기독교도를 발본색원해 장차 화근을 예방하려고" 했다. 과장된 면이 있는 기독교 측의 주장이다. 아무튼 서구 열강은 이렇게 전망하면서 터키의 정치를 '야만적'이라고 비난했다. 이런 뿌리 깊은 오해에 터키 사람들은 자존심을 상해하면서 관대한 정치를 하는 데도 편협한 기독교도가 험담한다고 생각했다.

오해했다는 터키 사람은 어떤 성격이기에 그랬을까. 철학자의 말을 들어보자.

> 터키 사람들은 유럽과 중동의 역사에서 가장 순수하고 위풍당당한 영주 같은 민족이다. 이들은 헝가리의 마자르 족보다 더욱 당당했다. 지배자의 기질만 타고 났다. 고대 이집트에서 현대 독일까지 지배자 기질의 인간은 힘든 일을 하기 싫어했다. 노동보다 더 나은 것을 할 수 있다면, 다른 사람에게 일을 시키려는 해묵은 본능 때문에 게으를 수밖에 없었다. 이런 의미에서 영국인도 게으르다. 터키 사람도(현재까지는) 어떤 일도 하기 싫어한다. 농부와 군인처럼

일을 고귀하게 생각하는 사람들만 예외다. 그렇다고 대영주로서 한가한 시간을 얻을만한 제도도 없었다. (…)

정부는 형식적으로 거의 고관들이 주물렀다. 매우 유능한 관리들이다. 유능한 관리가 뽑힌 것은 터키 사람이 사람을 보는 눈이 뛰어나기 때문이다. 터키제국은 언제나 인치(人治)에 의존했다. 그 바탕은 '인간의 이해'였다. 있는 그대로 인간을 이해하려고 했다. 개인들이 거리를 유지하고 서로 이해했던 것도 중요한 통치술이었다. 자유에 특히 이 원리를 응용했다. 소소한 사건에 일일이 관여하며 자질구레한 제도로 간섭하지 않을 만큼 자유로웠다. 기본적으로 터키 사람들은 지배자로서 영국 사람보다 훨씬 통이 컸다. 동양적 생활방식에 따른 관용이다. 그런데 이런 너그러움은 거지, 마부, 탁발승 같은 사람의 자유일 뿐, '현대인'의 자유는 아니다. 전제정권의 치안을 위협하지 않는 한 허용되는 자유다. 이런 지배적 성격이 터키 사람들의 진정한 본질이다. (…)

최상의 터키 사람이라면 적당한 거리를 두고 인간과 사물을 본다. 돈이 전부가 아니며 사회적 지위를 자부하는 사람이 아니다. 이런 사람은 친한 척하면서 돈을 밝히는 그리스 사람이나, 촌스런 불가리아 사람, 무뚝뚝한 루마니아 사람, 나약한 이집트 사람, 공상적인 아랍 사람보다 절대적 우월감을 느낄 것이다. (카이저를링, 〈유럽의 해부〉)

푸줄라는 학살사태의 배후를 터키 당국으로 보았다. 터키 총독이 광신도를 조종했다고 믿으면서 한편으로는 영국의 태도를 괘씸해했다. 프랑스는 오래전부터 레바논과 시리아를 기독교의 요람으로 지켜야한다고 느꼈다. 그런데 기독교도가 박해 받는데도 영국은 점잔을 부리며 응징에 나서려 하지 않고 오히려 터키제국의 환심을 얻어, 그 넓은 시장에서 물건을 팔 궁리만 했다. 어리숙할 정도로 신앙과 의리를 철썩 같이 믿는 독일과 프랑스 사람들이 영국인을 교활한 섬사람이라든가 위선자라고 경멸할 만했다. 뻔한 사태가 터졌는데도 영국 사람들은 변함없는 이중적 태도를 보였기 때문이다. 즉, 대외정책에서 미적대듯 하다가도 유리한 틈만 생기면 즉시 달려드는 기질이다. 프랑스 사람들에게 명분과 실리는 하나일 뿐이지만 영국 사람들은 별개로 생각한다. "뜻은 뜻이고, 하늘의 섭리이든, 인간적 의미이든 현실은 현실일 뿐"이라고 속편하게 생각한다.

푸줄라는 알렉산드리아에서 만난 난민처녀에게 또 다른 증언을 들었다. 드루즈족은 여자들에게 망동을 하지 않았다고 했다. 처녀의 어머니에게 숨겨둔 돈을 내놓으라고 협박했지만 거세게 저항하자 그냥 돌아갔다고 한다. 처녀는 터키군인을 비롯한 다른 이슬람교도에게 온갖 추행을 당했다며 "악마 같다"고 치를 떨었다.

프랑스 정부는 급히 프랑스에 있던 이슬람 영웅 압델카데르에게 도움을 청했다. 압델카데르는 시리아로 달려가 이슬람 난동자들을 설득해 마론족 12000명을 구했다.

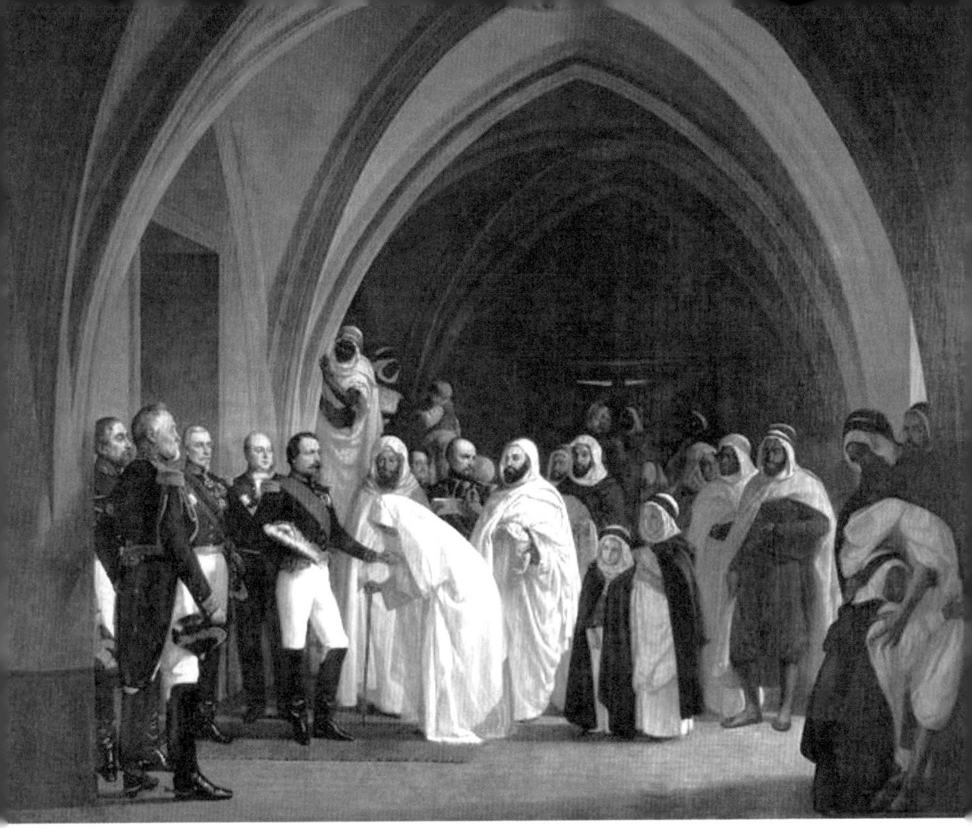

앙주 티시에 〈압델카데르를 석방하는 나폴레옹 3세〉 1861년

"압뎁카데르는 장총 1200점을 구입해 난리에 대비했다. 이슬람 주민들은 시내 곳곳의 카페에 모여 대책을 논의했다. 그들 중 무시무시한 과격파는 기독교도가 피신한 수도원과 집들을 찾아다니며 무사하지 못할 것이라고 협박했다. 시내에는 맹견들이 돌아다녔다. 개들은 '프랑스 영사', '러시아 영사', '오스트리아 영사' 등의 이름이 적힌 나무십자가 목걸이를 하고 있었다. 영국만 이런 모욕을 면했다. 드루즈족은 난리 때 영국 영사관을 찾아갔다가 '우방'이라며 공격하지 않았다. (푸줄라)"

영국은 이런 수습을 개입이라며 반대했다. 터키의 눈치를 보다가 마지못해 프랑스군의 파병(6천 또는 7천 명이라고 한다. 확실한 공식자료가 없다)을 모른 체했다.

뒷짐을 지고 있었다고 배후조종 혐의가 벗겨지지는 않는다. 프랑스가 '세계 이스라엘 민족연맹'을 파리에서 만들어 이슬람을 자극했다고도 한다. 여러 음모론이 터져 나왔고 열강은 터키가 이런 분란에 어떻게 대응하는지도 지켜보았지만, 분명한 배후와 진상은 끝내 밝혀지지 않았다. 밝혀진 것이라면 희생자들이 생명과 재산을 잃었다는 사실뿐이다.

다마스쿠스의 알제리 주민들은 이슬람교도였지만 기독교도를 숨겨주고 이슬람 광신도를 잡아 죽였다. 이렇게 피를 좀 더 흘리고 나서야 사건은 수습되었다. 하지만 이때부터 오리엔트의 많은 기독교도가 유럽, 아프리카, 신대륙으로 이민을 떠났다.

완전한 인간 이븐 아라비

사태가 진정되고 나서 압델카데르는 며칠간 정신적 스승으로 섬기고 신처럼 숭배하는 이븐 아라비(1165–1240)의 묘소를 찾아 참회하고, 기도하고 단식도 했다. 이븐 아라비는 '플라톤의 아들'이라는 신학자로 이슬람 형이상학의 기둥이다.

이븐 아라비는 "늙은이들은 '보수꼴통'이다", "아무 생각 없는 '좀비'처럼 무능한 대통령에 표를 던졌다"거나, "원로들은 막후에서 파

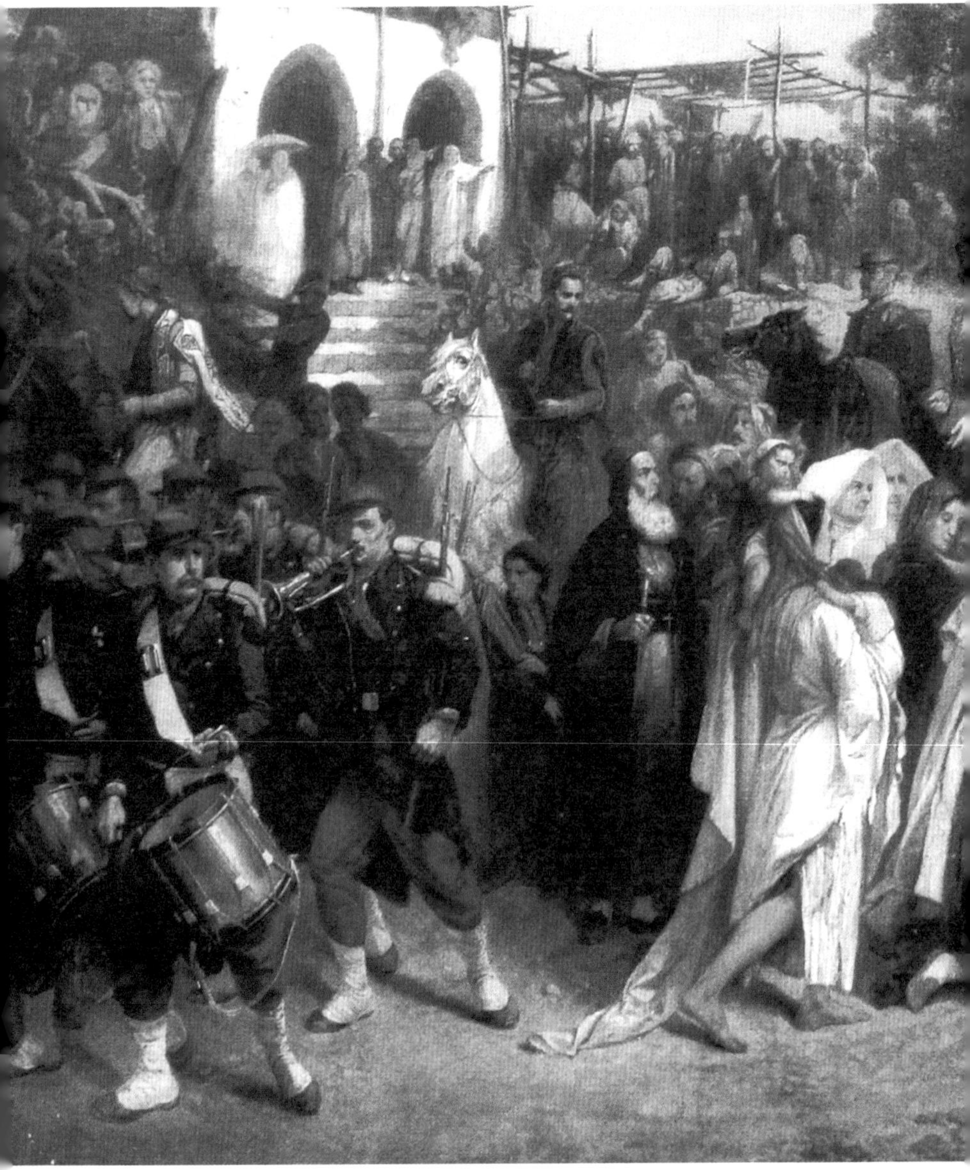

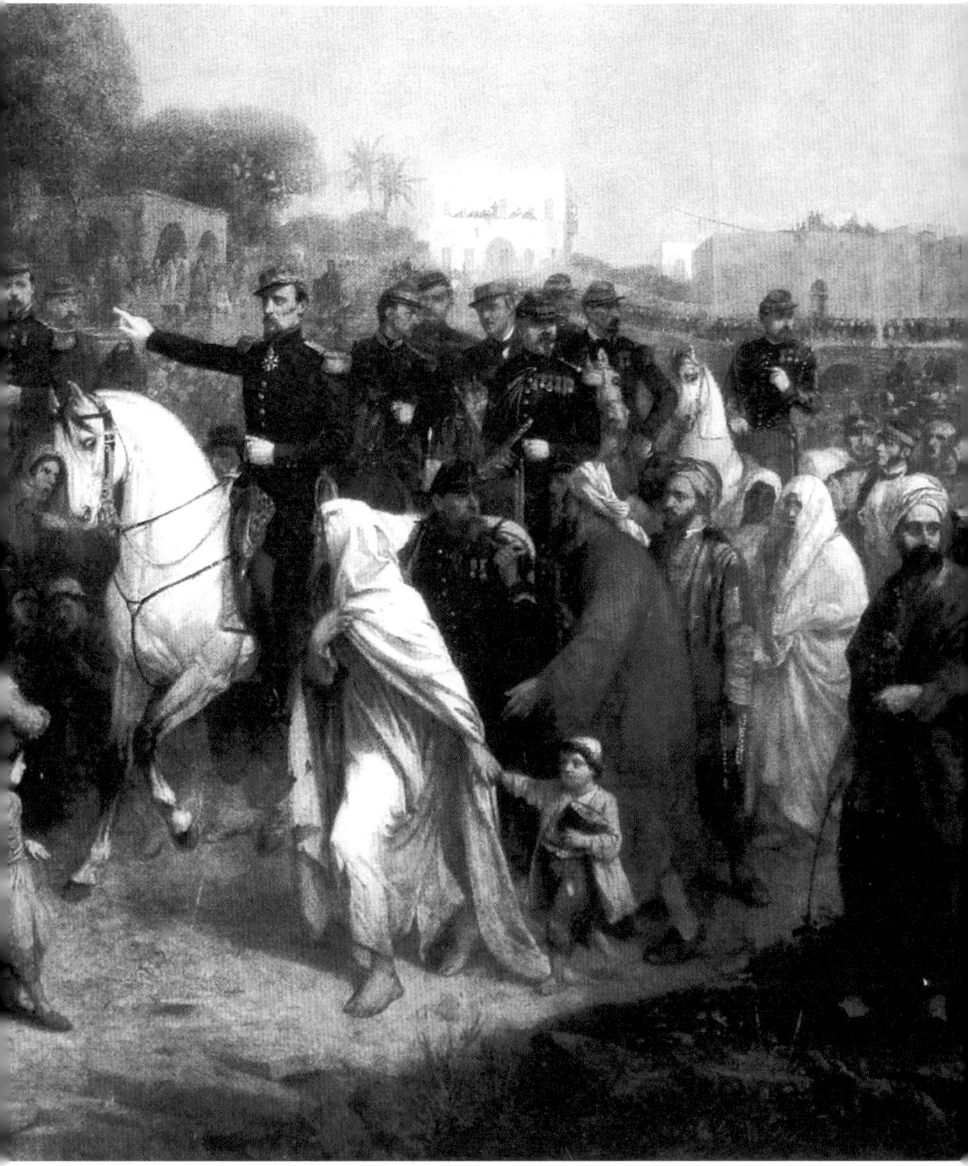

장아돌프 보세 〈1860년 8월 16일 베이루트에 상륙한 프랑스 원정대〉 1870년경

렴치한 음모나 꾸미면서 나라를 망친다"는 소리나 듣는 요즘의 우리나라에서 그리워할 만한 인물이다.

이븐 아라비는 거의 하느님처럼 '완전한 인간'이 되었다고 추앙받는다. 이탈리아 문인 단테의 〈신곡〉은 이븐 아라비의 영향을 받았다고도 한다. 그럼직한 주장이다. 기독교 성경도 바빌로니아의 고대 신화에서 창세기를 비롯한 줄거리 대부분을 모방했다. 이븐 아라비는 이런 말씀을 남겼다.

"누구나 길을 간다, 그렇다고 누구나 여행자는 아니다."

인도차이나의 식민화

〈1840년 12월 8일 셰르부르 앞바다에 도착한 나폴레옹 1세 유해〉
레옹 모렐 파티오

프랑스 애국시민 대부분은 식민지 개척에 열광했다. 화가 레옹 모렐 파티오도 마찬가지였다. 파티오는 1870년 프로이센 군대가 파리 시내로 쳐들어오는 것을 보고 분을 못 이겨 심장마비로 사망했다. 박물관 민속해양부 부장이었던 그는 루브르 박물관의 집무실 테라스에서 쓰러졌다.

어떻게 이렇게 분통을 터트릴 수 있었을까. 예술가라면 국가와 권력을 조롱하고 자유를 믿는 법 아닌가. 자유로운 개인의 신념만 믿는 사람들 아니었나?

그러나 19세기에 프랑스제국에서는 많은 예술가가 애국자가 되었다. 정부에서 '조국의 영광'을 드높이는 예술가들을 장려하는 한편 1830년부터 임명직으로 '종신 해군화가' 제도를 도입했다. 보통 수 명에서 수십 명으로 인원은 매년 달라졌다. 해군화가는 2세기 넘도록 1960년대까지 유지되었는데, 모렐 파티오는 1854년에 해군화

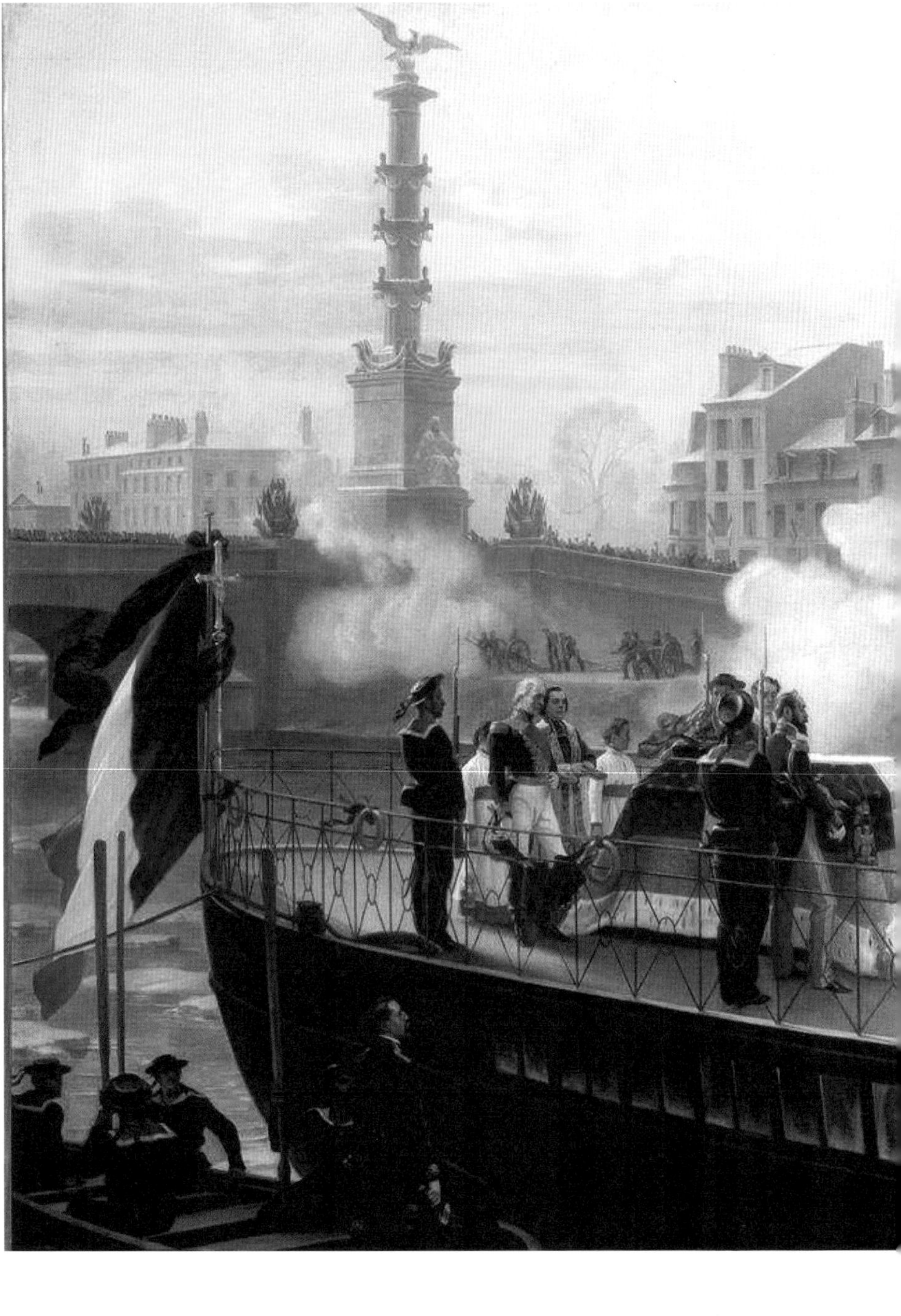

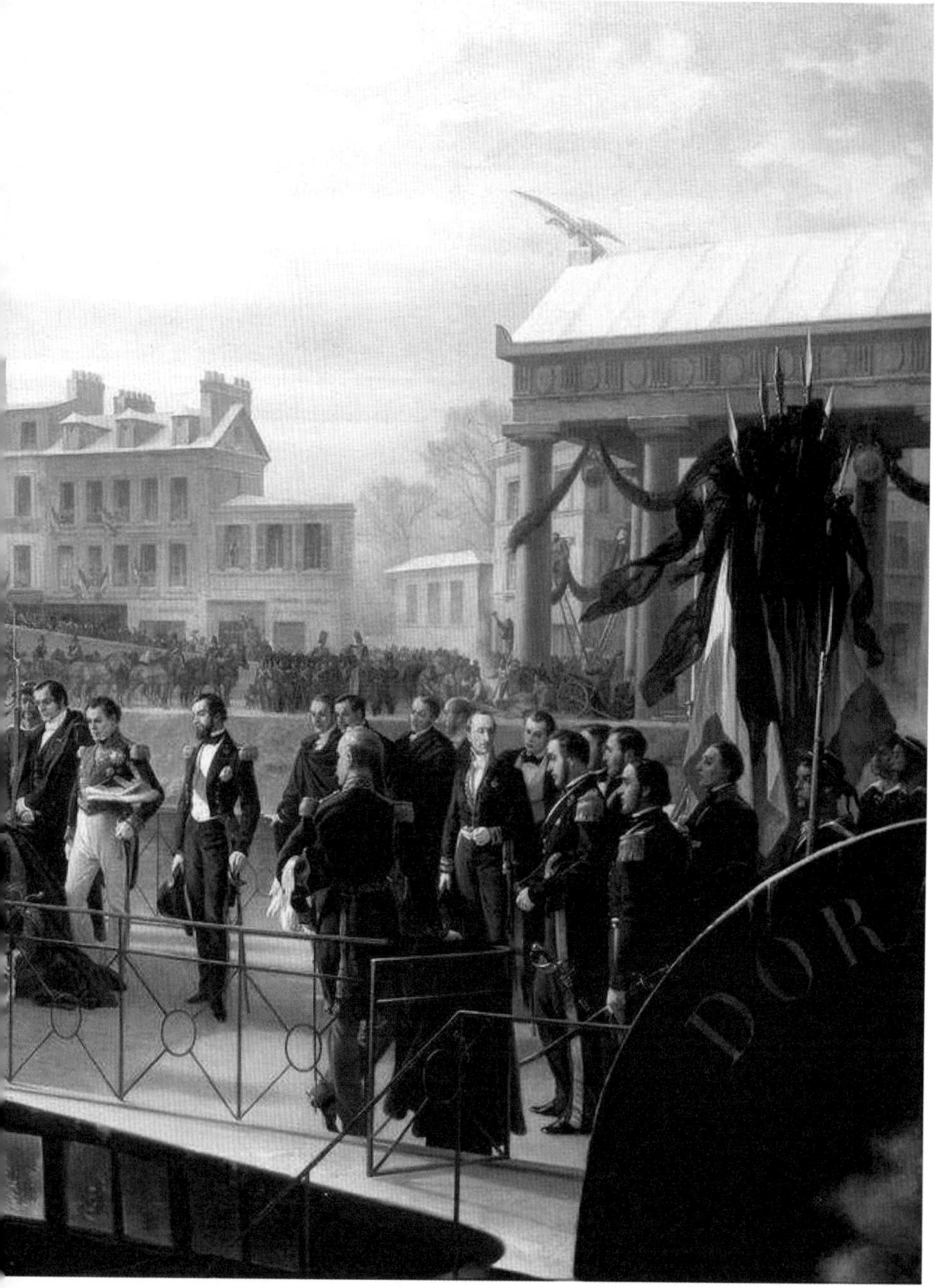

펠릭스 필리포토 〈1840년 12월 14일 파리 근교에 도착한 나폴레옹1세 유해 운구함 '도라드' 호〉 1867년

가로 입대했다. 해군화가는 해군함정에 언제든 승선할 수 있으며 제복을 입을 수 있고, 작품은 국방부에서 소장했다. 화가들의 임기는 3년인데 4차례 역임해야 해군의 종신화가가 된다.

모렐 파티오는 일찍부터 보나파르트 가문에 충성했다. 1840년 오랫동안 대서양의 세인트헬레나 섬에서 영국의 모욕을 받으며 돌아오지 못하던 나폴레옹 1세의 유해가 마침내 고국으로 돌아오게 된다. 파티오는 황제의 유해를 실은 '라 벨 풀' 함선이 셰르부르 항구로 들어오는 엄숙한 모습을 그렸다. 같은 주제를 여러 화가들이 그렸다. 각 정파마다 영웅을 그리워하는 민심에 아부하려고 국내외 화가들을 동원했다. 화가들은 셰르부르 항구와 파리 부두에서 진행된 하선행사를 그렸다. 나폴레옹 1세 사후 20년 만이다.

정부에서는 비운으로 떠난 황제의 관을 붙잡고 권력 강화를 노렸는데 바로 유해송환은 여론과 국론을 수습할 중요한 수단이었다. 바야흐로 나폴레옹의 '유훈통치'가 시작되는 모양이었다. 마치 김일성, 김정일 부자가 박제되어 유리관 속에 누운 채 죽어서도 인민에게 겁을 주며 숭배 받으려는 꼴이나 다름없다.

나폴레옹 1세의 유해는 파리 시내 주프랑스 한국대사관 옆의 둥근 황금지붕을 덮은 원호병원 〈앵발리드〉에 안치되었다. 원호병원은 오늘날에는 군사박물관이 되었다. 라 벨 풀 호가 셰르부르 항에 내려놓은 유해는 다시 '도라드' 호에 실려 루앙 항을 거치고 센 강을 거슬러 올라 원호병원으로 들어갔다. 셰르부르 항구는 영국의 침공에 대비하는 가장 중요한 군항이다. 우리나라에 와서 병인양요를 일으켰던 로즈 제독의 극동함대가 출항한 기지다.

장군의 출세법

모렐 파티오는 유해 귀환식을 그리기 십 년 전에는 알제리를 포격하는 함대를 그렸다. 그 뒤 아시아 식민지로 건너가 해군의 활약상을 그렸는데 〈사이공 요새 공략〉도 그때의 작품이다.

프랑스는 샤를 리고 드 주누이이 제독(1807-1873)의 전함으로 사이공의 지아딘 성(嘉定城)을 포격했다. 별 모양으로 지은 특이한 요새축성방법을 따른 지아딘 성은 일찍이 프랑스 공병대가 쌓은 요새에 둘러싸여 있었다. 베트남에서 외적의 침입을 막아주겠다면서 요새를 지어줄 때가 언제였나? 자신들이 가장 존경하는 장군의 전통을 따라 쌓은 요새를 공격하고, 자신들이 곧 외세임을 이처럼 멋지게 증명한 역설이 또 있을까?

주누이이 제독은 무공을 쌓아 진급하려는 데 혈안이 된 장군들과 같은 행태를 보였고 결국 소원성취를 했다. 제독은 사이공을 포격하고 귀국해 해군장관으로 승진했다. 주누이이가 제독 시절 직속상관이던 해군장관에게 보낸 편지가 남아 있다. 해군에서조차 "제독이 황후의 '빽'만 믿고 야심을 부리며 아무데나 포를 쏘아댄다"는 비난이 일었다. 주누이이는 이렇게 변명했다.

"제가 사이공을 잡고 있는데 한 발짝도 물러설 수야 없지 않겠습니까. 두 번 다시 잡을 필요가 없어야지요. 제가 사이공을 프랑스에 바쳤는데…."

제독은 사이공을 폭격하기 전부터 중국해와 동남아 왕국들을 위협하며 중형전함 라 빅토리외즈 호를 몰고 다녔다. 제독은 원래 중국해 원정에 나선 길이었는데 전과를 올리려는 성급한 욕심을 참지 못하고 그 길에 베트남부터 치기로 했다.

1858년, 제독의 함대가 투란(지금의 다낭) 앞바다에 정박했다. 그곳에서 베트남 투 둑 황제에게 최후통첩으로 협박했지만 아무 답이 없자 제독은 수도 '후에'로 돌격했다가 병력과 보급이 부족해 물러났다. 그러면서 더 남쪽의 쌀 곡창 지대로 방향을 돌려 결국 2월 17일 사이공을 점령했다. 이런 선제공격에 발끈한 다른 열강들은 베트남 황실을 꼬드이며 "황제께서 어찌 보고만 계시겠나이까?"라며 반격하라 부추겼다.

인종편견이 심한 어떤 인류학자는 이런 식으로 말했다.

> 아시아는 아주 먹음직스런 요리다. 하지만 그것을 먹는 사람은 중독된다.(1859년, 아르튀르 드 고비노 〈아시아에서 지낸 3년〉)

프랑스는 아시아를 탐내면서도 내심 두려워했다. 따라서 그런 곳을 선제공격한다면 꽤 '맹장' 소리를 들을 만했다. 비대한 몸집의 주누이이 제독은 사이공 점령 후, 더위에 지쳐 귀국해 버리고 신임함장은 사이공을 프랑스 항구로 선포하고 800여 병력으로 요새를 지켰다. 또 마닐라에 있던 구티에레즈 스페인해군 병력에 원군을 청해 놓고는 나머지 병력을 이끌고 다시 중국과 전쟁에 나섰다. 사이공은 거의 1년 동안 베트남군의 반격을 받다가 프랑스 해군은 지원

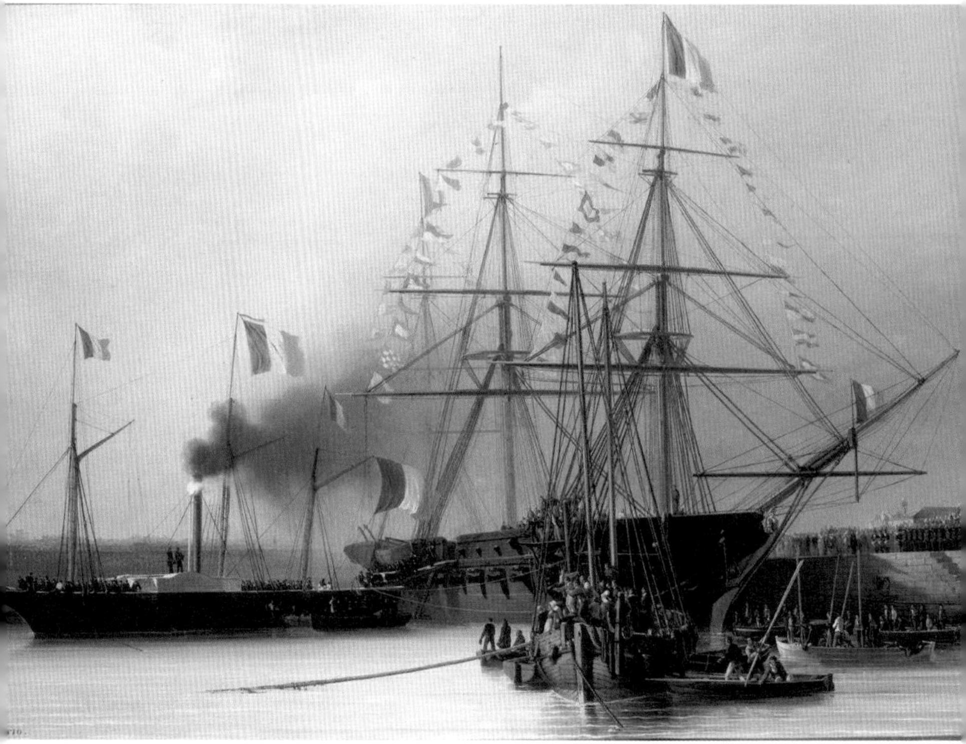

레옹 모렐 파티오 〈1840년 12월 8일 셰르부르 앞바다에 도착한 나폴레옹 1세 유해〉 1841년

함대가 도착해서야 살아났다.

앞에서 말했듯 사이공에 참전했던 장군들은 귀국해 곧장 정계에 뛰어들었다. 외제니 황후의 측근 배후세력은 작전의 적법성이나 공과를 따지지도 않고 주누이이를 해군장관에 앉혔다.

요즘 비례대표가 그렇듯, 장군들은 논공행상에 따라 황후의 은덕에 감지덕지하며 상원위원에 오르거나, 지방관청장으로 낙하산을 타고 내려갔다. 그랬다가 대부분 타국에서 망명객으로 여생을 마친

다거나 정권이 바뀌기 무섭게 역적으로 지목되어 영국, 스페인으로 동맹국, 적국 가리지 않고 도망쳤다.

이런 장군들은 대혁명 때 마리 앙투아네트 왕비가 프랑스의 적국이던 친정 오스트리아와 내통하는 간신배에 둘러싸여 있다가 비참한 최후를 맞았다는 사실을 너무 쉽게 잊었다. 외제니 황후도 친정 스페인에 우호적인 장군들을 비호하며 그들을 사나운 충견으로 키워 거느렸다. 어느 나라에서나 외척은 배신자나 매국노로 쉽게 변신한다.

주누이이 제독은 은퇴하고 나서 재산을 기증해 해양조난구조단 설립에 이바지해 체면을 세웠다. 우리 해군 중에 누가 이런 일을 했을까. 장성들이 비리로 구속되어 국민들의 질타를 받는 것도 모자라 심지어 임진왜란 때의 충무공 함대의 대포를 바다 속에서 찾아냈다는 사기극을 벌이기도 했다(1992년 별황자총통 발굴조작사건).

베트남을 침공한 '빅토리외즈' 호는 우리와도 인연이 있다. 라피에르 함장이 1847년 8월 10일, 전라도 앞바다에서 좌초하고 돌아간 적이 있다. 영국군의 해도를 잘못 읽는 바람에 암초에 걸렸다가 영국 함선의 구조를 받았다. 영국은 병주고 약주며 황해에서도 프랑스를 골탕 먹였다. 사실 그의 배 한 척만 온 것은 아니다. 빅토리외즈 호는 라 사빈 호와 함께 기함 라 클레오파트라 호를 호위했다. 함대는 사실, 가톨릭 선교사 여럿을 조선에 상륙시키려는 밀명을 띠고 들어왔었다. 선교사 교대를 위해 내려주고 태우는 접선 임무였다는 주장도 있다. 그 20년 뒤 프랑스 해군은 다시 돌아와 병인양요를 일으켰으며 선교사들은 20세기 초까지도 군함을 이용해 이동했다.

훗날 라피에르 함장은 임무에 실패하고 영국에 망신을 당한 사건을 변명했다.

"앞으로, 프랑스 사람이 조선에서 붙들린다면, 베이징으로 돌려보내도록 해야 합니다. 그렇지 않으면, 엄청난 재앙을 겪을 테니…."

인도차이나의 탄생

1867년, 프랑스는 메콩 강을 거슬러 윈난 성으로 진출하려 했다. 그러나 상류로 항해할 수 없다는 것을 알았다. 그런데 1871년 모험가 장 뒤퓌가 북쪽의 홍하를 통한 윈난 성 접근 루트를 발견했다. '붉은 강' 홍하는 중국 윈난 성에서 하노이 삼각주를 적시며 통킹 만으로 흘러든다. 프랑스는 즉시 중국 진출의 교두보를 확보하려고 통킹 만 일대, 즉 하노이 등지를 공격했다. 이 1873년 11월의 사건으로 중국과 프랑스는 전쟁을 벌이게 되었다. 프랑스 해군의 통킹 원정으로 베트남은 남북 모두 프랑스의 '인도차이나' 보호령, 즉 식민지가 되었다.

베트남은 프랑스의 강압에 사이공에서 1874년 3월, '제2차 사이공 조약'이라는 불평등조약을 체결하였다. 명분은 그럴듯하여 천주교 선교의 자유와 하노이 항의 개항 등을 골자로 한 조약이다.

"프랑스는 베트남을 독립국으로 승인한다."고 했다. 누가 누구를 승인한다는 말인가? 베트남은 수천 년 전부터 독립국이었지만 이런 조항은 중국에게 간섭하지 말라는 경고였다. 프랑스는 이렇게 외곽에서 중국을 옥죄면서 사실상 베트남은 프랑스 식민지가 되었다.

그러나 베트남 황제는 '바지 사장' 노릇만 하지 않았다. 공공연히 홍강 유역으로 중국 군벌을 끌어들였다. 초대 민간총독 샤를 드 빌레르는 1882년 4월 27일에 하노이를 점령하고 중국과 본격적인 힘겨루기에 들어갔다(오귀스트 파비 〈통킹 정복의 전제조건〉(1872-1874)).

응우옌 왕조(阮王朝)와 청 왕조를 제압한 프랑스는 인도차이나 식민지를 셋으로 분할했다. 응우옌 왕조가 통일했던 베트남을 갈라놓고 이간질했다. 베트남 북부는 홍하 삼각주를 둘러싼 하노이 지방으로 서양에서 통킹 만의 이름을 본따 통킹이라 부른다. 안남은 응우옌 왕조의 수도 후에를 중심으로 하는 중부지역이다. 남부 사이공 지역은 코친차이나로 불렀다. 강인한 나라를 지배할 때 즐겨 써먹는 수법으로 중국에 항상 완강히 저항하던 우리나라와 베트남은 제국세력에 의해 똑같은 분단의 시련을 겪었다. 그러나 위대한 베트남 국민은 다시 통일했다. 얼마나 지옥 같은 세월을 견딘 통일인가. 하지만 우리의 시련은 아직도 끝나지 않았다.

그 10년 뒤 인도차이나 반도

1870년 프랑스는 프로이센에 패배해 굴욕을 당했다. 많은 젊은

이가 패전에 이어 곧바로 터진 파리코뮌 민중혁명의 혼란기에 낭패한 심정을 만회하려 했다. 청년들은 정부의 지원으로 동남아시아로 떠나 베트남과 메콩 강 유역의 라오스, 캄보디아, 중국 남부 오지로 들어갔다. 청년들은 해병으로 입대하거나 무기밀매를 하고, 우편통신 기술자로 일했다. 어쨌든 모두 맹목적 애국심을 불태우며 프로이센에 패배한 데 대한 분풀이를 해댔다.

인도차이나에서는 가톨릭 사제들이 선교활동을 했다. 청년들은 공화파든 가톨릭 신자든 신념과 상관없이 동포로서 협력했다. 또 인도차이나 내륙에서 중국과 더 멀리 히말라야로 이어지는 험로에서 개척자 행세를 했다. 수집한 정보를 학계로 보내 인류학자나 고고학자 소리를 듣기도 했다.

청년들은 '홍하' 계곡을 파고들었다. 1870년대 초, 청나라는 태평천국의 난의 후유증으로 혼란이 극심했다. 중국인이 무시하던 묘족을 비롯한 여러 산악족(귀주성 지역)도 청나라를 괴롭혔다(1854-1873).

그러나 더욱 거센 둥간(東干)혁명까지 터졌다. 윈난성 후이후이족(回族) 즉 이슬람교도가 독립운동에 나서 '평남국(平南國)'이라며 행복한 남쪽 나라를 세우고 10년쯤 청나라를 무시하고 살았다. 술탄 술라이만이 지도자였다. 중국 사람들은 '두문수(杜文秀)의 난' 이라고 부른다. 술라이만의 중국 이름이 두문수이기 때문이다.

청나라는 1871년부터 반격에 나섰다. 영국은 술탄이 도와달라고 했지만 응하지 않은 반면, 프랑스는 청나라에 포병대를 지원했다. 대부분 농민이던 이슬람 용사들이 반달칼을 휘두르며 용감히 싸운

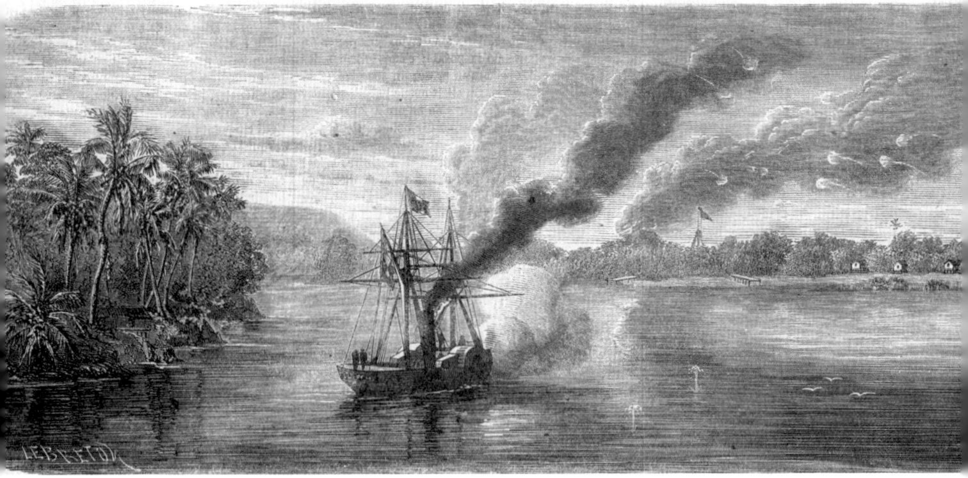

들 프랑스 대포 앞에서는 추풍낙엽이었다. 인디아나 존스 박사의 총 앞에서 칼춤을 추다가 쓰러지는 아랍 무사 꼴이었다. 물론 술탄의 저항도 만만치 않아 청군도 2만여 명이 전사했다. 이런 식으로 가톨릭국가 프랑스는 소수민족 무슬림에게 항상 적대적이었다.

"패배한 술탄의 수급은 '꿀에 절여' 베이징 황국으로 보냈다. 그 뒤 청군은 윈난 성 이슬람 주민을 백만 명 가까이 학살했다."(데이빗 애트웰)

"태평한 남쪽나라"를 잃은 둥간 사람들은 텐산(天山)을 넘어 러시아로 이주했다. 1877년과 78년으로 넘어가던 그 해 겨울은 유난히 혹독했다. 산시성의 70만 내지 80만의 이슬람 공동체는 단 10년 만에 2–3만 명으로 줄었다.

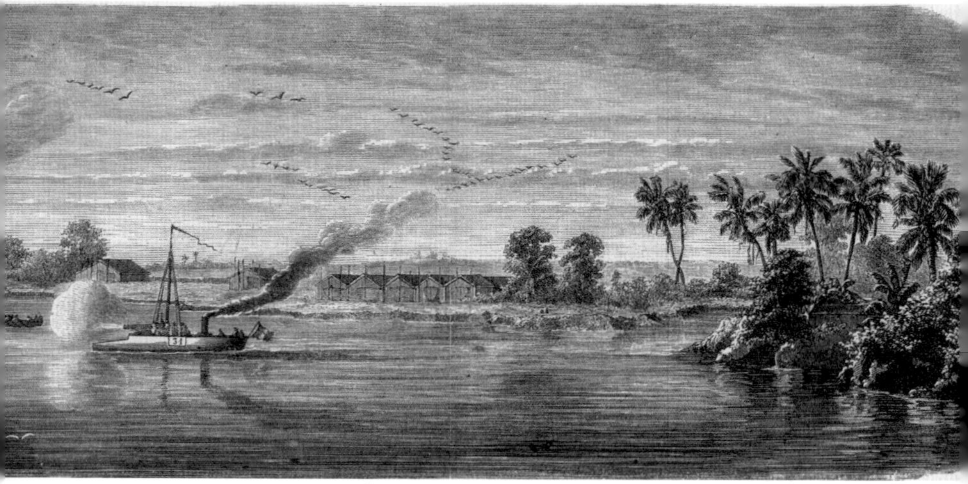

루이 르브르통 〈1861년 12월 18일 보나르 함대의 베트남 비엔 하오 공격〉 1862년

"1648년과 1878년 사이에 1200만 이상의 중국 내 이슬람교도가 청나라에 대항하다 사망했다(림스키 코르사코프)"는 주장도 있다.

유럽 사람들은 둥간전쟁을 '중국종교전쟁'이라고도 한다. 우리 한반도의 6·25전쟁을 '한국전쟁'이라고 부르는 것과 비슷하다.

위그르(신장) 지역에서 요즘도 심심치 않게 독립을 요구하는 폭탄이 터진다. 멸족 직전까지 가며 살아남은 이슬람 주민은 아직 풀지 못한 원한이 많다. 그런데 중국 당국은 그 아름다운 초원에 가장 해로운 산업단지를 넓히고 있다.

아프가니스탄과 영국의 승부

〈패잔병〉 엘리자베스 톰슨

네덜란드 여행에서 돌아온 영국 화가 엘리자베스 톰슨은 서둘러 그림을 그렸다. 네덜란드 미술관에서 많은 걸작을 보고 조바심이 났던 모양이다.

> 로테르담은 특이한 매력에 넘치는 항구다. 땅과 물, 색채와 소음, 낯선 인종과 동물, 모든 것이 거대한 항구의 재미에 넘쳤다.
>
> 남편은 홀란드를 "먼지 한 점 없는 나라" 라고 불렀다. 우리는 암스테르담과 안트베르펜의 미술관들을 돌아다녔다. 우리는 하리치 항으로 귀국했다. 이때부터 나는 어려서부터 꼭 그리려던 패잔병 이야기를 8피트짜리 캔버스에 그리기 시작했다.(…)
>
> 어느 날, 아버지에게서 모든 국민이 슬퍼한 사건 이야기를 들었다. 내게 그 사건을 그려보면 어떻겠냐고 하셨다.

아버지의 말씀은,

'우리는 지금 또다시 아프간과 싸우고 있으니 옛날(1842년)의 비극이 눈앞에 선하구나. 브라이든 박사가 다 죽어가는 몸으로 똑같이 죽어가는 말을 타고 카불 고개의 재앙에서 홀로 살아 잘랄라바드로 돌아왔지….'

아버지에게 들은 이야기 가운데 절대 잊지 못할 이야기였다. (엘리자베스 톰슨 〈자서전〉)

〈패잔병〉은 아프가니스탄과 영국의 1차전 마지막 전투가 남긴 장면이다. 〈패잔병〉의 주인공은 1842년 1월 13일 잘랄라바드 요새로 살아 돌아온 윌리엄 브라이든이다. 브라이든은 영국의 인도 주둔 '아프가니스탄 군단' 휘하의 제13경보병대 소속 군의관이었다.

이 부대는 영국과 아프가니스탄이 처음 맞붙은 전투에 참전했지만 첫 참전에서 개전이 곧 종전이 되는 치욕을 겪었다. 영국군과 인도군 연합부대 16000여 명이 몰살당하고 포로로 잡혀 돌아오지 못한 군인들 외에 살아 돌아온 병력은 손꼽을 정도였다. 영국 측은 전투라고 하지 않고 '간다마크 학살'이라고 부른다. 그 해 1월의 간다마크 전투에서 아프가니스탄의 아크바르 칸 왕자가 야전군을 지휘해 승리했다.

윌리엄 브라이든은 간다마크에서 부대가 전멸했는데도 혼자 살아남았다. 그가 타고 돌아온 말도 부상당해 온전치 않았다. 영국군은 참담한 패배로 아프가니스탄을 즉시 재공격하지 못했다. 두 번째 아프간 전쟁에서 이길 때까지 수십 년 동안 치밀하게 준비했다.

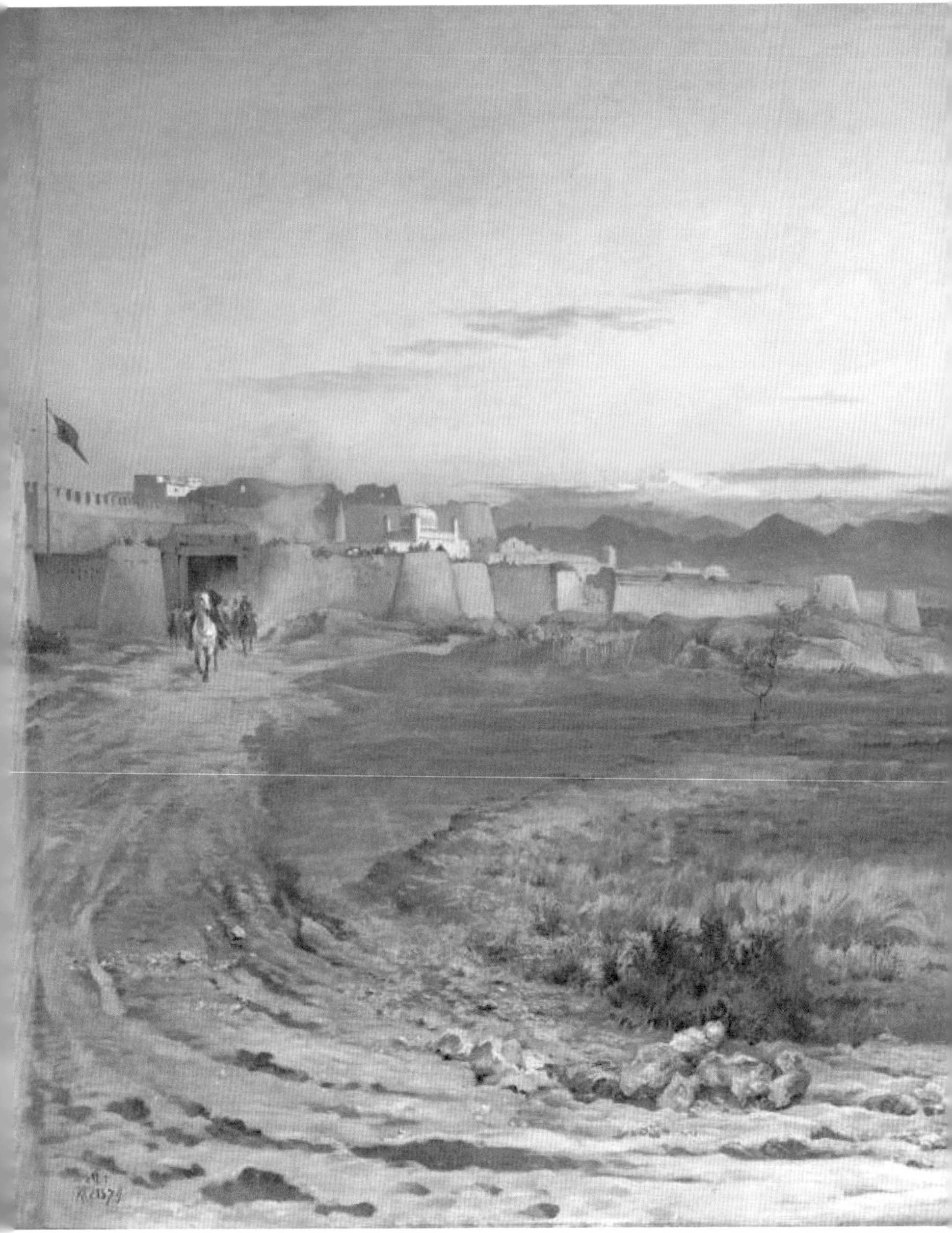

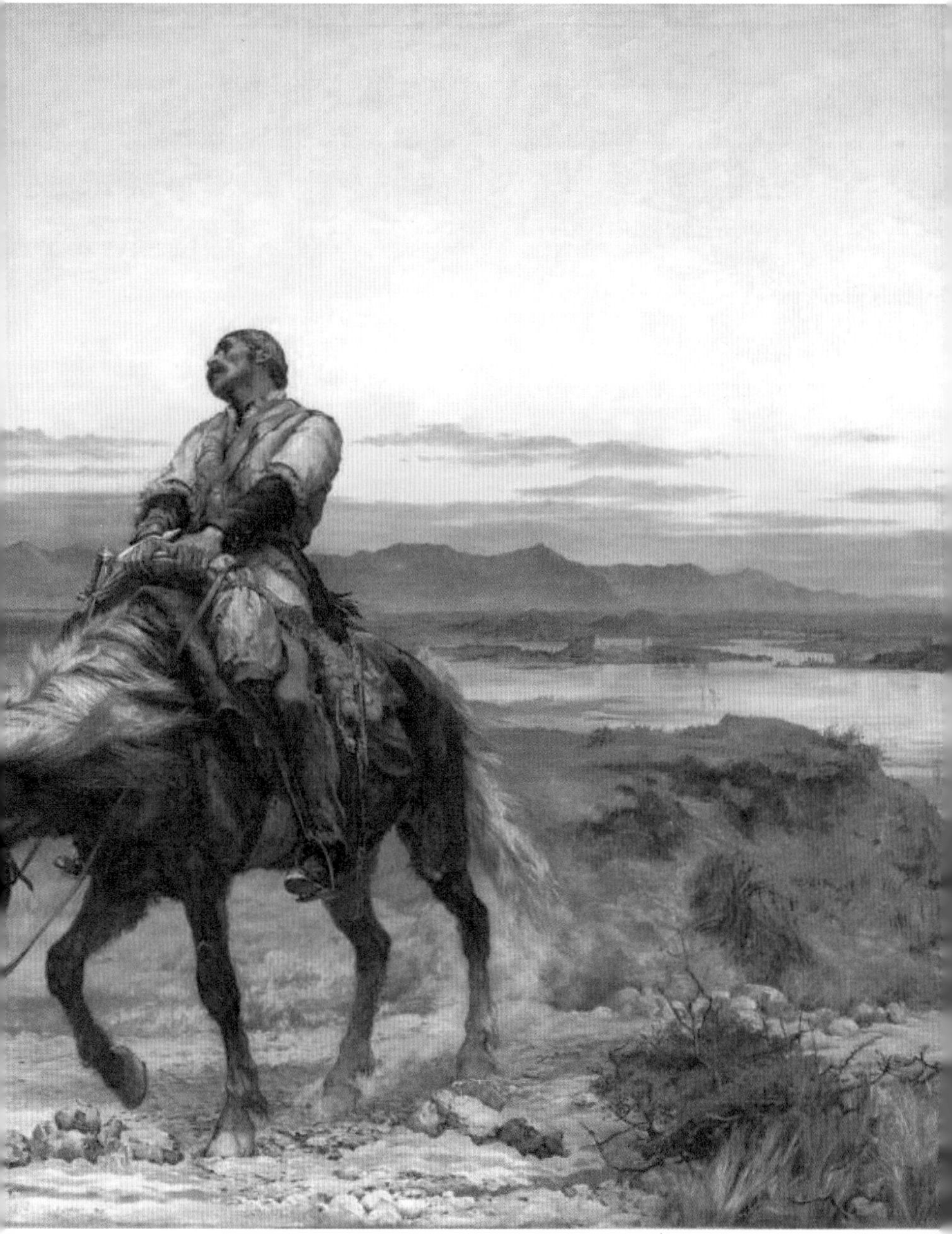

엘리자베스 톰슨 〈패잔병〉 1879년

톰슨은 이 그림을 군인의 사기진작을 위해 영국이 아프가니스탄과 또다시 2차전을 벌이던 무렵에 그렸다. 아프가니스탄에 다시는 패해서는 안 된다고, '과거의 패배를 잊지 말자'고, 또 반드시 복수하자며 치욕을 '위대한 패배'로 미화한다. 무모한 침략 욕심을 덮어버리고 증오만 부채질한다. 동포가 몹쓸 짓을 당했다며 적개심을 심어준다.

영국이 지키던 잘랄라바드 협곡은 서기 630년에 당나라 현장법사가 들어갔던 곳이다. 법사의 〈대당서역기〉에 나오는 깊은 골짜기 잘랄라바드 협곡은 서양에서 중동을 거쳐 동양으로 넘어올 때 반드시 거쳐야 하는 길목이다. 고원에 둘러싸인 평지라 일교차도 심해 악천후로 악명 높은 곳이다. 20세기에 각국 탐험대는 특수차량으로 이 지역을 통과하며 기술력을 시험하곤 했다.

'그레이트 게임'의 첫판

영국정부는 간다마크 전투를 널리 알리려고 했다. 영국이 중앙아시아에서 자칫 밀릴까 고심했기 때문이다. 아프가니스탄 고원은 너무나 중요한 거점 아닌가. 중앙아시아에서 제국의 식민지로 먹히지 않은 곳은 '물렁한' 취약지역이다. 이런 곳을 영국이 먼저 차지하려 덤비다가 먼저 일격을 당했던 것이다. 보통 '그레이트 게임'이라고 하는 러시아와 다투던 대결 첫판에서 영국이 당한 망신이다.

중앙아시아에서 러시아의 세력팽창은 전광석화 같이 사마르칸트를 비롯해 몽골제국의 알짜배기(오늘날의 우즈베키스탄, 카자흐스탄, 투르크스탄 일대) 방대한 초원과 산악을 차지했다. 그러고 나서 즉시 남쪽으로 밀고 내려올 기세였다.

영국군 수뇌는 어떤 전략으로 맞섰을까? 아프가니스탄 산악에서 알렉산더 대왕과 칭기즈칸도 넘었던 살벌한 카이버 고개와 카불, 우리 한국군이 주둔하기도 했던 칸다하르, 또 잘랄라바드 등에서 거점들을 강화하려는 식으로 러시아의 남진을 막으려 했다. 그러나 안이한 판단이었다. 영군군은 아프가니스탄의 전사들이 얼마나 잔인하고 사나운 투사인 줄 몰랐다. 그들은 아랍과 인도의 군대를 항상 무찌르며 독립을 지켜온 용맹한 힌두쿠시 산악민이다. 영국은 아프가니스탄 사람들이 양순하게 영혼에 취해 사는 인도 사람들 같은 줄만 알다가 호된 맛을 보았다.

처음에 아프간의 왕은 러시아의 개방요구를 듣지 않고 견제하려고 영국의 접근을 반겼다. 당시 인접지역 영국령의 총독은 오클랜드 경이다.

아프가니스탄의 왕은 일찍이 적대관계이던 파키스탄 왕 수자 샤를 격퇴해 줄 테니 페샤와르 지역을 넘겨달라던 오클랜드 경의 제안을 거부했다. 수자 샤는 사실 영국의 꼭두각시였다. 영국은 지역의 세력들을 이용하다가 헌신짝처럼 버리기도 했다. 오클랜드 경은 도움을 청하는 왕을 완전히 뭉개버리려는 비열한 정책을 꾀했다.

파키스탄 왕을 우습게 알던 아프가니스탄 왕은 자존심이 상해 영국의 제안을 황당하다고 단호히 거절하고서 1838년 남진하는 러시

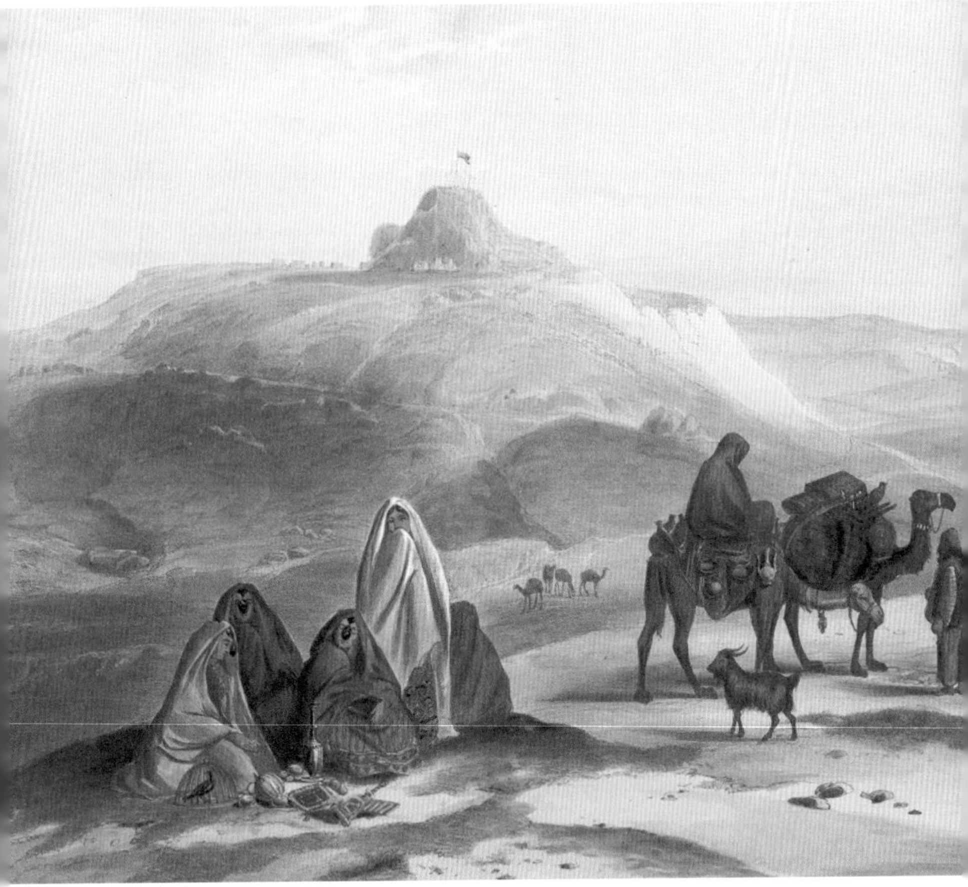

제임스 래트레이 〈아프가니스탄 유목민〉 1848

아를 반겨 영국을 약 올렸다. 그러자 오클랜드 경은 왕의 근거지 칸다하르를 밀어버리겠다며 그 해 3월 군대를 보냈다. 이것이 두 나라가 싸우기 시작한 1차 전쟁이다. 그러자 왕은 힌두쿠시 산속으로 들어갔다. 파키스탄 왕은 때를 놓치지 않고 칸다하르를 접수했다.

이때 마침 오클랜드 경의 후임으로 신임 동인도회사 총독 엘런버러 경이 부임했다. 엘런버러 경은 나폴레옹을 격파한 전쟁영웅으로 정계에 진출한 웰링턴 공의 내각 핵심인물이자 최측근으로 해외 무역을 맡아 인도와 중앙아시아 문제에 정통했다. 앨런버러는 '아시아 평화 복원'이라는 명분을 갖고 총독으로 도착했지만, 첫 번째 받은 보고가 잘랄라바드 참패였다.

화가 엘리자베스 톰슨

엘리자베스 톰슨은 장교 윌리엄 버틀러 경과 1877년 6월 11일 결혼했다. 그때부터 '레이디 버틀러'로 통한 그녀는 여성으로 보기 드물게 전투를 즐겨 그렸다. 나폴레옹제국과 빅토리아제국의 대접전도 그렸다. 남편이 군인이라서 그랬을 듯하기도했고 남편이 하는 일을 자랑스러워했다. 그러나 부부는 항상 평화를 바랐다. 정부에서 어떤 목적으로 자기 작품을 이용하든 전쟁을 소재로 그림을 그린 것은 "전쟁을 예찬하려는 뜻이 아니라 전투의 비통함과 용사들의 용기"를 잊지 않으려는 것이라 했다. 어쨌든 예술작품이 대중에 전하는 메시지는 오해받고 왜곡되기 쉽다.

엘리자베스 톰슨은 파리에서 빈센트 반고흐가 한때 좋아했던 메소니에에게 배웠다. 톰슨은 전쟁을 주제로 삼을 때에도 병사들의 고생을 가엾어 하는 마음으로 그렸다. 누이나 어머니처럼 따뜻한 마음의 톰슨은 동정심이 깊고 약자를 보면 감정을 억누르지 못했다.

톰슨은 미모 덕에도 유명세를 탔다. “처절한 전투 장면을 이렇게 고운 여자가 그렸다니….” 라면서 모두들 신기해했다. 그런 식으로 여왕이 군림하는 대영제국의 자부심에 흠뻑 취한 감상주의에 젖었다. 아무튼, 전선으로 남자들을 떠나보내며 울고불고 했던 여자들이지만, 남자들이 없는 동안 무슨 일들을 했을까?

톰슨의 결혼으로 많은 사내들이 상심하고 울었다. 결혼식에는 신랑의 손님들은 주로 장성과 장교 등 전우들이 왔다. 신랑 버틀러의 직속상관이던 아샨티 전투의 전설적 야전사령관 가넷 울슬리 경도 하객으로 참석했다.

신랑은 장교로서 1873년과 74년 동아프리카의 오늘날 가나 일대 아샨티제국과의 전투에서 전공을 세웠다. 무섭던 이 전투에서 부상당해 귀국해 몸을 추스르는 동안 톰슨을 만났다. 부상만으로도 행운이었다. 아샨티 전투의 전사자 300여 명은 총검에 희생당한 것이 아니라, 풍토병을 못 이겨 사망했기 때문이다.

결혼으로 유부녀 레이디 버틀러가 된 엘리자베스 톰슨은 남편의 험한 임지를 따라다니며 여섯 자녀를 키우면서도 붓을 놓지 않았다. 톰슨은 팔레스타인, 인도 어디든 가리지 않고 따라다녔다. 사실상 최전방이었다. 남편은 군인으로 보기 드물게 의식이 깨인 사람이었다. 레이디 버틀러는 남편과 정세에 관한 의견도 비슷했다.

“대영제국과 유럽 열강의 식민주의 제국주의는 식민주민에게 최상의 득이 될 수 없다"고 생각했다. 즉 정부의 선전이나 이념에 반대했다.

남편이 퇴역하고 나서 부부는 아일랜드 시골로 들어가 조용히 살았다.

비스마르크는 대중을 기만했다.

기존정권이 마치 나라와 민족의

영원한 힘이고 정의이며 질서라는 듯 민중을 속였다.

애국심으로 정부를 사랑하라고 꼬득이고

민족의 가치를 정권유지와 대중의 자존심을 건드리는 데 이용했다.

자신의 호전적 정치에 반대하는 사람들을

민족배신자라며 탄압했다.

Chapter 4

서세동점의 일화

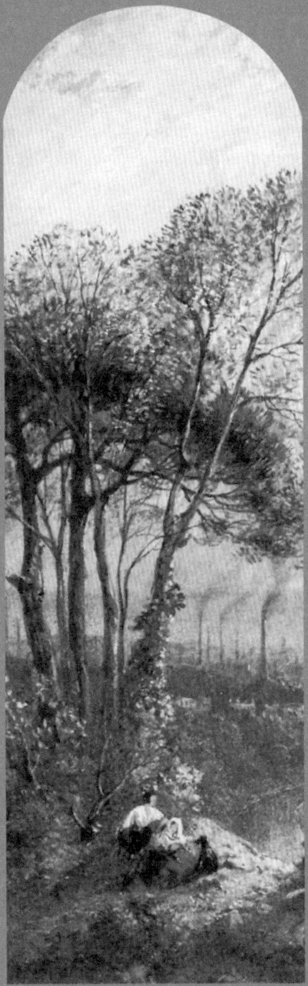

이민 권장

〈영국이여 안녕!〉 포드 매덕스 브라운

19세기 중반 영국이 한창 대제국을 건설할 때 순탄하지만은 않았다. 밖으로는 5대양을 누비며 승승장구하는 듯했지만 본토에서는 국민의 심각한 빈부격차로 갈등이 끊이지 않았다. 산업혁명으로 공장이 크게 늘어나 화재가 빈발하고 대기오염과 산업재해도 폭증했다. 소설과 영화가 전하는 암울한 모습보다 실제로 더욱 암담했을 것이다. 그래서 화재와 고열을 잘 견디는 벽돌로 건물을 지었기에 붉거나 잿빛 벽돌 건물은 지금도 많은 도시에 우중충하게 서 있다.

영국은 오스트레일리아를 비롯한 남태평양 곳곳의 식민지 강화에 나섰다. 18세기부터 원주민의 영토를 점령하고 나서 식민지로 이주하는 사람들이 야금야금 늘어났다. 그러다가 국내 사정이 더욱 어렵고 복잡해지자 영국 본토 시민들이 대규모로 오스트레일리아로 건너갔다. 그렇지만 관료들, 군인들은 이주하지 않았다.

널리 알려졌듯, 처음에는 악명 높은 감옥들을 짓고 죄수를 이주시켰다. 죄수들은 노역을 하며 형기를 마쳐도 돌아가 보아야 살길이 막막해 그곳에 눌러 살았다. 그러면서 원주민의 씨를 말리는 온갖 만행을 저질렀다. 이런 방식은 제국주의자들의 상투적 수법이었는데, 프랑스도 알제리 독립운동가들을 남태평양으로 보냈다. 1870년 파리코뮌에 참여했던 정치범들은 누벨칼레도니아로 보내졌다. 지중해 연안의 오아시스 사람들이 머나먼 섬에서 얼마나 고향을 그리워했을까.

역사가 쥘 미슐레는 영국이 해외영토로 '해가지지 않는' 제국을 일으킨 또 다른 이유를 생각했다. 열강의 군사력과 장기간 해외원정을 버틸만한 경제력은 엇비슷했지만 뚜렷한 차이가 있다고 보았다. 영국이 국가 간 최소한의 도리를 무시했기 때문이라고 보는 사람도 있다. 영국 사람은 욕심대로 허겁지겁 '먼저 먹는 자가 임자'라는 식으로 식민지를 집어삼킨 파렴치한 인간들이라는 생각이다.

그러나 쥘 미슐레가 꼽은 이유는 좀 색다르다. 미슐레는 역사에서 여성의 역할을 주목했다. "여자는 주부로서 가정을 지키는 것만으로도 역사의 확고한 주인공"이다. 미슐레는 "가정의 역사적 비중을 절대 가볍게 보아서는 안 된다"면서, 프랑스가 해외에서 영국에 밀린 것은 여자들 때문이라고 했다. 프랑스 여자들은 고향집을 지키려 했다는 것이다. 프랑스는 여자도 상속권을 갖는 전통이 있다. 그래서 많은 여자가 식민지로 남자들을 따라가지 않았다.

반면, 영국 여자들은 참정권 운동을 했다, 남자만 일하는 직업전선에 가장 먼저 뛰어들어 남자와 동등한 권리를 요구했고 식민지원정에 남자들을 따라나섰다. "이런 여자들이 과거에 더욱 중요하게,

상징적인 빅토리아 '여왕' 못지않게 영국 식민지 개척과 제국에 이바지했다."

영국 아내들은 머나먼 식민지에서 남편들과 생사고락을 함께 하며 가정의 포근함으로 사기를 뒷받침했다. 프랑스 군인들이 원주민과 낭만적 연애에 몰두하며 샛길로 빠지는 동안, 영국 군인들은 안정된 가정생활과 전투를 병행했다. 프랑스 군인들은 혼혈아와 사생아를 낳았지만, 영국은 자기 동포끼리만 결혼했다. 프랑스계 사생아들은 프랑스에 항상 충성하지만 않았다. 원주민 부족이든 영국이든 적에게 쉽게 넘어가곤 했다.

> 영국여성은 순수하고 독립적이며, 몽상적이다. 가정에서 한결같으며, 신의 있고 정답고 든든한 아내로 이상적이다.(…)
>
> 아무튼 낙천적인 골족[프랑스의 조상]은 정이 많고 정력이 왕성해 여기저기에 씨를 뿌렸다. 골족이 고대에, 유럽과 아시아에 얼마나 많은 민족을 만들었나. 12세기에는 십자군 원정으로 수많은 식민지를 건설했다. 16, 17세기에 프랑스 사람은 넘치는 에너지와 사교성으로, 신세계를 정복하고 야만족을 해방시켰다. 누가 여기에 제동을 걸었을까? 루이 14세뿐이다. 태양왕은 홀란드를 침공하고 나서 영국에 넘겼다. 이때부터 영국은 바다를 제패했다. 태양왕이 아니었다면 우리는 두 개의 인도를 가졌을지 모른다. 왜 그럴까? 우리는 사랑했고 도처에 아이들을 낳았다. 하지만 영

국인은 그렇지 않았다. 청교도는 집단으로 이주했다. (쥘 미슐레 〈여자〉)

미슐레는 무섭게 성장하는 산업사회에서 모두 일중독에 걸려 메마른 바람에, 가정이 무너지고 출산율이 크게 떨어지던 세태에 엉뚱한 제안을 했다. 해외이민, 즉 식민지 땅으로 가서 기운을 회복하라고 권했다.

> 아무튼, 최상의 요법은 여행(이민)이다. 잠시 일손을 놓고 세상만사 잊고서, 여자와 함께 한 계절 멀리 떠나도록 해보자. (…) 지겨운 환경에서 벗어나 낯선 사회와 다른 언어 속에서 여자는 당신과 함께, 완전히 다른 사람이 될 것이다. (…) 두 사람은 새로운 것이 끊임없이 필요한 새로운 상황에서 새로워질 수 있다. 유럽에서 두 명의 아이를 낳을 수 있다면 그곳에서는 열두 명을 낳는다. 억척스럽고 아름다운 당신의 부인은 이곳이라면, 당신을 황폐하게 만들지 모른다. 하지만 그곳에서는 당신을 구할 것이다. 용감하고 부지런하며 훌륭한 아내로서 당신의 행운을 도울 것이다. 그녀는 당신과 단둘이, 옛날의 사랑을 되살리기 좋아할 것이고 늙어서 당신과 함께 고국으로 돌아올 수 있다. (쥘 미슐레, 〈여자〉)

백인 이주의 폐해

이주행렬이 줄을 잇는 동안 영국은 대양 개척에도 박차를 가했다. 영국해군(존 모레스비 해군대위)은 1873년 거대한 파푸아 뉴기니 같은 섬으로 처음 들어갔다. 4만 년, 5만 년 전부터 사람이 살아온 오세아니아와 미크로네시아의 수많은 섬에 제국의 발길이 닿지 않았던 때였다. 영국은 19세기로 접어들면서 통신과 철도, 선박 등 각 분야의 기술자들이 이주하기 시작했다. 산업전사들은 해군과 선교사, 모험적 사업가와 죄수들 다음으로 식민지를 굳히기에 좋은 인력이었다.

영국 본토 주민들이 밀려들어오자, 불과 몇 십 년 만에, 수만 년 동안 살던 땅에서 쫓겨난 원주민들은 깊은 황야로 들어갔다. 물론 백인이 퍼트린 한센병과 매독 등 악질로 죽어가며 멸종 위기에 처한 원주민은 백인을 피해야 했다. 백인들이 자리 잡던 시절에 그들 틈에 중국 사람과 인도 사람도 껴들어가 식당과 가게를 운영하며 원주민을 기만하는 못된 짓을 많이 했다. 폴리네시아의 수많은 섬에서도 사정은 비슷했다. 몇몇 양심 있는 유럽 사람만 야만적 파괴를 개탄하고 슬퍼했다.

본격적으로 백인 주민들이 정착하면서 여러 인종과 문명이 비눗방울처럼 사라졌다. 백인들은 선사시대부터 내려온 원주민의 지혜를 조금도 이해하지 못하면서도 '건방지게' 원주민을 야만족 취급을 했다.

프랑스 테니스의 영웅, 알랭 제르보는 타히티 제도 같은 섬들을 수만 년의 왕국이 '사라지는 낙원'으로 보았다. 제르보는 태고의 정원에서 독버섯처럼 이식된 서양문명의 부작용을 강하게 비판했다. 그러나 제르보 같은 사람들의 목소리를 전하는 매체는 거의 없었다. 이들이 남긴 책들은 최근에야 주목받았다.

> 알랭은 원주민을 사랑하고 식민주의를 미워해 역사공부를 시작했다. 알랭은 백인이 들어오기 전의 원주민 생활을 알 수 있는 글이 없어 가슴 아파했다. (에릭 비바르 〈최후의 댄디〉, 알랭 제르보 전기)

> 새들은 밤새 뒤쪽 돛 아래 활대(버팀 밧줄)로 몰려와 쉬곤 했다. 나는 새들이 재재대며 싸우는 바람에 잠을 설쳤다. 갑판으로 몽둥이를 들고 올라가 새들을 쫓아버렸다.
>
> 물고기의 습성을 공부해보니 전혀 싫증이 나지 않는다. 나는 물고기의 지능과, 숱한 통신수단을 수집해두었다. 바람이 잦아들었을 때, 진주모를 미끼로 물에 던져 심심풀이를 했다. 돌고래들은 가짜먹이가 위험한 줄 금세 알아챘다. 돌고래들은 번개처럼 뛰어올라 입에 물지 않고 일부러 부딪치기나 했다. 그렇게 나와 한참 동안 재미있게 놀았다. 동물의 이런 본능과 놀이감각을 나는 수없이 확인했다. 돌고래들은 뛰어오르며 입으로 물고기를 잡았다가 머리를 흔들어 허공으로 도망가도록 놓아주기도 했다. 고양이가 쥐

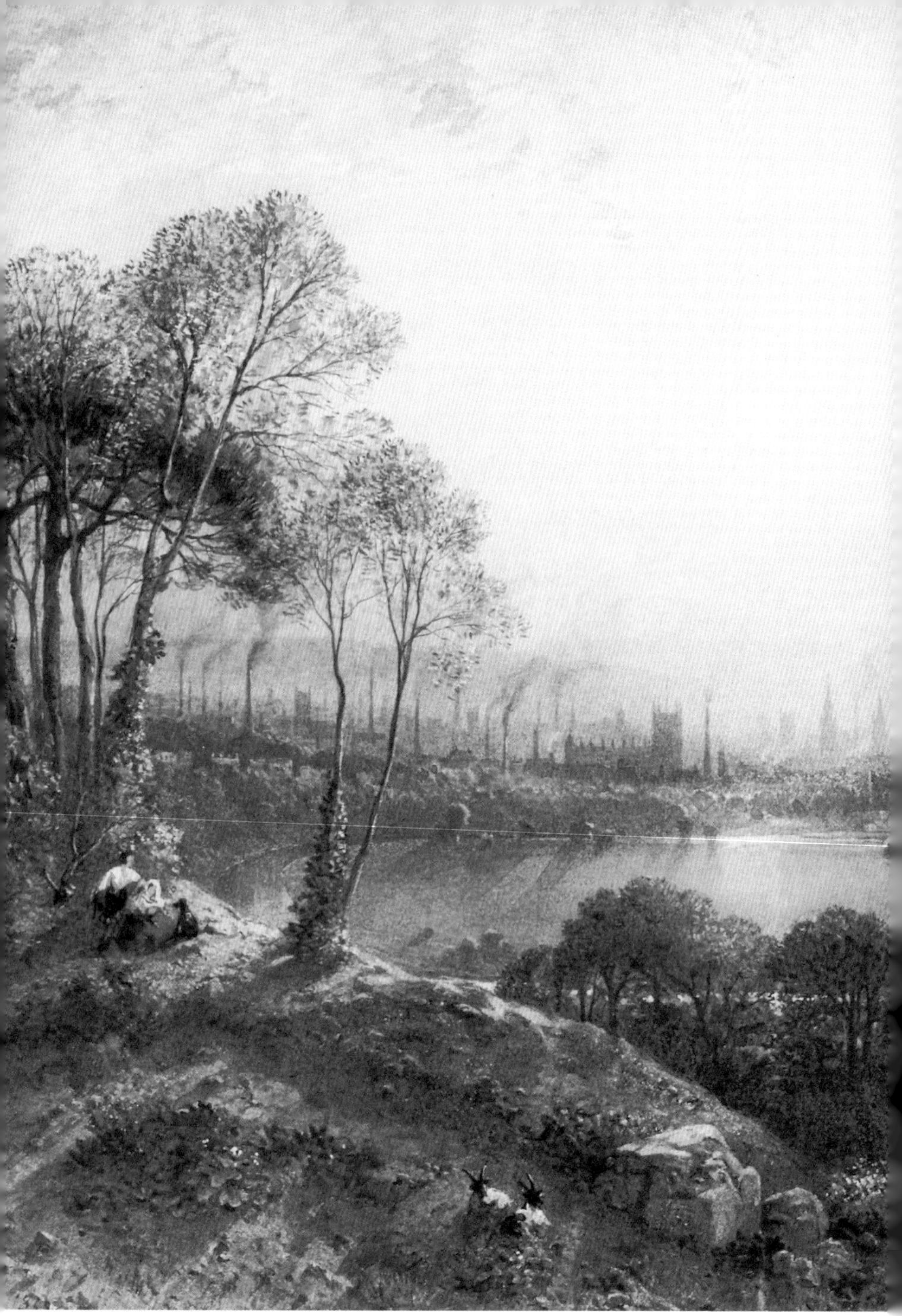

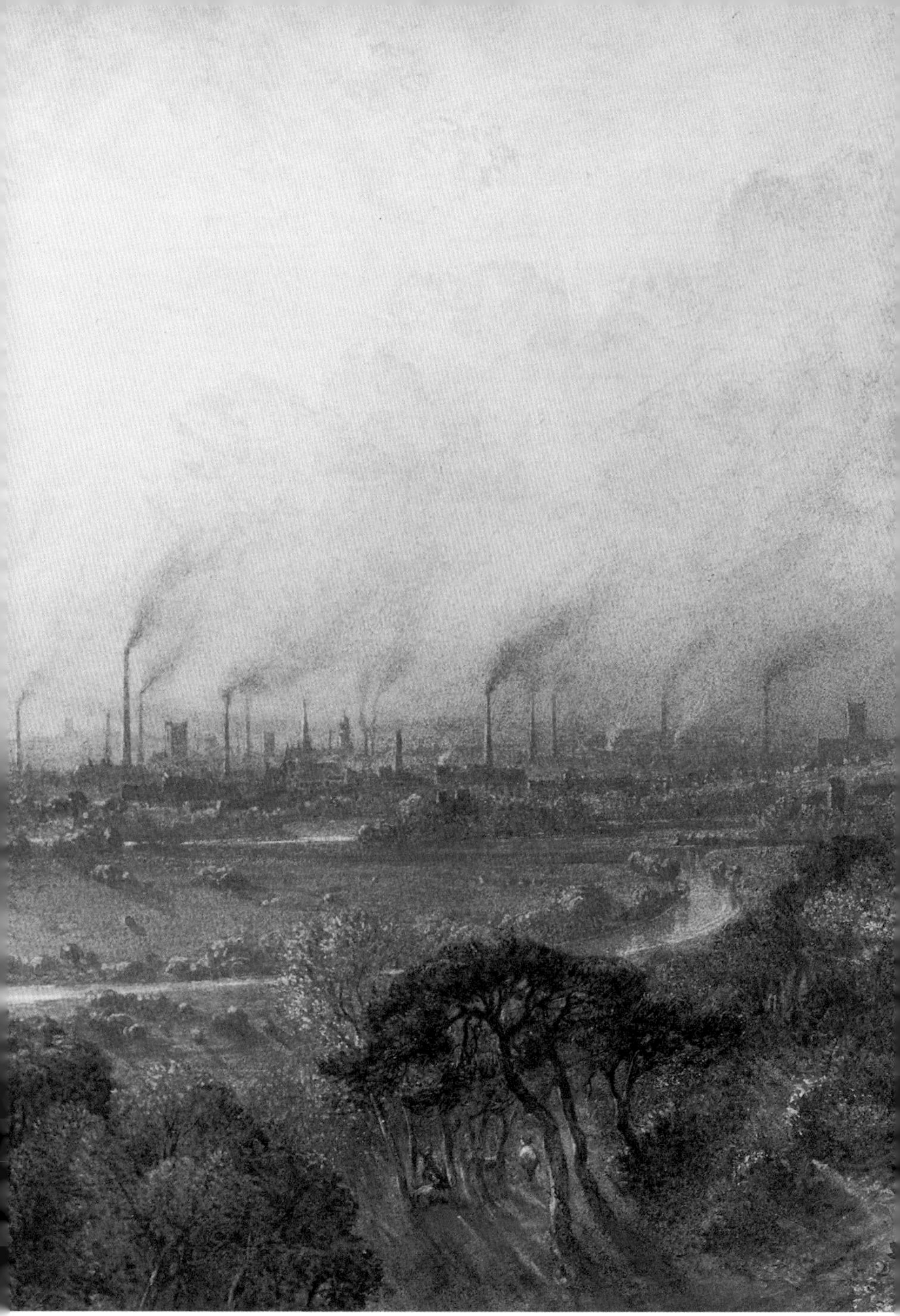

윌리엄 와일드 〈사람과 염소가 보이는 언덕에서 바라본 맨체스터〉 1852년

를 데리고 놀 듯 했다! 그런데 나무토막이 수면에 떠오르면 물고기들은 내 보트를 피해 황급히 주위로 흩어지지만, 바닷새들은 즐겁게 짹지는 소리를 내지르며 배로 날아와 앉는다.

사실, 동물의 활동은 영원한 놀이로 보인다. 양식을 얻으려는 당연한 본능이다. 놀이는 인간에게도 가장 뿌리 깊은 본능이다. 그러나 돈벌이만 목적으로 일한다면 어리석다. 이런 것이 원시인이 백인과 접촉하면서 멸종하게 된 근본 이유일 것이다. 백인 때문에 원주민의 생계는 몹시 어려워졌다. 자신들의 놀이본능을 억압했다. 놀이라는 유리한 생존조건을 모조리 제거했다. (…)

내가 폴리네시아에서 꿈꾸었던 것은 분명하다. 나도 어느 날 아무도 살지 않는 산호섬의 주인이 되어, 폴리네시아 주민들과 함께, 돈을 쓰지 않고, 운동하고 예술을 즐기며 행복하게 살고 싶었다. (제르보, 〈돌아오는 길에〉)

이민선(移民船)

영국에서 이민 행렬은 1860년대부터 급증했다. 국제정세 탓이다. 어떤 나라에서 전쟁이 터지면 이웃에 즉시 영향을 준다. 남의 나라가 싸우는 덕에 재미를 보는 이웃도 있지만 덤터기를 쓰는 이웃도 나온다. 6·25때 중국의 많은 인민군이 사망하고 수령 마오쩌둥의 장남까지 전사하는 고통을 겪은 반면에 일본은 군수호황을 누렸다. 이란과 이라크 전쟁 때 우리나라도 그 두 나라로 많은 물건을 수출했다.

1861년, 미국에서 내전, 즉 남북전쟁이 터졌을 때 영국으로 불똥이 튀었다. 미국 사람들은 남부의 거대한 밭에서 격전을 벌였다. 희고 눈부시던 목화밭에 무기 공장들이 들어섰고 밭은 붉게 물들었다. 남부연맹의 임시정부 대통령 제퍼슨 피니스 데이비스(1808-1889년)는 영국과 프랑스의 지지를 받으려고 섬유가 길고 질긴 면으로 세계 최상품이던 '왕 같은 목화'의 수출을 금지했다. 요즘 '친환경' 포도를 일일이 사람 손으로 하듯, 기계로 거두지 않고 노예가 손으로 땄다.

남부의 면은 품질이 좋고 인도산보다 값도 저렴했다. 값싼 노예로 인건비를 줄였고, 유럽까지 운송비가 덜 들었다. 유럽 시장을 잡고 있는 목화를 미국사람들은 왕처럼 떠받들었다. 민주당은 노예제를 지지했고, 민주당원 해먼드는 "목화가 왕이야"라는 말을 입에 달고 살았다. 의회에서도(1858년), 전쟁터에서도 '목화가 왕'이라고 강조했다. 민주당 정치인들은 어떻게 정계로 진출했나? 그들은 농장주 출신이고, 농장주가 아닐 경우 그 관련 사업을 했으며 노예들을 착취한 돈으로 사학재단을 세웠다.

"남북전쟁 전까지 휴스턴 항, 뉴올리언스 항에서 영국과 프랑스, 독일과 러시아로 실려 나가는 남부산 면화는 세계 면시장의 4분의 3이었다."

미국산 면을 수입할 수 없게 되자 목화밭에서 무역하던 유럽 상

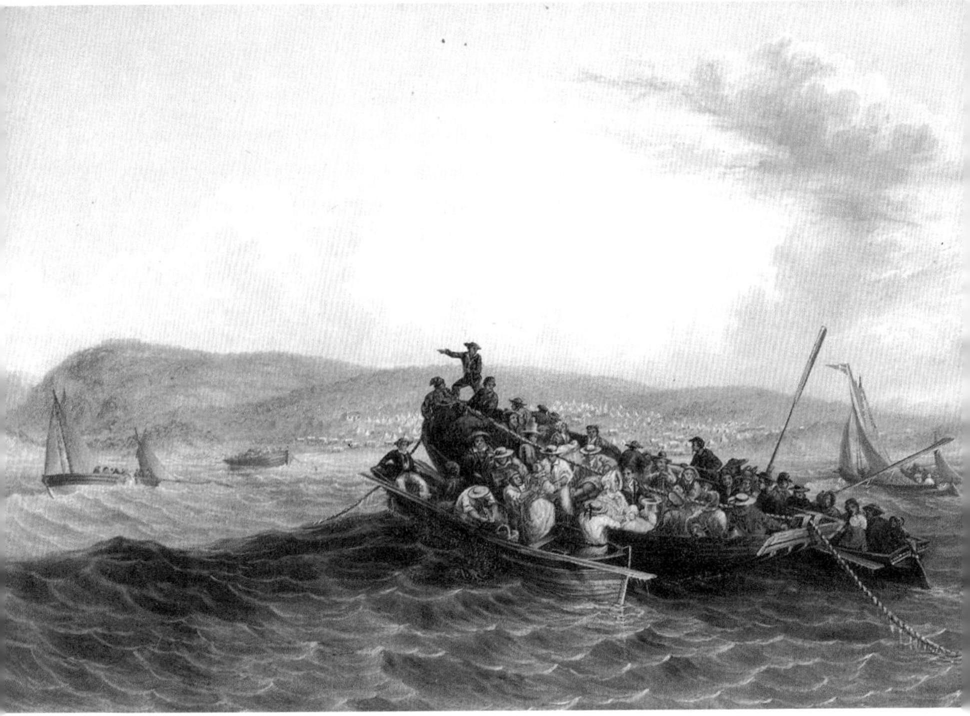

토머스 베인스 〈알고아 만으로 입항하는 영국이민〉 1853년

인들은 날벼락을 맞았다. 정치적 결정 한 방에 모두 죽게 생겼다. 마치 요즘 별안간 중단된 개성공단 기업가들처럼 참담했을 것이다. 원료가 떨어진 면직물 산업은 충격이 극심해서 맨체스터와 랭커스터의 공장은 가동을 멈추었고 수많은 방직공이 졸지에 일거리를 잃고 굶어죽었다. 경제는 완전히 수렁에 빠져 '면 공황(코튼 패닉)' 사태로 확산되었다. 급히 업종을 바꾼 공장들도 버텨내지 못하고, 맨체스터 주변에서 수많은 주택과 상점, 노동자들이 죽치던 '펍(맥주집)'들이 텅 비었다.

정부는 난국을 이민으로 풀어보려 했다. 오스트리아와 뉴질랜드 정부는 뱃삯을 받지 않겠다며 당장 건너오라고 실업자를 유혹했다. 수많은 사람이 이민선을 탔다.

브라운의 그림

포드 매덕스 브라운은 어떻게든 거대한 이민행렬을 기록하려 했다. 그러나 떠나는 노동자를 불쌍한 눈으로 바라본다고 공감을 살 것 같지 않았다. 브라운은 평범한 시민에서 모델을 찾아 이웃과 친구가 떠나는 모습에 더욱 애틋한 사람들을 겨냥했다. 브라운은 그 몇 해 전(1852년)에 떠나보낸 조각가 친구 부부를 그리기로 했다. 친구도 다른 이민처럼 생계가 막막해 오스트레일리아로 떠났었다. 이민들은 화면 배경에 치솟은 도버 해안절벽 밑에서 범선에 올랐다. 35만여 명이 해외영토로 떠났다.

부부는 갑판에서 몰아치는 물보라에 잔뜩 위축되고 불안한 모습이다. 꼭 잡고 손을 외투로 감싸고 서로 체온에만 의지했다. 몇 달이나 걸릴 텐데…. 얼마나 험한 뱃길일까. 과연 견뎌낼 수 있을까. 대서양, 인도양을 거쳐 수없이 많은 항구를 들러야 하고, 이름 모를 풍토병에 걸릴지도 알 수 없었다. 험한 사람들이 먼저 가서 자리 잡았다는 땅에서 어떤 이웃을 만나게 될지 아무 것도 알 수 없었다. 정부의 선전만 막연히 믿고 떠나던 길이다. 그래도 여기보다야 낫지 않을까, 희망만은 버리지 않았다.

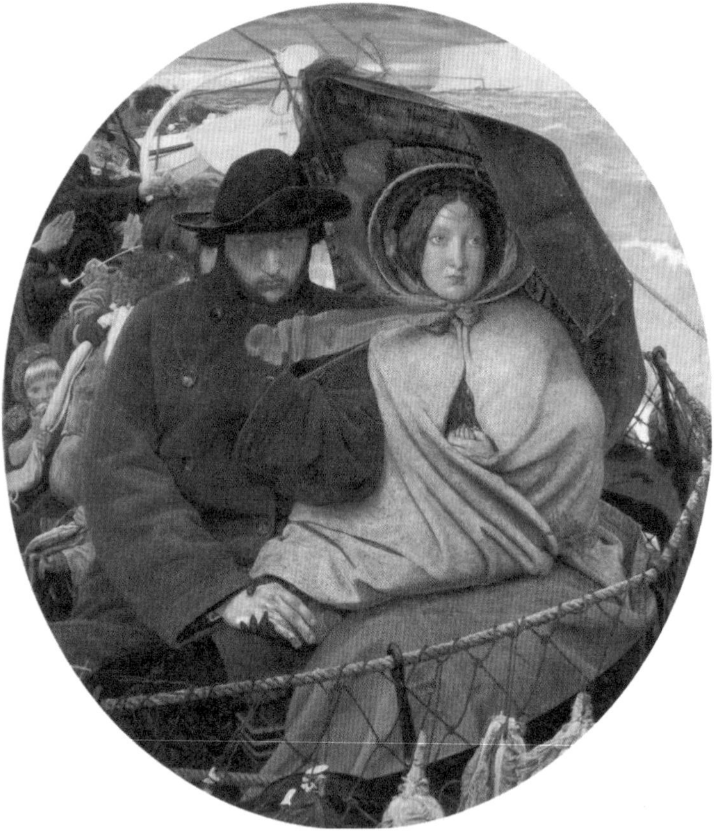

포드 매덕스 브라운 〈영국이여 안녕!〉 1855년

사라진 낙원

〈인도차이나 탐사〉 루이 들라포르트

크메르에서

베트남에 비해 이웃 크메르 왕국(캄보디아의 옛 이름)은 서양제국에 저항하지 않았다. 프랑스가 윽박지르자 순순히 받아들여 프랑스는 크메르를 보호령으로 삼았다. 크메르는 티베트 고원의 만년설이 녹아 수만 리를 흘러내리는 메콩 강변의 가장 기름진 땅이다. 프랑스는 신사로서 또 형님처럼 도리를 다했다며 거드름을 피웠다.

"시암 왕국(타일랜드)과 안남 왕국(베트남) 양쪽에서 시달리다가 지친 크메르 왕국이 프랑스에게 두 나라를 견제해달라고 청했다."

1863년, 프랑스가 이런 청을 들어준다며 크메르 왕국에 접근했을 때, 국왕 노로돔 1세는 프랑스의 손을 덥석 잡았다. 노로돔 1세는 '왕국을 지키려고' 했다. 백인들이 장차 얼마나 백성을 착취할지 조금도 걱정하지 않았다. "왕위를 잃게 되면 어쩌나…."만 고민했다.

프랑스의 보호를 대가로 나라의 자원이 얼마나 고갈될지 얼마나 많은 사람이 값비싼 대가를 치를지 몰랐다.

노로돔 1세는 대외정치에 무능했지만, 권세는 약하지 않았다. 서양 사람들이 종종 치를 떠는 잔인한 형벌로 권력을 과시했다.

> 노로돔 1세는 자기 궁에서 방자하게 궁녀와 놀아난 사내를 그녀와 함께 생매장했다. 궁녀들의 목을 베어 궁궐 밖에 걸어놓기도 했다. (들라포르트 〈메콩 강과 캄보디아 여행〉)

노로돔 1세는 이렇듯 잔인하게 국민을 다스렸다.

크메르 왕국에서 프랑스 선봉대로 활동한 프랑스 해군장교 루이 들라포르트(1842-1925)의 고향은 오를레앙이다. 오를레앙은 잔 다르크의 성지로 시민들의 애국적 자부심은 지금도 변함없이 강하다. 들라포르트도 이런 민족주의에 짙게 물들었다.

어릴 때부터 군함을 타고 싶어 했던 들라포르트는 해군에 입대해 꿈을 이루었다. 프랑스 깃발을 지구 반대편에 나부끼고 싶어 했던 꿈이다. 그렇게 배를 타고 돌아다니다가 스케치에 소질이 있다는 것을 알게 되고 결국 군인과 화가의 소질을 함께 발휘할 기회를 맞았다. 들라포르트는 해군화가로서 에르네스트 드 라그레의 소형함정에 올라 메콩 강 정보 수집을 위한 "메콩 미션"의 요원으로 선발되었다. 해군의 최정예 선봉대로 목숨을 걸고 정글 깊숙이 들어가야 했다.

강! 언제나 강의 상류를 탐색하는 것은 강을 끼고 있는 지방을 점

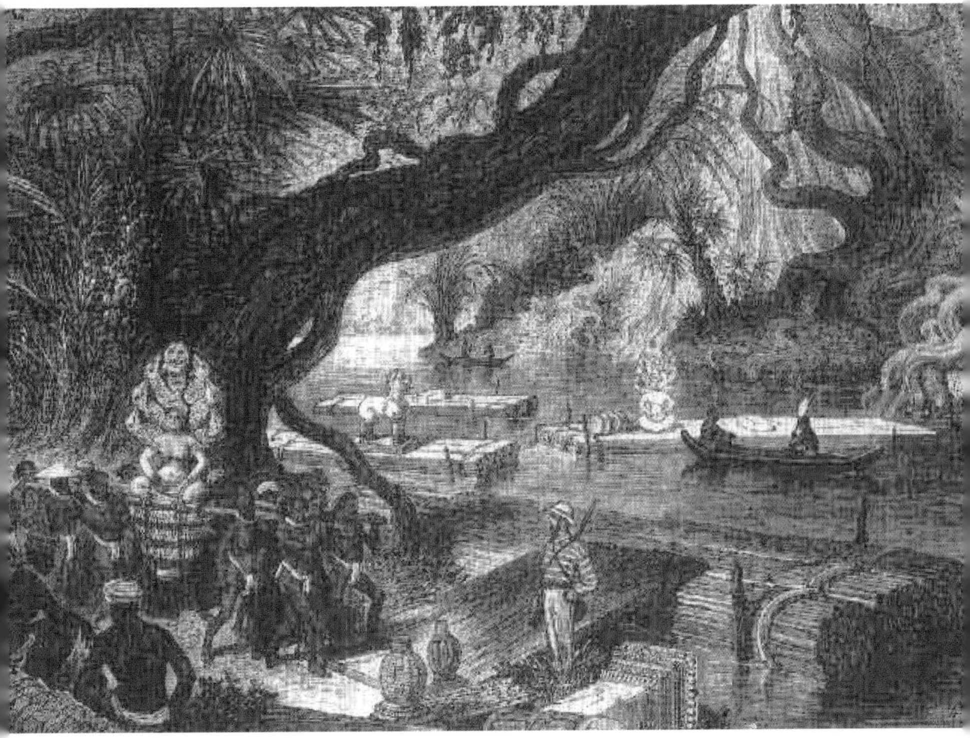

루이 들라포르트, 프란시스 가르니에 〈인도차이나 탐사〉에 수록된 동판화. 1873년

령하는 데 필수였다. 강은 육로보다 훨씬 쉬운 통로였다. 아프리카에서 리처트 버튼과 헨리 모턴 스탠리 등이 나일 강과 콩고 강을 비롯해 대륙의 심장을 헤집고 다닐 때였다.

프랑스 해군은 중국과 인도차이나반도의 여러 왕국과 부족을 이어주는 황금 같은 동맥 메콩 강을 탐했다. 메콩 강을 장악한다면 동남아시아 거의 반을 잡는 것이었다.

1866년의 탐사에서 들라포르트는 수백 년 된 크메르제국의 수도

앙코르와트 사원이 숨어 있는 정글까지 들어갔다. 엄청난 발견이었다. 이 작전 중에 악천후와 이질에 걸려 대장 들라그레가 사망했다. 그 몇 해 전에 앙코르 와트까지 들어갔던 인류학자 앙리 무오는 방콕에서 라오스까지 크메르 땅을 횡단하다가 열병으로 사망했다. 생존대원들은 임시 지휘관 프란시스 가르니에(1839-1873)와 함께 뱃길로 사이공으로 돌아갔다.

들라포르트는 '사원의 도시' 앙코르 와트의 상상하기 어려운 장엄함에 감격했다. 들라포르트는 앙코르 와트가 메소포타미아나 이집트 문명에 버금간다고 믿고 전 세계에 알리겠다고 다짐했다. 그는 유적의 지도를 작성하고 유물을 수집해 프랑스로 보냈다. 유물은 오늘날 파리 시내 〈기메 미술관〉으로 들어갔다. 들라포르트는 이렇게 감격했다.

"눈앞의 현실이 가장 아름다운 꿈보다 더 아름답다! (…)

모든 부분이 완벽하게 어울린다. 유적의 웅장하고 대담한 '컨셉'에 감탄할 수밖에…."

들라포르트는 탐사 지역 일대를 샅샅이 스케치했다. 매우 낭만적인 그림이지만 과장했던 편이다. 유적과 야생동물과 거목 모두 대중이 궁금해 안달할 만큼 괴상하게 그렸다.

> 강변에서 조금 들어간 밀림 속에 항상 기묘하고 환상적인 우상들이 나타난다. 우상들은 동물과 인간이 뒤섞인 모습이다. 그 앞에 원주민은 향을 밝히고 기도한다. 독수리,

> 코끼리, 매, 뱀….
>
> 특히 '낭디' 수호신은 물소의 머리를 하고 있다. 시바의 낙원 '카일라시 산'의 문지기이다. (…)
>
> 부처는 피곤에 지쳐 수수께끼 같은 동굴의 서늘하고 향기로운 그늘로 쉬러 왔다고 한다. 손을 예언자처럼 맞잡은 불상들이 그 거대한 와불 주변을 가득 채우고 있다. 더 아래 쪽에, 접근할 수 없는 자연 돌의 제단 위에서 오랜 세월 식물로 뒤덮인 무너진 건물의 잔해가 보였다. 인물을 새긴 거대한 석상들로 뒤덮인 헛간 같은 것들이었다. (…)
>
> '콩퐁 톰'의 숲에서 만난 불상을 보통 "반열반(般涅槃)에 든 불상"이라고 한다. 부처가 모든 번뇌에서 벗어난 모습이라고! 하지만 주민들은 '부처가 더위에 지쳐 시원한 그늘에서 낮잠을 즐기는 모습'이라고 했다. 동굴의 시원한 바람과 풀냄새를 맡으면서….
>
> 우리 대원들은 증기선에서 내려 방대한 늪지를 물소가 끄는 수레를 이용했다. 어린이들은 물가에서 어른 팔뚝만 한 새끼악어들과 뒹굴며 놀았다. (들라포르트, 앞의 책)

들라포르트 일행은 현지 부족을 일꾼과 길잡이로 고용하고 뗏목과 코끼리, 날렵한 쪽배로 현지 관리들을 매수해 구입한 유물을 운반했다. 유물의 해외반출을 통제하는 현대적인 제재나 법이 없던 시절이다. 국왕 노로돔 1세는 국보가 반출되는데도 허용했다.

유물은 처음에 파리 북쪽 깊은 숲속의 군사요새 콩피에뉴 성에

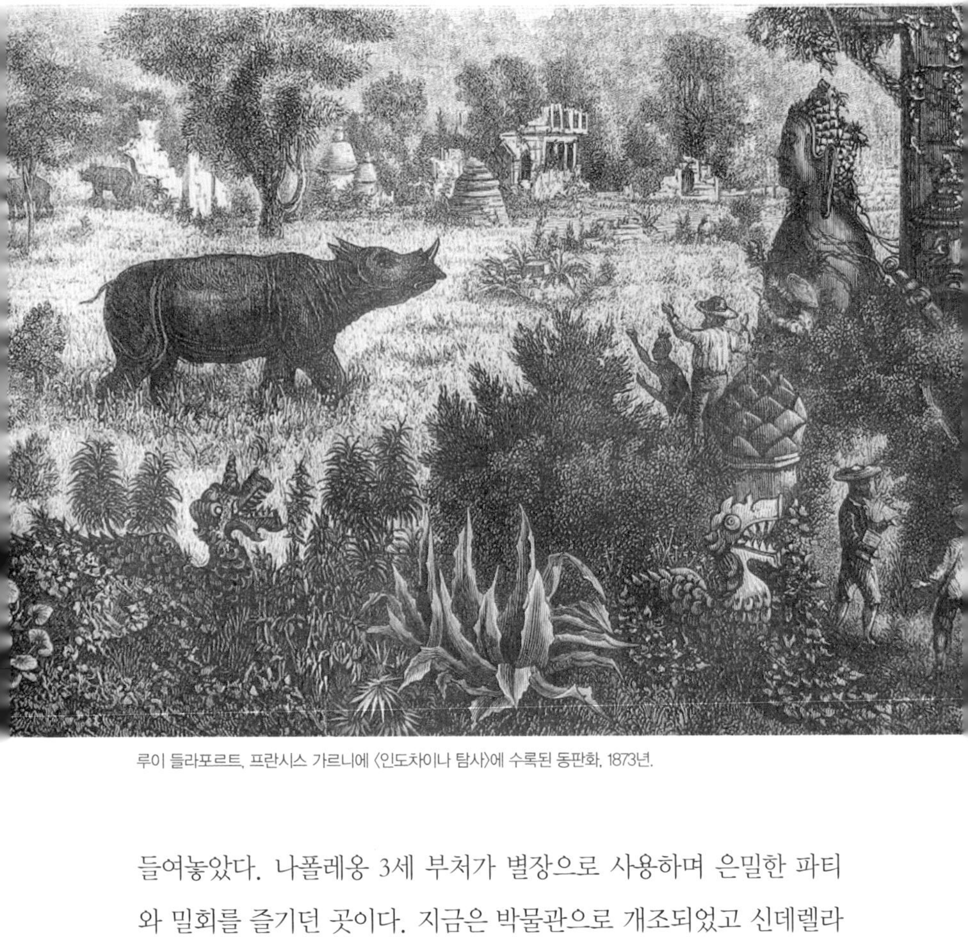

루이 들라포르트, 프란시스 가르니에 〈인도차이나 탐사〉에 수록된 동판화, 1873년.

들여놓았다. 나폴레옹 3세 부처가 별장으로 사용하며 은밀한 파티와 밀회를 즐기던 곳이다. 지금은 박물관으로 개조되었고 신데렐라가 타고 다닌 것과 같은 마차를 전시하고 있다.

1873년, 들라포르트는 지리학회와 해군과 외무성, 문교성의 합작으로 홍하와 윈난 지역을 또다시 탐사했다. 그 결과물인 지도와 보고서 덕분에 들라포르트는 콩고 내륙에서 의료활동을 편 데이비드 리빙스턴 박사와 함께 프랑스 지리학회 공로상을 받았다.

들라포르트는 홍하에서 청나라 대륙으로 치고 올라가려는 새로운 루트 개척에 나섰다. 베트남을 가로지르며 흐르는 메콩 강변과 나란히 북부에서 절경을 펼치며 흘러내리던 홍하(洪河)는 이때 또다시 붉게 피에 물들었다. 사람들의 피비린내가 진동했다. 원래 붉던 황톳빛 강물에 검붉은 핏빛까지 더했다.

당시 청나라 윈난 성, 쓰촨 성 등 남부지역은 수많은 봉기로 어지러웠다. 프랑스는 혼란을 틈타 무작정 치고 올라가기가 뭐했던지 핑계를 내세웠다.

그 전 해에 홍하를 오르내리며 무기밀매를 하던 프랑스 밀수꾼 장 뒤퓌가 하노이에서 베트남 당국에 체포되었다. 코친차이나 총독 뒤프레 제독은 동포를 구하겠다며 특공대를 파견했다. 어려운 임무를 들라포르트와 함께 했던 프란시스 가르니에에게 병력을 맡겨 통킹을 침공했다. 프랑스 해병은 원주민 기독교도의 도움으로 청나라에 반기를 들고 그 지역에 주둔해있던 중국인 흑기군(黑旗軍)과 한판 붙었다. 그러다가 일격을 당한 프란시스 가르니에는 비참하게 사망했다. 1873년 12월 21일의 사건이다. 가르니에 일행은 하노이에서 흑기군의 장령(將領) 유영복에게 붙잡혀 도륙 당했다. 가르니에와 전우들은 머리와 육신이 잘리고 심장을 도려낸 참혹한 시신으로 발견되었다. 중국에서 영남관대첩(嶺南關大捷)이라고 하는 '청불전쟁'의 참극 가운데 하나였다.

유영복은 응우옌 왕조에 협조해 프랑스의 예봉을 꺾은 것이다. 파장은 컸다. 이런 패배의 책임을 지고 프랑스에서 쥘 페리 총리가 사임했다. 쥘 페리는 의무교육제도를 정착시킨 진보적 공화주의자였고 정국에서 좌파로 통했다. 그렇지만 쥘 페리 일당은 인도차이나 식민지 확장에 적극 나섰다가 몰락했다.

통킹은 20세기에 미국이 역사적인 거짓말로 베트남 전쟁을 일으켜 세계적으로 주목받기 전부터 이런 수난을 겪었다. 모두가 탐내는 아름답고 기름진 곳이기 때문이다.

통킹에서 비참하게 전사한 프란시스 가르니에는 프랑스 '해군영웅'으로 추앙받는다. 가르니에도 당대의 많은 군인처럼 야심가였다. 그러나 여자처럼 가냘프고 작은 체구 때문에 동료들에게 "미스 보나파르트"라는 놀림을 받았다. 가르니에의 집안은 대대로 골수 보나파르트 숭배자였다. 보나파르트를 숭배하는 사람들은 나폴레옹처럼 싸워 이겨 벼락출세하는 것이 사내다운 삶이라고 믿었다. '사브르'를 휘두르며 누구든 앞에 나타나면 베어버리고 싶어 안달하는 자들이다. 물론 숙녀들 앞에서는 기사도를 보이겠다며 아양을 떨기 마련이다. 펜싱 선수는 이런 옛 기사도의 아바타였다.

해군에 입대한 가르니에는 1860년쯤 처음 청나라로 들어가 2년을 보냈다. 이때 레오나르 빅토르 샤르니에 제독의 부하로 베이징 하궁에 난입했다.

가르니에는 그 뒤 1863년부터 베트남에서 사이공(호치민 시로 개명) 교외의 가장 큰 화교 타운 '숄롱' 에서 행정관 노릇을 했다.

베이징 원명원 약탈

프란시스 가르니에를 '식민전쟁의 순교자'로 떠받들고 나서 프랑스는 홍하를 마음대로 오르내리며 무역을 시작했다.

그 전 세기부터 가톨릭 교단들은 많은 젊은이를 선교사로 동아시아에 파견해 순교자를 배출했다. 종교의 자유를 앞세워 극동과 동남아시아의 봉건왕조를 겁박하고 군인 영웅들을 배출했다. 군인들은 선교사와 학자 등 동포를 지킨다는 명분으로 전쟁을 벌였다.

가르니에가 1860년 10월 7일 베이징 원명원 약탈에 참여했을 때는 2차 아편전쟁 중이었다. 서양에서는 원명원을 '하궁'으로 부른다. 베이징 공격에는 프랑스 외에도, 영국, 독일, 러시아, 미국, 이탈리아, 오스트리아, 일본의 군대도 가담했다. 여기에 국적 불명의 용병을 비롯해 전쟁터를 찾아다니며 수입을 올리던 무법자들도 뛰어들었다.

많이 복원되기는 했지만 원명원에는 지금도 흉측한 잔해가 뒹굴고, 아직도 온전치 못한 구석이 있다. 중국 사람들끼리도 잔해를 복원할지 그대로 놓아둘지 격론을 벌이고 있다. 그대로 두어 열강의 야만적 침략과 중국의 치욕을 절대 잊지 말자는 사람들이 있는 반면 낙원 같은 공원에 그런 치부를 뭐 하러 남겨 두냐고 반대하는 사람들이 있다. 폐허를 건드리지 말자는 쪽은 신세대에게 깊은 교훈으로 삼아야 한다고 역설한다.

구름이 바람을 타고 날리는 듯 지붕이 우아한 팔운전(排雲殿)이 들어선 만수산(萬壽山)과 곤명호(昆明湖)는 그 이름만으로도 누구든

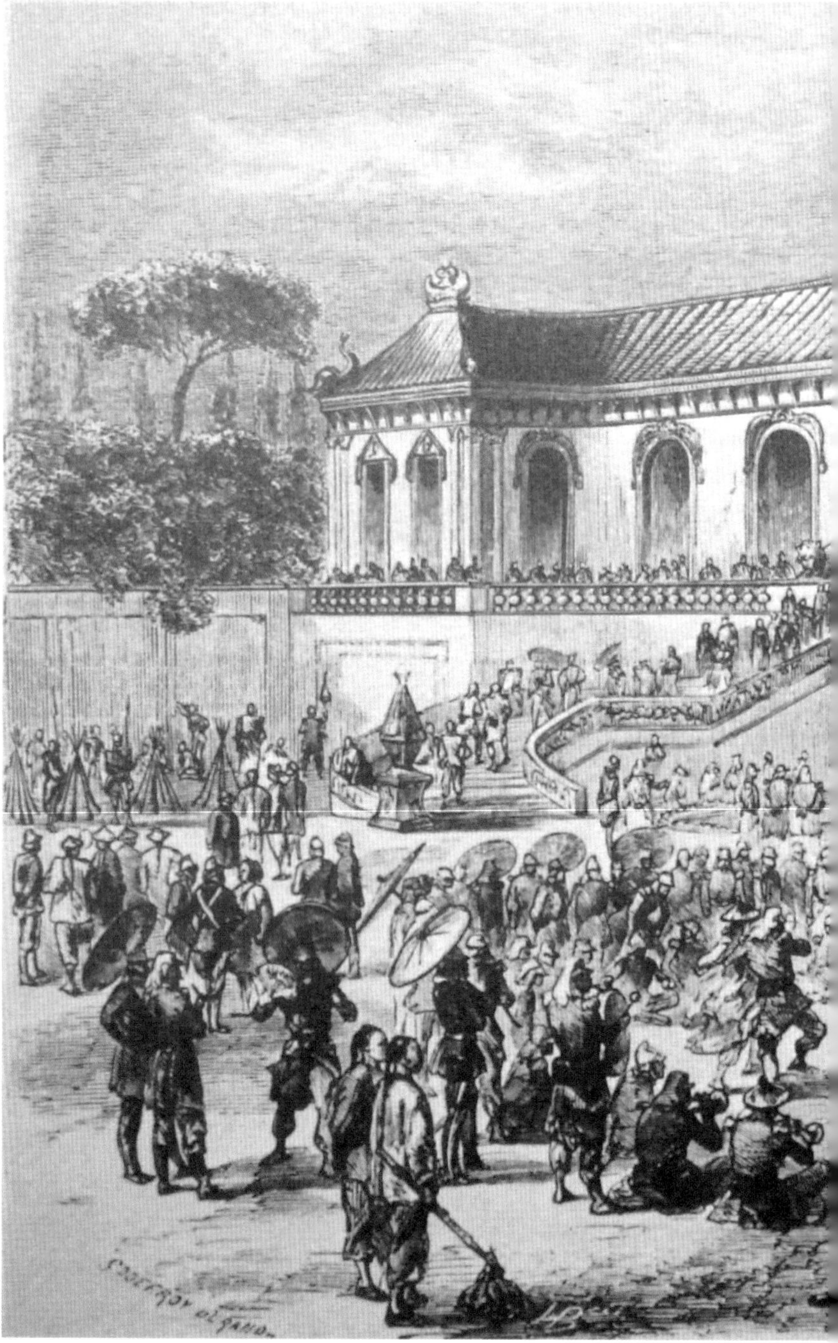

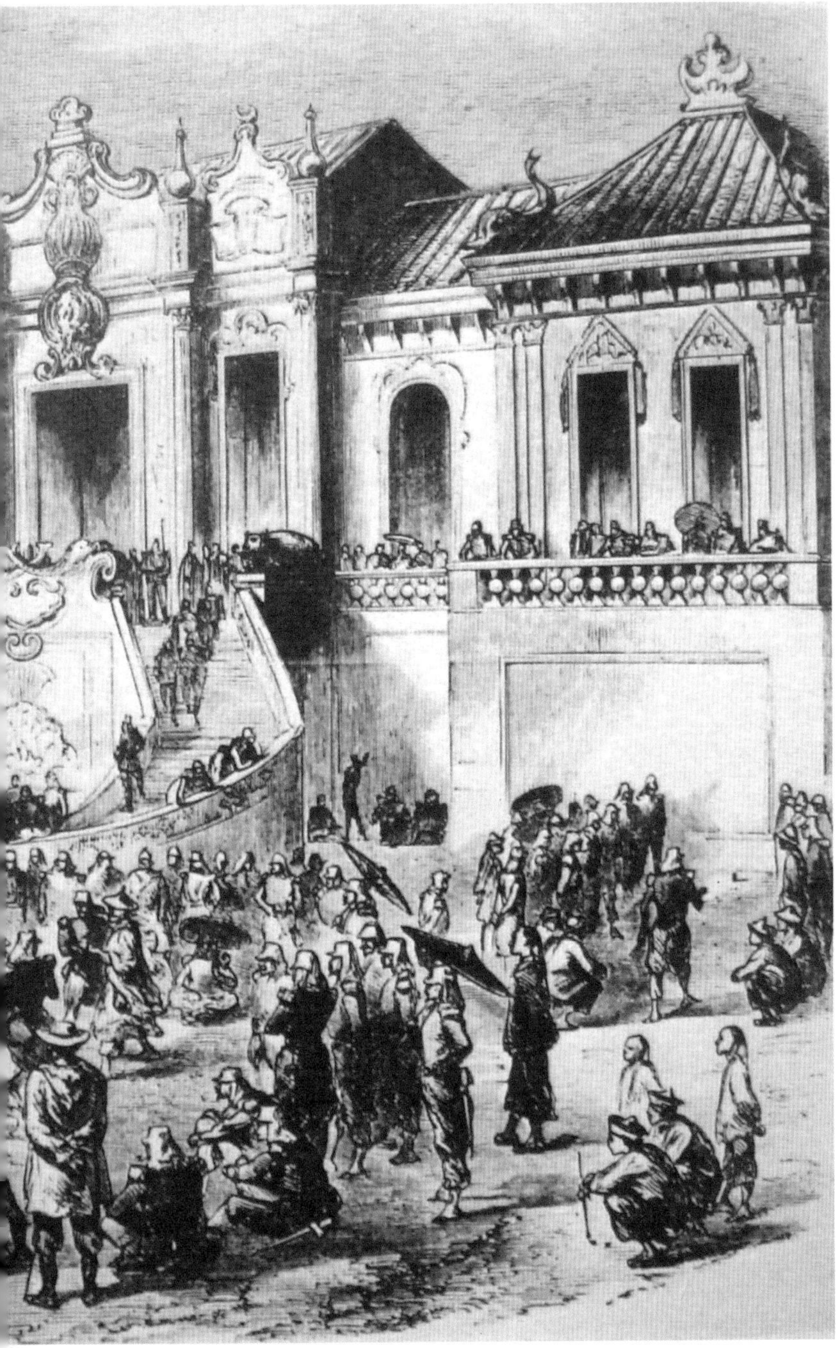

고드프루아 뒤랑 〈영국과 프랑스 연합군의 원명원 점령〉 1860년

한번쯤 가보고 싶어 하는 곳이다. 팔운전은 1892년에 일부 복원되어 도광제와 섭정 서태후의 영빈관으로 사용했다.

아무튼, 원명원을 지상에서 가장 훌륭한 정원이라고 해도 괜찮지 않을까? 중국 사람들은 "만원지원(萬園之園)", 모든 정원 가운데 최고의 정원이라고 부른다.

정원에는 소설가 빅토르 위고의 입상을 세웠다. 위고가 프랑스제국의 만행을 고발했기 때문이다. 위고는 만행이 프랑스 국민의 뜻이 아니라 나폴레옹 3세 정부의 책임이라고 했다. 궁색한 변명은 아닐까. 황제는 프랑스 국민이 지지하지 않았던가? 이런 일은 늘 반복된다. 대역죄를 한두 사람에게 묻고, 더 많은 동조자와 공범과 부역자를 쉽게 용서한다.

현장에 가르니에와 함께 있던 해군장교 아르망 뤼시는 동료가 저지르는 만행을 그날 밤 즉시 고향 아버지께 편지로 전했다.

> 그 이튿날 아침(10월 7일), 장군께서 2개 보병중대를 이끌고 궁전으로 들어갔습니다. 안마당에 전날 밤 전투에서 해군중위 케네에게 죽은 달단 병사의 시신이 자빠져 있었지요. 중위도 그때 부상을 입었어요. 우리는 황제의 방부터 들어갔습니다. 조각, 칠보항아리들이 가득했는데, 2, 3세기 것으로 보이고 높이는 1미터가 넘어요. 황제가 빅토리아 여왕에게 선물로 보낸 것과 같은 물건일 테지요. 놀라운 청동상과 그릇도 즐비했고요.

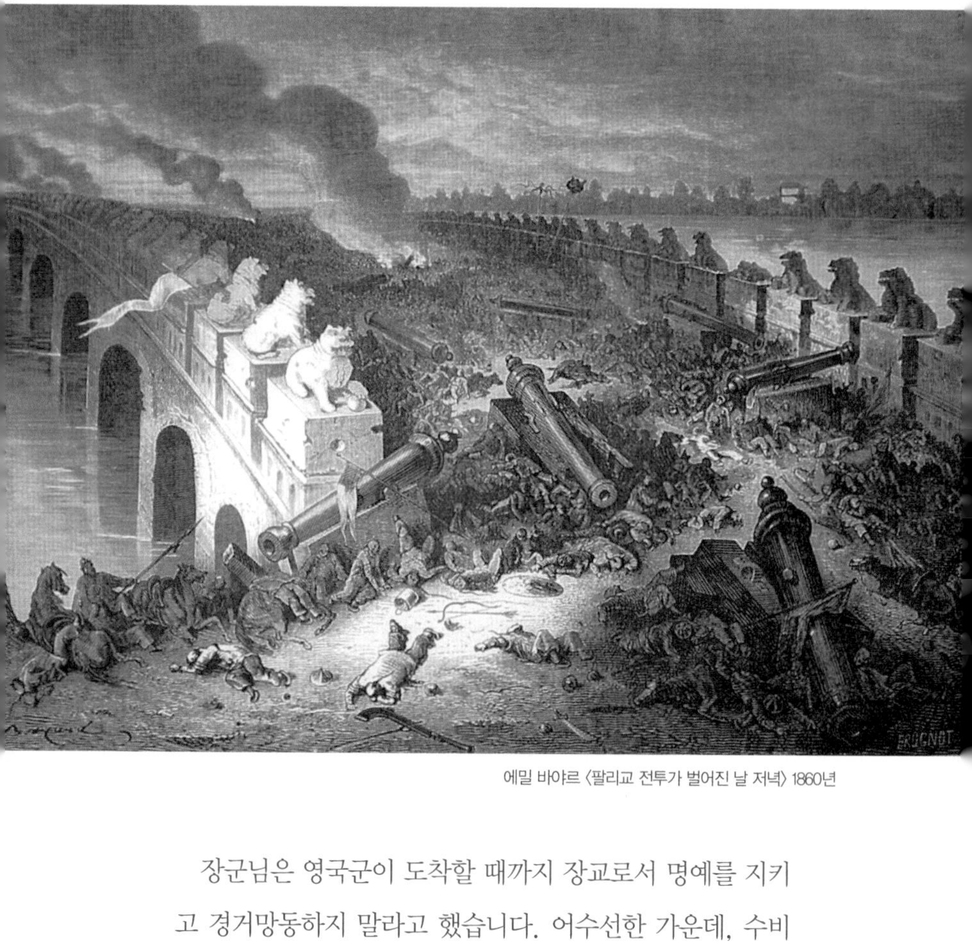

에밀 바야르 〈팔리교 전투가 벌어진 날 저녁〉 1860년

장군님은 영국군이 도착할 때까지 장교로서 명예를 지키고 경거망동하지 말라고 했습니다. 어수선한 가운데, 수비대장 패틀 장군의 부대가 들어와 마구잡이로 물건을 옮겼습니다. 어떻게 아무것도 하지 않고 그냥 지나칠 수 있겠습니까?

프랑스군은 그 며칠 전 영국군과 함께 이미 '금단의 도시' 베이징의 심장 자금성으로 통하는 거대한 다리에서 청군 5

만을 무찔렀습니다. 1446년 명나라 때 놓은 팔리교는 문자 그대로 8리, 4600미터에 달하는 세상에서 가장 긴 다리였습니다. (…)

아르망 뤼시는 계속 털어놓았다.

황제의 방 옆의 곁방들은 작은 사당이었는데, 그 중 하나의 복판에 거대한 보석이 박힌 황금탑이 서 있었습니다. 높이가 12피트쯤 되는데 황제 소유였습니다. 거기 박힌 최고급 진주처럼 빼내기 쉬운 것들을 옮기기 시작하는 모습을 보았습니다.

우리는 정원을 가로질러 또 다른 궁전으로 들어갔습니다. 수상한 늙은 환관이 안내했습니다. 궁전의 앞의 것보다 더욱 아름다웠습니다. 작은 방들로 들어갔습니다. 내가 들어간 방에는 보석이 가득했습니다. 나는 참모장교와 함께 아주 더러운 시계, 연적, 천자의 문방구(지필묵 상자)를 건졌습니다. 영국 화약 상자들도….

서글픈 일도 있었습니다. 영국 통역관이 하는 말이, 내가 찾아낸 서류가 '붉은 잉크'로 쓴 눈부신 것이라면서, 황제의 친서라고 했습니다. 서류들을 나눠가졌습니다. 나도 한 장을 지필묵 상자에 보관했습니다. 하지만 부관이 잃어버렸지요!

그 다음에 무엇을 찾았을까요? 하찮은 장신구들입니다.

귀족들이 작고 고운 손으로 아꼈을 부채들이 있었습니다. 나는 상아조각을 하나 집어 들었는데, 몇 해 전에 사망한 유명한 중국 시인의 서명이 새겨진 것이었어요. 상아조각 두 쪽을 차지했지요. 영국인들이 물건을 경매했고 부채들은 195피아스트르! 엄청나게 비싸게 나왔습니다. 뒤를 이어 각자 물건을 내놓았으니, 물건을 긁어모으지 못한 사람만 딱하게 되었지요. (…)

오후에 이웃 건물들이 불타기 시작했습니다. 다른 장교들과 뛰어가 보니, 문지방마다 심지들이 박혀 있었습니다. 중국 사람들이 불을 놓았던 것이지요. 궁전이 개방되자 너도나도 몰려들어 약탈했습니다. (…)

가구창고는 말할 수 없이 큰 장터가 되어버렸습니다. 우리 병사들이 약탈한 물건들을 내놓았는데 흥미롭고, 한심하고 엉뚱하기 짝이 없는 광경이었습니다. 거의 모든 물건이 부서지고 깨졌습니다. 병사들은 각자 특이한 취미에 맞춰 물건을 약탈했던 물건을 내놓았습니다. 나는 작은 칠보 공예품 몇 점을 건졌습니다. 무엇에 쓸지는 모르겠습니다.

박살이 난 훌륭한 도자기들이 보였습니다. 해묵은 자개, 갈라지게 구운 칠보, 상아, 옥이 바닥에 나뒹굴었고, 병사들은 칠보항아리를 공처럼 발로 차며 놀았습니다. 얼마나 민망하고 한심한 짓인지! 조금 떨어진 곳에 비단가게가 있었습니다. 바닥에 버려진 몇몇 물건을 주웠습니다. 통로에 금사로 짠 비단 몇 피트가 널려 있는데, 경이롭게 수놓이고 기막히게 눈부셨습니다. 이런 물건들을 염치없이 바닥에 내팽겨 치더라고요! 병사들은 1미터당 금화 5루이는 될 비단 폭에 장신구들을 둘둘 말아 챙겼습니다. (…)

이튿날도 말을 타고 궁내를 돌았습니다. 장군을 따라 가장 아름다운 배경에 둘러싸인 경탄할 대리석 탑을 찾았습니다. 루이 15세의 궁도 찾아냈습니다. 아침까지도 '고블랭' 양탄자가 고스란히 남아있었습니다. 중국 의상들과 중국으로 입국한 유럽인의 모습을 수놓은 것들인데, 루이 15세께서 강희제께 선물했던 이것만은…, 안전하게 걸려있었습니다! 그 곁에 루이 15세 왕가의 훌륭한 초상화들도 걸려 있었고…, 밑에 이름까지 붙어있었습니다. (아르망 뤼시 〈편지〉)

중국에서 벌어진 전쟁으로 삽화가들이 매우 바빴다. 벨기에 화가로 파리에서 일하던 고드프루아 뒤랑은 급보로 들어온 베이징 함락 소식을 사진자료를 참고해 판화로 옮겼다.

인기 절정의 삽화가 에밀 바야르도 베이징으로 들어가는 길목의 팔리교(八里橋)에서 거대한 전투가 벌어진 날의 참상을 그렸다. 에밀 바야르는 빅토르 위고의 소설 〈비참한 사람들〉(레미제라블)에 삽화를 맡아 특히 장발장의 딸, 코제트를 아름답게 "그려낸" 화가였다.

미녀 첩자 카스틸료네 백작부인

〈카스틸료네 백작부인〉미켈레 고르디자니

피렌체 화가 미켈레 고르디자니(1835–1909)는 미켈란젤로 카페에서 많은 친구와 사귀었다. 카페는 피렌체 종착역전 광장 동쪽 산 마르코 수도원박물관 모퉁이 '비아 카보우르' 거리에 있었다. 지금은 사라지고 없지만, 이탈리아 독립전쟁이 한창일 때 문인, 예술가, 외지에서 들어온 정객들은 이 카페를 드나들었다.

1860년, 고르디자니는 파리로 옛 친구 비르지니아 올도이니를 찾아갔다. 피렌체 출신이면 누구나 알만큼 유명하던 비르지니아는 이제 카스틸료네 백작부인으로 통했다. 비르지니아는 호칭만 '부인'이었지 결혼하고 금세 별거해 자유롭게 지냈다.

부인의 주선으로 고르디자니는 정계와 사교계 인사들과 왕족, 귀족의 초상을 그렸다. 런던에 가서 빅토리아 여왕과 부군 앨버트 공의 초상도 그렸다. 많은 초상 중에서도 고르디자니는 〈카스틸료네 백작부인〉 덕에 주목받았다. 모델이 워낙 특이한 인물이었기 때문이다.

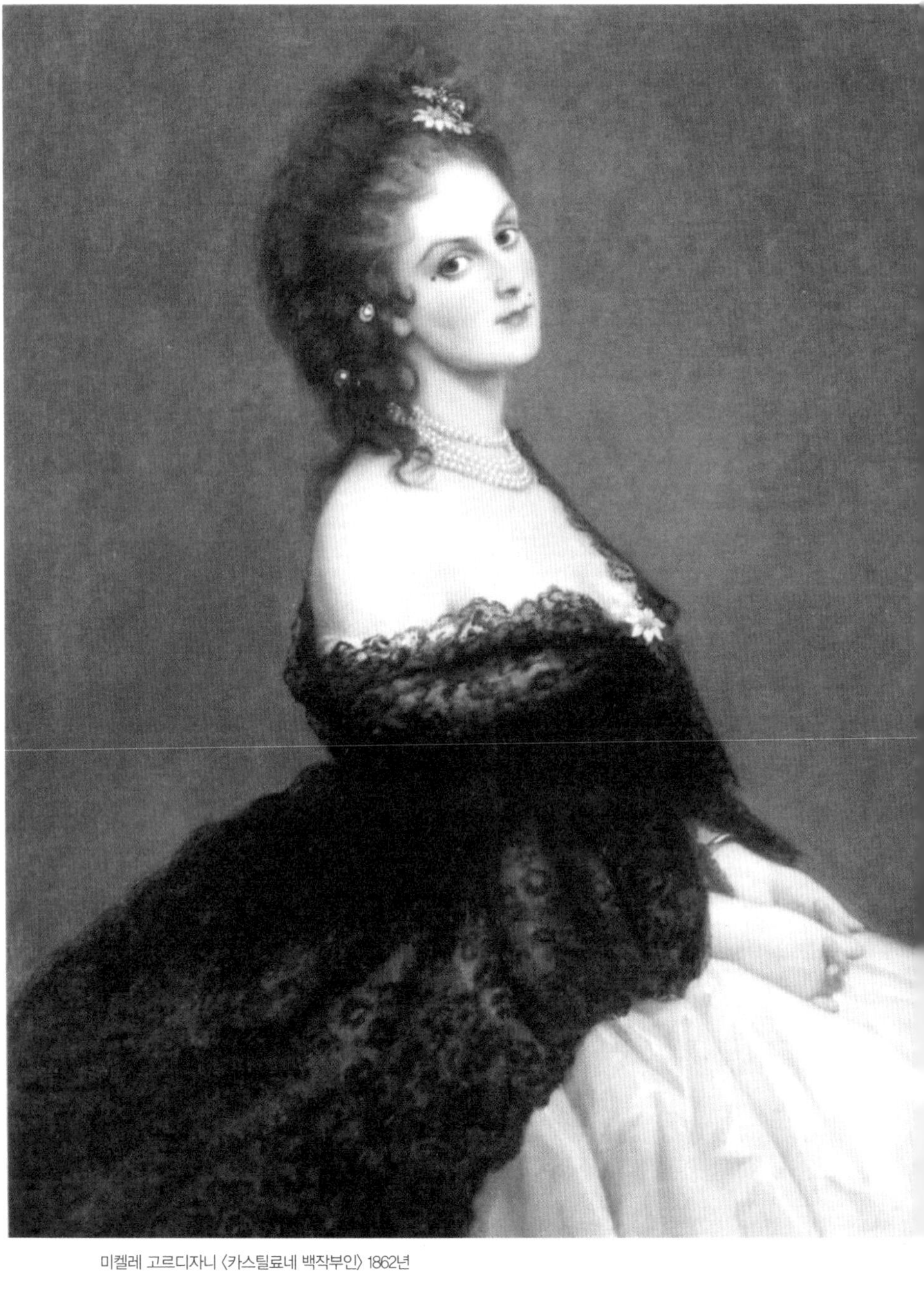

미켈레 고르디자니 〈카스틸료네 백작부인〉 1862년

고르디자니의 친구들은 밀라노의 민족주의자였다. 고르디자니는 번역가 안드레아 마페이 백작 부부와도 친했다. 마페이 백작부인 클라라는 자존심 강한 토착귀족인 반면, 클라라의 남편 마페이 백작은 이탈리아를 통치하던 오스트리아제국의 관료였다. 마페이 백작은 제국의 관리였지만 이탈리아를 완전히 배신하지는 않았다. 마페이 백작은 바이런, 위고, 하이네 등 국적을 가리지 않고 낭만주의 작가 작품들을 이탈리아어로 번역했다. 마페이 백작은 세련된 번역으로 이탈리아 시민의 많은 사랑을 받았다.

이탈리아 통일운동

1848년 봄, 유럽 대도시들에서 시작한 민중혁명의 바람이 이탈리아로 불어 닥쳤다. '밀라노의 닷새(칭케 조르나테)' 동안 독립운동이 일어났을 때, 마페이 백작은 난처했다. 닷새 동안 시민과 독립운동가가 합세한 시위가 벌어졌다. 오스트리아제국은 시위를 내전으로 간주했다. 사람들은 횃불을 들고 뛰어나왔다. 오스트리아 점령군 사령관은 요한 스트라우스가 지은 〈라데츠키 행진곡〉으로 알려진 라데츠키 백작이었다.

클라라는 독립운동을 열렬히 지지했지만 마페이 백작은 민족주의에 부정적이었다. 교양이 풍부한 백작은 다른 문화를 깊이 이해하는 엘리트로서 민족주의를 편협하다고 보았기에 부부 간에 의견 차이가 너무 심했다. 부부는 이탈리아가 통일되기 전에 갈라서고 말았다. 아무리 한 몸이 되어 뜨겁게 사랑한다던 사람들도 생각이 다르고 영혼이 식으면 별 수 없었다.

당시 이탈리아의 분위기를 엿보자.

> '왕국을 정복하자, 이탈리아 통일 만세!'
>
> 흥분과 동요, 행군, 애국의 노래가 매시간 뒤섞인다. 밤에도 시내는 조용하지 않았다. 마치 열병에 걸린 듯…. 비토리오 엠마누엘레 왕실의 장관은 이탈리아가 신랄한 병, 유례없이 이상한 괴질에 걸렸다고 했다. '가리발디 병'이라고.
>
> 병이든 아니든, 이 운동에 모든 지방이 한뜻으로 동참했다. 조국해방을 위한 원정대에 병력을 파견하며 자랑스러워했다.
>
> 각 도시의 자존심, 해묵은 지역 간 감정으로 전에는 "이탈리아라는 나라가 어디 있냐?"며 부정하던 지방들이 통일만 생각하며 증오를 잊어버렸다. 서로 잡아먹지 못해 싸우던 작은 나라들이 오늘 같은 조국을 일으키려고 하나로 뭉쳤다. 모든 노력으로 '이탈리아'라는 이름을 구체화했다. 헛되지 않았다. 이탈리아라는 이름은 실제로 이탈리아 민중이 원하는 나라가 될 것이다. (막심 뒤캉)

카스틸료네 부인은 고르디자니보다 다섯 해 전에 파리에 정착했다. 카스틸료네 부인의 과거 남자친구 가운데 사르데냐 왕 비토리

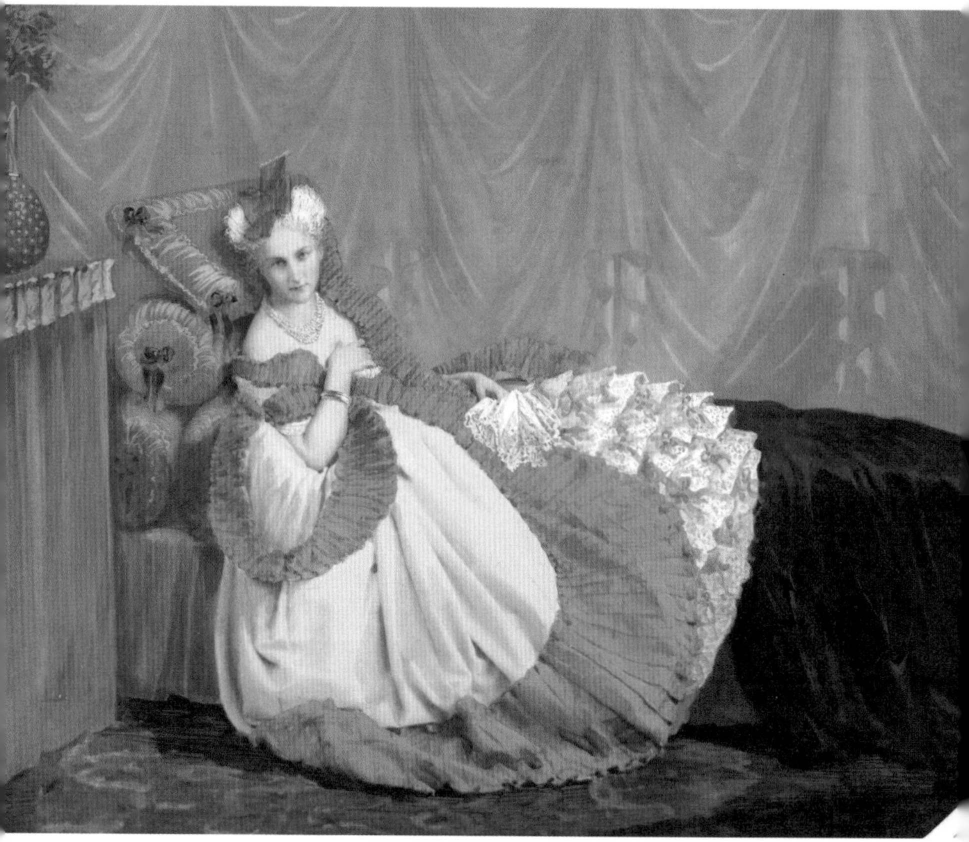

피에르 루이 피에르송 〈카스틸료네 백작부인〉 1860년경

오 엠마누엘레 2세가 있었다. 이탈리아 독립운동에서 중요한 역할을 했던 왕이다. 엠마누엘레 2세는 옛 여자 친구가 신혼이지만 남편과 성격차이로 냉랭한 줄 잘 알았다. 바로 엠마누엘레 2세가 카스틸료네 부인에게 파리로 건너가 재미있게 살아보라고 권했다. 카스틸료네 부인은 애를 낳자마자 파리로 떠났다. 그때 나이 19살(우리 나

이)이었다.

사실 엠마누엘레 2세는 '세기의 미녀' 카스틸료네 부인에게 특별한 부탁을 했다. 프랑스 황제를 유혹해 이탈리아에 유리한 협상 테이블로 끌어내달라는 것이었다. 이탈리아가 오스트리아제국과 시칠리아-나폴리 왕국을 몰아내고 독립해 통일하려고 사방에서 싸우던 시절이다. 사르데냐 왕국은 프랑스의 힘을 빌려 통일을 주도하려고 했다.

1856년 1월 9일, 카스틸료네 백작부인은 정가의 마당발 보나파르트 가문의 마틸드 공주 자택 연회에서 황제 내외를 처음 만났다. 이날부터 황제 나폴레옹 3세는 백작부인에 홀딱 빠졌다.

플롱비에르 밀약

1858년 7월 21일, 프랑스 동북부 샹파뉴 근처 오늘날 보주 국립공원 플롱비에르(지금은 '플롱비에르 레 뱅') 별궁에서 나폴레옹 3세는 사르데냐 왕국의 총리대신 카보우르와 비밀리에 만났다.

프랑스는 오스트리아와 싸우는 사르데냐를 지원하기로 했다. 대신 프랑스는 사부아 공국(철학자 장 자크 루소가 은신했던 알프스 산자락)과 지중해의 알짜배기 항구 니스를 받기로 했다. 독립전쟁 끝에 1861년부터 비토리오 엠마누엘레 2세는 통일 이탈리아 왕국의 첫 번째 국왕이 된다. 비토리오 엠마누엘레 2세는 영지의 일부를 떼어주는 통 큰 정치로 이탈리아 통일의 여세를 이어갔다. 또 맏딸을 나폴레옹 3세의 사촌 제롬 왕자에게 시집보내 자신이 할 수 있는 모든 수단을 동원해 프랑스의 지원을 받아내었다. 그래서 비토리오 엠마누엘레 2세는 "국부(國父)"로 존경받았다.

나폴레옹 3세는 이미 그 전 해 별장 사냥터 콩피에뉴 숲에서 시작된 카스틸료네 백작부인과 사랑에 취해 있었다. 백작부인과의 사랑이 자연스레 이탈리아 사랑으로 이어졌을까?

카보우르 수상과 회담을 마친 황제는 들뜬 몸을 식히려고 아이스케이크를 대령하도록 했다. 이때 즉석에서 만든 것이 "플롱비에르 아이스케이크"가 되었다. 이 빙과는 유명해졌지만 그전부터 있었다는 주장도 있다.

"1798년, 파리 시내 한 식당에서 토르토니라는 명장이 손님들에게 간식으로 내놓았다."

카스틸료네 백작부인은 '공식적으로는' 유부녀 신분이었다. 그런데 유부남 황제 나폴레옹 3세와 관계를 공공연히 떠벌렸다. "심야에 독대했다"는 둥, "어디에서 같이 밥을 먹었다는" 것이었다. 점잖은 사교계 인사들이 눈살을 찌푸릴만한 언행이었다. 더구나 백작부인은 황제가 비자금으로 마련해준 어마어마한 선물(귀금속과 장신구)을 자랑하는 바람에 황제마저 그녀의 경솔함에 질려버렸다. 게다가 고약하게 꼬인 사건마저 터졌다.

1857년 4월 6일 새벽, 황제는 카스틸료네의 집에서 나오던 중 이탈리아 괴한 3명에게 피습 당했다. 괴한은 독립운동가 주세페 마치니의 사람들이었다. 이렇게 백작부인은 세상을 뒤흔든 황제암살미

수에 연루된 혐의를 받고 프랑스 국외로 쫓겨났다. 억울한 누명이었지만 누가 이런 혐의를 퍼트렸을까. 혹시 귀찮은 애인을 차버리려는 황제의 속셈을 내무장관이나 검찰이 잘 알았던 것 아닐까? 또 다른 의혹들도 줄을 이었다.

하지만 정가에는 황제 못지않게 막강하던 마틸드 공주가 있었다. 공주가 힘을 써 백작부인은 금세 돌아왔다. 마틸드 공주는 황제와 4촌 사이로 과거 약혼녀였다. 황후가 될 뻔했던 친척이자 나폴레옹 1세의 막냇동생 제롬의 딸이다. 마틸드 공주는 자기 영향력을 중매쟁이처럼 좋은 일에 썼다는 평판을 남겼다.

마틸드 공주는 보나파르트 가문의 공주들 가운데, 예술에 몰두한 채 정치에 거리를 두고 평화롭게 지냈다. 골치 아픈 정치보다는 누구하고든 어울려 놀기 좋아했다. 말하자면, 멍석을 깔아주고 자신은 별로 간섭하지 않았다.

마틸드 공주는 제국의 공식 사교계와 나란히, '소성당'이라고 부른 살롱을 운영했다. 정치문제보다 순수한 문학과 예술에 관심을 두는 사람들의 사랑방이다. 그렇다고 실세에 줄을 대려는 사람들이 드나들지 않는다는 뜻은 아니지만….

카스틸료네 백작부인은 최신유행의 중심지 마예르, 피에르송 형제의 사진관을 드나들었다. 명사들은 누구나 사진관에서 초상을 박았다. '명함판 사진'이라는 손바닥만 한 사진이다. 유명 인사들의 명함판 사진은 날개돋인 듯 팔려나갔다. 백작부인은 화려한 모습으로 분장하고 수백 점씩 사진을 찍어, "사상 최초의 모델"로도 알려졌다. 이런 사진 덕에 감히 외제니 황후를 넘보며 '최고미녀' 행세를 했다. 위험천만하기 짝이 없고 겁 없는 행보였다.

카스틸료네 백작부인은 사진으로 미모를 주변에 과시했다. 백작부인은 모델비를 받지 않았다. 되레 막대한 촬영경비를 내놓았다. 촬영할 때에는 과감하게 섹스어필을 내세운 포즈를 즐겼다. 비스듬한 자세로 종아리를 내놓은 포즈는 보통 여자들이라면 펄쩍 뛰며 얼굴을 붉히는 것이었다. 백작부인의 사진만 모으는 수집광들도 나왔다.

시인 로베르 드 몽테스키우는 백작부인의 사진을 수백 점 넘게 모았다. 이런 사진 중 일부는 뉴욕 메트로폴리탄 박물관으로 들어갔다. 몽테스키우 백작의 수집벽을 마르셀 프루스트는 소설 속의 인물에 반영해 〈잃어버린 시간을 찾아서〉에서 샤를뤼 남작으로 등장시켰다.

카스틸료네 백작부인은 '미색'으로 세상을 틀어쥐고 제2제정의 황제 다음의 2인자와도 사귀었다. 여당 보나파르트 파의 거물 외젠 루에르의 애인이 되었다. 아무렴, 백작부인은 두목과 부두목 모두의 애인이었다!

루에르는 총리급 국무장관으로 '부황제'라는 별명으로 통할만큼 막강한 실세였다. 황제가 사망하고 나서도 보나파르트 파의 실질적 우두머리였다. 루에르는 산업장관 시절에 자유시장, 철도와 운하 건설 등으로 증시를 활황으로 이끌고 영국과 무역협정도 타결했다. 그러나 루에르는 독재를 강화하려고 언론을 탄압해 많은 예술가, 지식인의 원성을 샀다.

"내정에서는 가장 싸늘한 인물이었다. 검열법을 만들 때는 싸늘하고 냉혈한 정치인이지만 애인 곁에서는 뜨겁게 돌변했다…."

루에르는 정적에게 혹평을 받았다. "국가대사를 넓게 보고 국정을 수행하기에 너무 무능하다", "토론도 할 줄 모르고 빈말이나 일삼는 촌놈 아니냐"고 무시당했다.

루에르는 내정에는 철권, 외교에서는 솜방망이였다. 프로이센의 공격에 나라를 내주고 그의 내각은 무너졌다.

어느 나라 정부에서나 비슷한 구도다. 안에서 잘못할수록 밖에서 잘한다는 소리를 들으려 했다. 반대로 밖에서 잘못할수록 안에서 잘한다고 으스댄다. 유능한 정부는 안팎으로도 잘하기 마련이고 미련한 정권은 어느 쪽으로도 헛발질이나 하면서 국민을 고생시킨다. 안팎으로 그르친다면 모든 국민이 "이게 나라냐!"라고 한탄한다.

백작부인의 옛 애인 나폴레옹 3세는 독일 비스마르크의 군대가 밀고 들어오자 부인에게 마지막 부탁이라며, 무서운 독일 재상을 한 번 녹여달라고 애원했다. 엉큼한 계략이지만 통하지 않았다. 비스마르크는 확고한 개신교도 아닌가. 무뚝뚝한 독일영감은 이탈리아 여자의 교태에 꿈쩍하지 않았다. 알프스 이남의 까탈스런 여자라면 무조건 밥맛 없어하는 게르만 사내들이니까. 남자의 말을 고분고분 따르는 여자를 '독일여자'의 미덕이라며 칭찬하는 사내들이니까 말이다.

카스틸료네 백작부인은 시들어가는 얼굴에 몹시 괴로워했다고

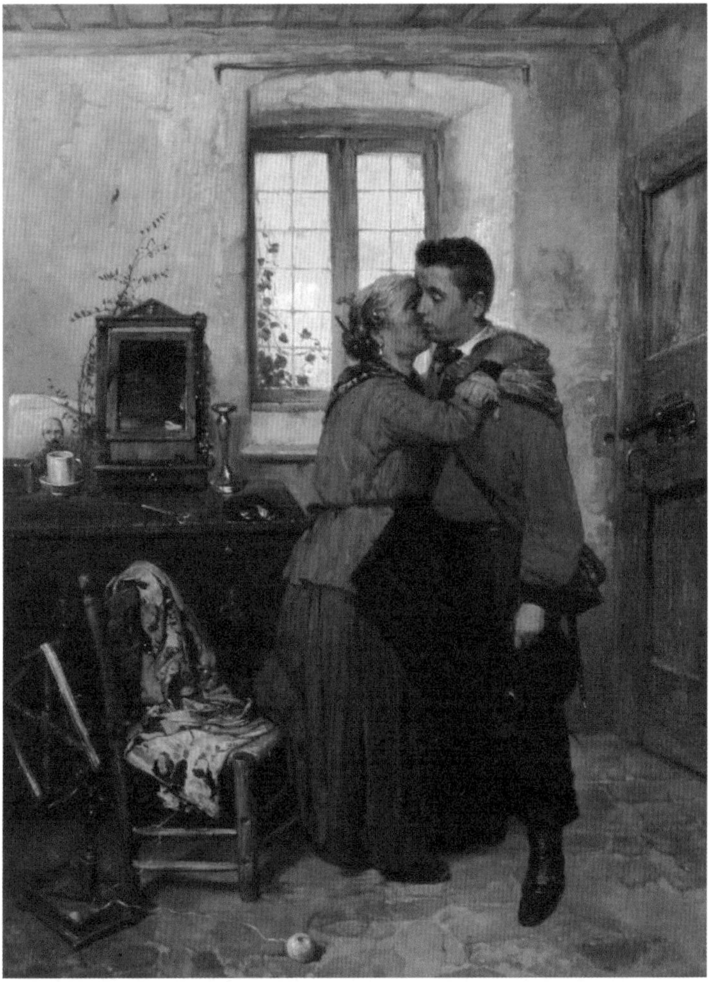

제롤라모 인두노 〈가리발리 독립의용군으로 입대하러 떠나는 아들〉 1860년

한다. 백작부인은 나이 들고 무르익는 멋을 도대체 몰랐다. 부인은 잔주름과 퇴색하는 피부에 애태웠다. '주사'처방은 꿈도 꾸지 못하던 시절이다. 그녀는 깊은 생각으로 마음을 고르고, 넓은 가슴으

로 사람들과 삶을 사랑할 줄 몰랐다. 자녀와 이웃과 세상을 깊이 이해하는 즐거움을 눈곱만큼도 몰랐다. 그래서 홀로 징징대었다. 그래봐야 주름만 깊어지고 살결만 타들어가지 않았을까! 피부, 거죽에 아무리 크림을 발라봐야 소용없다는 것, 머릿속과 영혼을 맑게 해야 추해지지 않는다는 것을 몰랐다. 백작부인은 시들어가는 자기 모습을 못 견뎌하며 사람을 피하고 또 미워하며 살았다. 그렇게 남의 눈만 신경쓰다보니 쇠약해지고 공연히 타인을 미워했다. 백작부인은 추한 꼴을 보이기 싫어해 야밤에만 외출했다고 한다. 사방을 거울로 붙인 아파트 속에 파묻혀 살다 가난과 고독 속에 죽었다. 예순셋의 나이로 숨을 거둘 때 애완견들만 임종을 지켰다.

아프리카 분할

〈베르사유 궁의 독일제국 선포식〉 안톤 폰 베르너

1871년 1월 18일, 독일 북부 프로이센 왕국의 빌헬름 1세는 서쪽 하늘 밑에서 가장 웅장한 베르사유 궁전에서 거국적 행사를 치렀다. 독일을 제국으로 또 자신을 황제로 선포했다. 행사장은 환상적인 '거울의 방'이었다. 방탕하게 살다가 단두대에서 사라진 마리 앙투아네트 왕비가 즐겨 놀던 방이다.

그림에서, '철혈재상' 비스마르크는 보수파가 항상 좋아하는 '백의의 천사'나 '백마 탄 왕자'처럼 백색제복 차림이다. 이런 순결한 이미지보다는 '백색 테러'를 즐기는 냉혈한의 이미지로 보이지 않을까? 아무튼, 철혈재상은 대담한 공세로 프랑스를 굴복시켰다. 북쪽의 벽촌 독일은 유럽 최강국으로 떠올랐다. 비스마르크는 제국으로 편입한 왕국들의 반발을 피할 모양새를 갖추려고 했다. 그래서 바이에른의 루드비히 2세를 막대한 자금으로 매수했다. 제국이 출범하는데 잡음을 없앨 비자금도 크게 들였던 것이다.

프로이센 국왕 온건보수파 빌헬름 1세는 군국주의 팽창정책을 별로 마땅해하지 않았다. 그래서 '독일황제'라고 하지 않고 그냥 '빌헬름 황제'라고 부르자고 할 만큼 소심해서 다른 왕국들의 반발로 내전이 터질까 걱정했다. 빌헬름 1세는 1848년의 혁명 이후 "프랑스 국민의 왕"처럼 "독일 국민의 황제"라는 칭호도 듣기 싫다고 했다. 왜냐하면 자신을 '하늘이 내려주신' 신성한 프로이센 군주라 굳게 믿었기 때문이다. 빌헬름 1세는 청나라 황제와 정반대로 신중했다. 청의 도광제는 망해가면서도 외세를 인정하지 않고 허풍이나 부렸던 것이나 조선 국왕 고종도 대한제국과 황제를 칭하며 허둥대던 것과 매우 대비된다.

아무튼, 베를린을 중심으로 독일제국을 세운 주인공 비스마르크 재상은 1884년에 한 번 더 세계사의 중심에 섰다. 마치 세계의 한복판에서 교통정리를 맡듯이 베를린 회의를 마련했다. "공정한 중재역"을 했다고 보는 사람도 있지만, 실상은 더러운 식당에서 '서빙'하는 매니저 역할이다.

베를린 회의

1884년 11월 15일, 열강 대표들이 베를린에 모였다. 대표들은 1873년부터 벌써 10여 년간의 큰 걱정거리인 경제 불황의 돌파구를 찾으려 했다.

독일과 포르투갈이 주빈을 맡고 오스트리아, 헝가리, 덴마크, 스페인과 프랑스, 영국과 러시아, 이탈리아, 네덜란드, 러시아, 스웨덴, 노르웨이, 오토만터키, 미국, 벨기에가 참여했다. 회의는 이듬해 2월 26일까지 계속되었다. 비스마르크는 통상장관으로 참석했지만 사실상 그가 회의를 주도했다.

열강의 경제 불평등은 어느 때보다 깊었다. 산업혁명으로, 증시와 은행과 공장으로 쌓아올린 부는 일부 계층만 누렸다. 경기침체로 하층민의 고통은 극심했다. 각국 정부는 혁명의 위협을 느꼈고, 이미 파리에서 1871년 급진민중혁명(파리코뮌)이 일어났다. 세상을 뒤엎겠다는 민심이 무서운 현실로 나타났다.

이런 위기에 열강은 아프리카의 자원에 희망을 걸었다. 해법은 분명했다. 서로 부딪치지 않고 검은 대륙을 좀 더 체계적으로 착취하려고 모였다.

많은 화가가 이런 고약한 회의를 풍자하는 그림들을 쏟아냈다. 서구열강이 '베를린' 레스토랑에서 나이프와 포크를 들고 아프리카를 어떻게 요리해 먹을까 군침을 삼키는 모습이다.

주최국 '독일제국'은 짭짤한 실리를 채웠다. 독일은 카메룬과 탄자니아, 나미비아 등을 얻었다. 카메룬은 황금해안에서, 탄자니아는 나일 강 상류 빅토리아 호변과 인도양 연안을 끼고 있다. 독일 사람들이 '서남아프리카'라고 했던 나미비아는 대륙 남단에서 가장 비옥하다. 독일은 북아프리카 지중해 연안의 이슬람 지역을 제외하면 사하라 이남에서 가장 탐스런 지역을 먹었다.

그러나 독일 국내 문제는 케이크 자르듯 간단하지 않았다. '세기의 보수주의자' 비스마르크는 바짝 긴장했다. 그는 노동자를 달랠 방법과 독일제국을 뒤집을지 모를 계급혁명을 막으려고 고심했다.

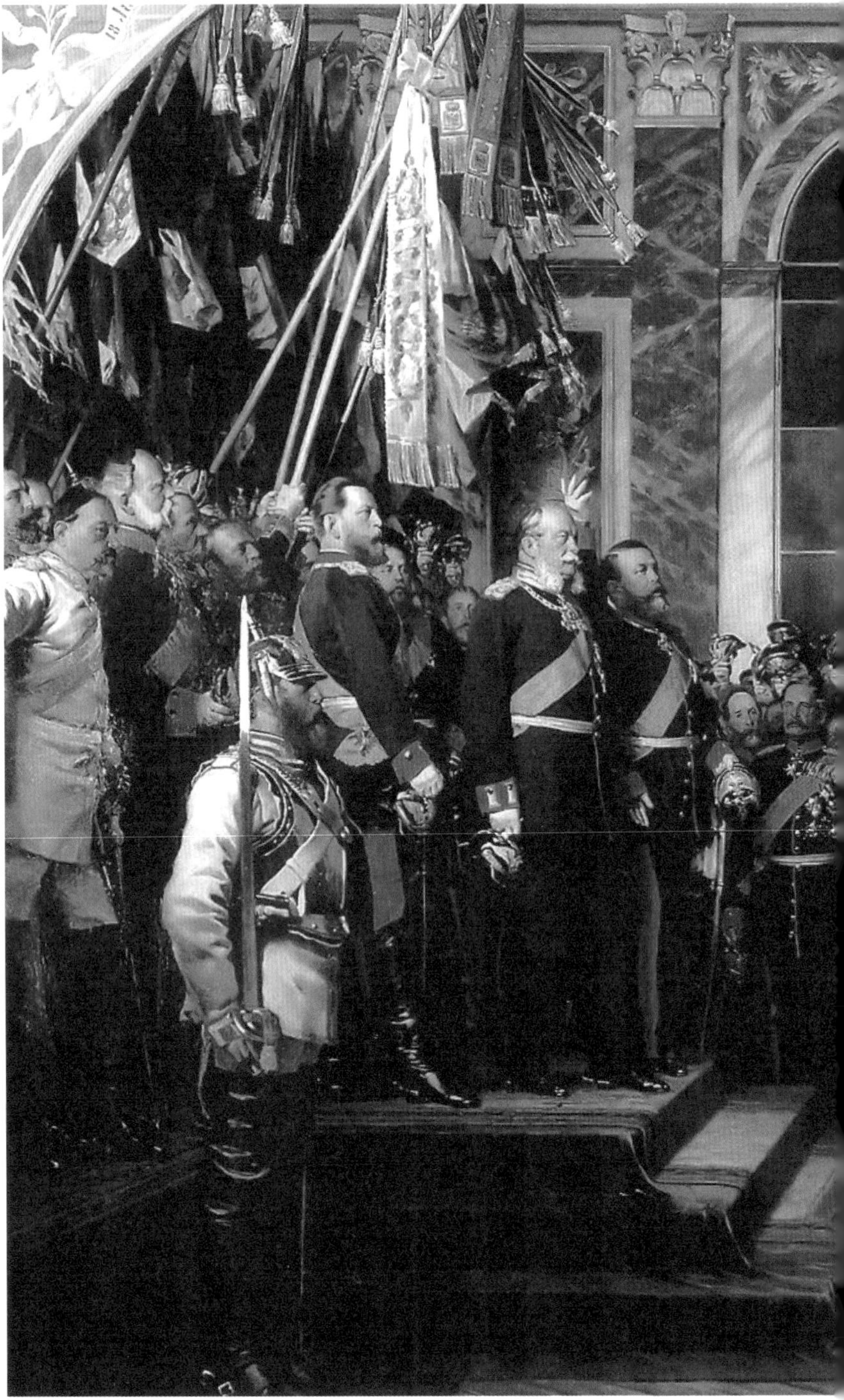

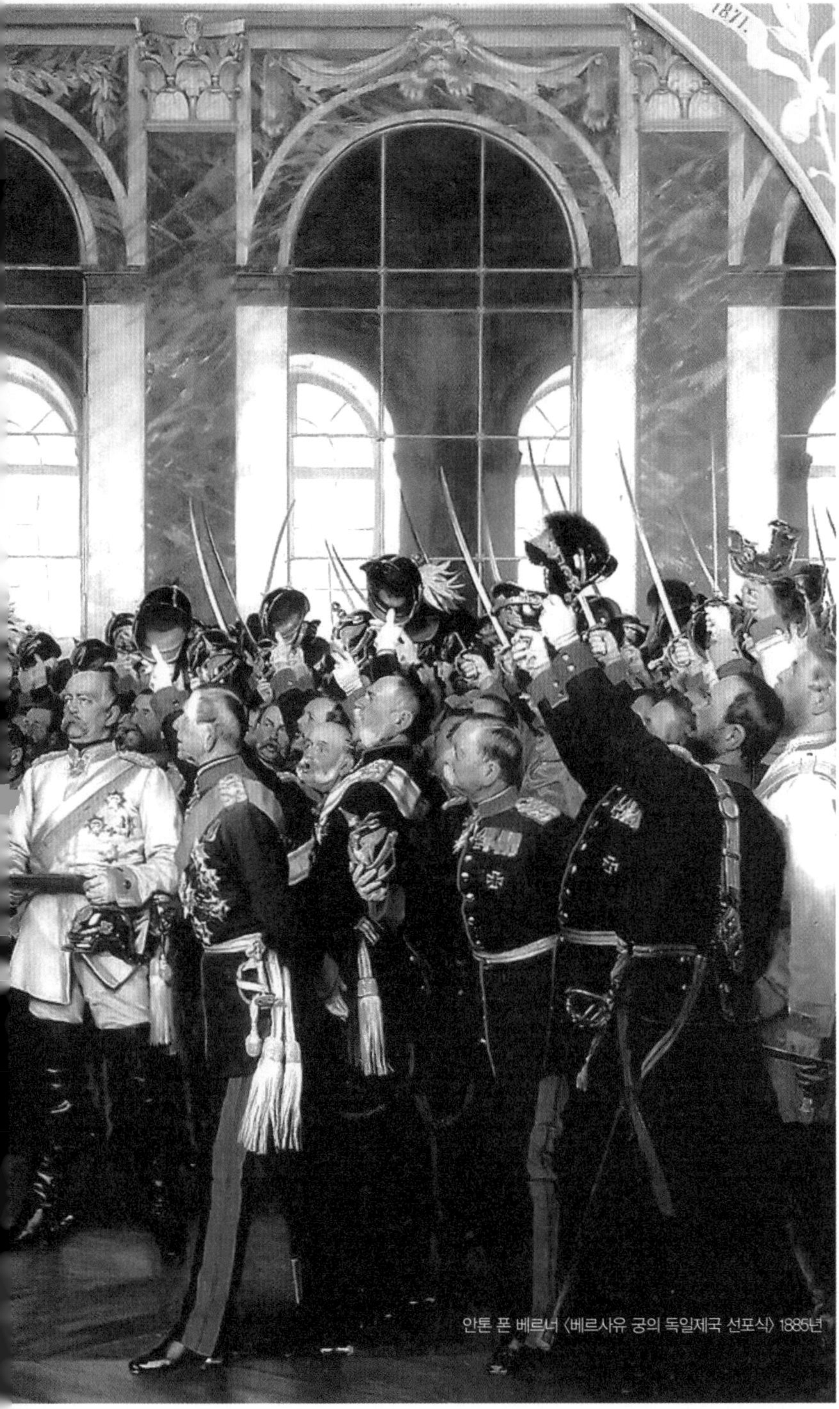

안톤 폰 베르너 〈베르사유 궁의 독일제국 선포식〉 1885년

그래서 살벌한 공안정국을 조성했다.

가톨릭과 사회민주주의를 탄압하고 남부의 로마가톨릭신자를 억압했다. 1872년 이후 이런 탄압을 '문화투쟁'이라고 했다.

비스마르크는 "법치로 싸우자. 노조, 집회, 사회주의 언론부터 제압하자"고 결심하고는 언론인, 지식인, 혁명가를 과거 메테르니히의 수법대로 구금하거나 추방했다. '반사회주의 법'에 의한 탄압이다.

복잡한 상황은 탄압으로 단순한 구도가 되었다. 기득권 세력이 '사회주의'로 대표되는 혁신세력을 때려 부수는 싸움이었다. 비스마르크는 암살의 위험에 시달릴 만큼 대중의 미움을 받았지만 끄떡하지 않았다. 그는 해산과 총선거로 의회를 장악하고 반사회주의 법안을 통과시켰다. 무리한 반동법안에 대한 반발은 거셌다. 오히려 공산주의사상이 반사이익을 얻어 더 널리 퍼졌다.

폭군이라는 유령

폭군 기질의 비스마르크는 항상 결재 받듯 하는 의회를 성가셔했다. 흔히 '카리스마'가 있다는 인물들은 조폭두목처럼 매사를 제멋대로 하기 좋아하고 이상하게도 대중은 이렇게 거들먹거리는 인물을 선망한다. 비스마르크도 대중선동 정치를 편안해 했다. 비스마르크는 의회와 정당을 무시하고 여론을 밖으로 돌렸다. 그는 늘 대중에게 애국심으로 최면을 걸고 대중에게 정치혐오를 심어주어 정당을 무시하도록 했다. 그렇게 진보세력의 기반을 없애려 했다. 비

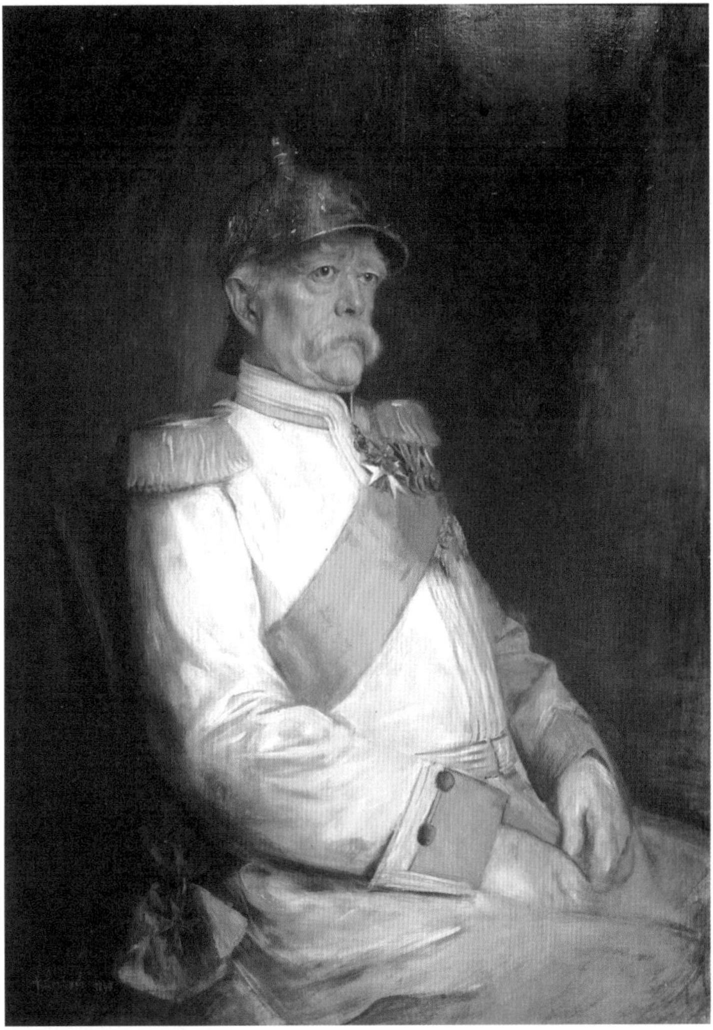

프란츠 폰 렌바흐 〈비스마르크〉 1890년

스마르크 다음 세대에 등장한 히틀러는 비스마르크의 환생이라고 할 만하다.

비스마르크는 훗날 히틀러가 굳히게 되는 "국가사회주의"라는 말을 입에 올렸다. 국가사회주의가 무엇인가. 국가라는 관념으로 국민을 노예화하고 독일 국민과 전 세계를 지옥 같은 불구덩이로 몰아넣은 악마의 언어가 아니었던가.

"가장 가난하고 (그래서 무식할 수밖에 없는) 대중을 보수주의자로 개조했다."

비스마르크는 대중을 기만했다. 기존정권이 마치 나라와 민족의 영원한 힘이고 정의이며 질서라는 듯 민중을 속였다. 애국심으로 정부를 사랑하라고 꼬득이고 민족의 가치를 정권유지와 대중의 자존심을 건드리는 데 이용했다. 자신의 호전적 정치에 반대하는 사람들을 민족배신자라며 탄압했다. 모호하기 짝이 없는 '독일민족의 제국'이 가장 든든한 명분이자 방패였다. 동서남북 몽골에서 바이킹까지 수많은 소수민족의 별의 별 피가 다 섞인 다민족국가를 하나의 독일민족국가라고 속였다. 아무튼 비스마르크는 쿠데타, 국가사회주의, 반의회주의 등 어떤 수단으로든 사회주의를 막으려했다.

비스마르크는 독일통일이 상징하는 편협한 민족주의를 좋아했기에 베를린 회의 이후 즉시 폴란드 사람들을 추방했다. 1886년에는 식민지 관련법을 내놓았다.

콩고 회의

베를린 회의를 '콩고 회의'라고도 한다. 콩고 문제가 중요한 현안이었기 때문이다.

베를린 회의에서 가장 큰 재미를 본 인물이 있다. 벨기에 국왕 레오폴드 2세다(2개 공용어를 사용하는 벨기에에서 특이하게도 네덜란드어 이름이다. 프랑스어 지역에서는 '레오폴'이라고 부른다). 레오폴드 2세는 회의가 열리기 10여 년 전부터 서유럽 전체 면적만한 콩고 대륙의 흘러넘치는 막대한 자원에 눈독을 들였다.

레오폴드 2세는 1865년 등극하자마자 중국, 일본, 보르네오, 피지, 나일 강 상류까지도 침공해 식민지로 만들 궁리부터 했다. 그러나 우선 콩고를 착취하기에도 벅찼다.

레오폴드 2세는 베를린 회의에서 콩고의 기득권을 인정받았다. 이때부터 이웃나라 눈치 보지 않고 식민지 착취에 더욱 박차를 가했다. 아프리카 대륙 속의 또 하나의 대륙인 콩고 내륙에는 코끼리 상아 외에 고무가 넘쳤다. 이런 자원을 벨기에 왕국이 차지하게 되었으니, 바야흐로 자전거, 자동차, 비행기 같은 운송수단과 운동화, 고무줄 같은 일용품, 추잉검 등 식자재로 들어갈 고무의 수요로 치면, 레오폴드 2세는 세계를 지배할 만했다. 어디 그뿐인가. 나중에 알게 되지만 깊은 정글 속에 황금과 다이아몬드 광맥이 숨어 있었다. 고릴라들도 멸종위기가 닥친 줄 모르고 근근이 살고 있었다. 그 밖에도 코발트와 구리, 주석, 라듐, 우라늄, 내륙의 무한한 목재…. 콩고는 개발세력이 보기에 진정한 '엘도라도'였다. 게다가 마음껏 짐승처럼 부려먹을 인력까지 넘쳤다!

레오폴드 2세는 원주민과 전쟁을 일삼으며 아프리카 심장에서 한반도의 12배쯤 되는 대륙을 혼자 차지했다.

그렇게 일개 개인회사가(AIC) '콩고독립국(자유콩고라고도 한다)'의 대주주가 되었다. 레오폴드 2세는 대표이사, 절대군주 CEO였다. 레오폴드 2세는 로비를 펼쳐 합법을 빙자해 대륙을 사유화했다. 일개 회사도 법인체도 아닌 그럴싸한 '콩고국제협회' 등 임의단체를 내세웠다. 국정을 농단하는 자들이 종종 "나라와 민족을 위해 할 일"이라며 급조하는 재단과 똑같다. 재단이 벌이는 식민지 사업에 유럽의 할 일 없던 건달들이 일확천금을 노리고 뛰어들었다. 재단은 부정축재를 위한 곳간이 되거나, 눈 먼 돈을 쓸어 담는 돼지저금통이었다.

레오폴드 2세의 개발열풍에 콩고는 금세 지옥으로 변했다. 왕실이 곧 개발재단이었다. 만행은 오랜 세월 은폐되었고, 그의 시대에 곧장 세계대전들이 줄줄이 터지는 바람에 가려졌다. 레오폴드 2세는 위대한 군주처럼 아무도 건드리지 않아 무사했다.

양식 있는 유럽 사람들은 레오폴드 2세를 히틀러 이전에 가장 사악한 괴물이라며 치를 떤다. 히틀러가 너무 유명하다보니 지구촌 사람들은 레오폴드 2세의 잔인함을 잊었다. 최근에야 아프리카 지식인들의 폭로로 유럽에서도 그의 만행을 마지못해 인정하거나 창피해한다. 영국도 이런 폭로에 나섰지만 순수한 의도는 아닐지 모른다. 아마 "배가 아파서"였을 것이다. 언제나 인도주의를 표방하면서도 세계 곳곳에서 파렴치한 짓을 서슴지 않던 영국인이 웬일로 그랬겠는가. 시샘 때문이다.

고발은 영국 쪽에서 했다. 코넌 도일, 콘래드 같은 작가들이 소설로 비참하게 검은 대륙을 묘사했다. 프랑스 문인 앙드레 지드도 양심선언 하듯 프랑스가 일부를 차지한 콩고에서 프랑스 사람들의 비행과 비참한 원주민 생활을 전했다.

레오폴드 2세가 압제하던 40년간 2천만이던 콩고 인구는 절반으로 줄었다. 그는 자기 사후에 콩고를 자식에게 물려주려고 했다. 이렇게 하면서도 레오폴드 2세는 단 한 번도 콩고 땅을 밟지 않았다. 오직 원격조정으로 빨대만 꽂고 있었다. 땀 흘리는 것이 싫다면서, 벌레와 정글과 풍토병을 질색하며 콩고를 단 한 번도 가보지 않았다. 자기에게 황금을 주는 땅을 조금도 궁금해 하지 않았다.

벨기에가 콩고를 식민지로 합병할 때(1908년), 의회와 국민 모두 열렬히 찬성했다. 극소수 진보당 의원만 반대했다.

"미군이 히로시마와 나가사키에 던진 핵폭탄의 원료가 된 우라늄의 80퍼센트가 콩고에서 강제 노역하던 흑인들이 캐낸 것이다."

많은 외국 사람이 식민지 콩고의 비극을 고발했다. 그러나 벨기에 사람 자신의 고해만큼 절절한 것이 있을까? 콩고에서 일했던 외교관 쥘 마르샬(1924-2003)은 이렇게 말했다.

"벨기에 식민화가 시작되던 시절에 콩고는 16세기 에스파냐 사람들의 끔찍했던 아메리카 식민지와 마찬가지였다."

레오폴드 2세는 원주민을 남녀노소 무차별 고무농장과 강제노역장으로 보냈다. 원주민은 주로 반투족이다. 벨기에 관리는 일을 잘 못한다며 철부지들의 손발을 잘라버렸다. 그 사진이 공개되었을 때 전 세계가 분노했다.

그러면 베를린 회의에서는 왜 이런 반인륜 범죄자에게 콩고를 떼어주었을까?

레오폴드 2세가 베를린 회의의 각국 대표단의 지지를 받는 일은 식은 죽 먹기였다. 특별한 '로비'도 필요 없었다. 어차피 모두들 갈라먹기에 눈이 먼 판에, 대표단이라고 해봐야 레오폴드 2세의 친척이었다. 유럽 왕가의 족보로 얽히고설킨 혈연관계였으니까. 우리 현대인 호모사피엔스가 네안데르탈, 크로마뇽, 북경과 자바원인, 더 멀리는 여러 유인원과 먼 친족인 것 비슷하게, 대표단은 사돈의 팔촌 쯤 되지 않는 법이 없었다.

레오폴드 2세의 외조부는 '프랑스 국민의 왕' 루이 필립이다. 그래서 레오폴드 2세도 자국민에게는 온건한 입헌군주인 척했다. 누가 '프랑스 국민의 왕'의 손자 아니랄까봐, 자칭 "벨기에 국민의 왕" 행세를 했다. 루이 필립 왕은 프랑스 대혁명과 제1제정 이후 왕정복고로 집권했던 샤를 10세가 또 한 번의 시민혁명(1830년 7월 혁명)으로 쫓겨나고서 왕이 되었다. '국민의 왕'은 군주제를 유지하되 국민이 선출했다는 명분을 집권기반으로 삼았다. 그전까지 왕은 하느님이 내렸지만 이제부터 그렇지 않다면서, 마치 국민이 신성하다는 듯 속임수를 썼다. 어쨌든 국민을 "개, 돼지" 취급하지 않겠다고 빈말이나마 그렇게 했으니 다행이다.

이렇게 레오폴드 2세와 프랑스 왕족은 친인척이라 프랑스는 히틀러만큼 추악하던 벨기에 왕의 만행을 별로 비판하지 않았다. 영국은 신사라면서 "영국이 아니었으면 간디가 어디 있겠느냐"는 등 해괴한 발언이나 일삼았다. 그러다가 자신들이 아시아, 아프리카에서 저지른 치사한 만행을 감추고 레오폴드 2세에게 모든 식민정책의 비리를 뒤집어씌웠다. 똥 묻은 개가 겨 묻은 개 나무라는 셈이었다.

더 웃기는 전설도 있다. 헨리 모턴 스탠리는 레오폴드 2세의 자금으로 콩고를 정탐한 하수인이다. 이런 사람을 왕립지리학회는 오지의 영웅이라고 칭찬했다. 멀쩡히 살아있던 리빙스턴 박사를 찾아가 만났다는 것만으로 '검은 동포의 구원자를 구한' 불세출의 영웅으로 미화했다.

가장 아름답고 오래된 동물과 인간이 살던 콩고는 어떻게 지옥이 되었을까? 스탠리를 나일 강의 발원지를 발견한 위대한 모험가라고 하지만 그가 몹쓸 짓을 하면서 콩고 내륙으로 강을 따라 올라가면서(다른 서구 열강과 마찬가지로 비인간적인 노예제도와 노예사냥을 막겠다는 구실을 내걸었다) 지옥문을 열었다. 흑인노예 밀매꾼에 이슬람교도가 많았던 점도 이런 구실을 뒷받침했다.

스탠리가 처음 콩고에 들어갔을 때 원주민 인구를 약 4천만쯤으로 보았다. 그러나 40년 만이던 1910년의 조사에 따르면 7백만이다.

철도와 광산과 농장에서 강제노역으로 1천만 넘게 희생되었다는 주장이 있다. 그 후로도 계속된 식민치하에서 콩고 사람 3천만 가량이 희생되었을 것으로 추정한다.

스탠리는 프랑스의 피에르 사보르냥과 중앙아프리카 횡단을 두고 경쟁했다. 스탠리가 먼저 강을 탐사하고 나서 벨기에의 증기선들이 그 물길로 오르내렸다. 수로는 깊은 정글의 수많은 부족과 자원을 착취하는 동맥이 되었다.

1891년, 영국은 벨기에와 카탕카를 장악하려고 싸웠다. 카탕카는 한반도 면적의 2.5배쯤 되는 콩고 남부지역이다. 카탕카는 아프리카의 보석덩어리로 코발트, 구리, 철, 라듐, 우라늄, 다이아몬드 광맥이 깔린 밀림이다. 지역의 지배자 므시리 왕도 상아와 구리와 노예거래가 주업이었다. 영국이 카탕카로 세실 로즈 부대를 보내자, 레오폴드 2세는 영국군 출신의 캐나다인 윌리엄 그랜트 스테어스에게 민병대를 주어 맞섰다. 첨단병기로 무장한 400여 명의 '킬러'들이다. 카탕카 원주민은 입으로 장전하는 엉성한 소총으로 무장했다. 민병대장 스테어스는 스탠리가 추천했다. 스테어스는 영국이 지원한 족장 므시리를 살해했다. 므시리 왕을 죽인 민병대 부사령관 오메르 보드송도 전사했다. 보드송은 벨기에 명문가 출신으로 그의 후손이 얼마 전까지 서울에서 벨기에대사관 외교관으로 근무했다.

세실 로즈는 광산업자로 영국이 동인도회사를 본떠 세운 '남아프리카 회사' 창업주다. 특히 남아프리카 다이아몬드 광산회사를 세웠다. 나중에 광산업을 디딤돌 삼아 영국령 남아프리카의 초대수상을 지냈다.

반투족의 수난

콩고 원주민은 반투족이다. 반투족 이전의 더 오래된 주민은 피그미족이다. 반투족도 여러 부족으로 구성되는데, 부족들은 물물교환을 하고 툭하면 '자리' 싸움을 하면서 그럭저럭 뒤섞여 살았다.

반투 부족들을 아랍-아프리카 혼혈 상인족이 처음 제압했다. 북쪽에서 내려온 이슬람교도 상인들은 부족장들과 사돈을 맺고 배후 실세로 영화를 누렸다. 오늘날 재벌, 군벌이 족벌을 이루는 모습과 다를 바 없다. 혼맥으로 힘을 키우는 방법은 수천 년 넘는 인류의 풍습이다. 이들은 상아, 노예, 광석, 향신료, 무기, 직물 등 거의 모든 농산품과 공산품과 귀금속 거래를 독점했다. 또 노예 거래에서도 중요한 역할을 했다.

비참하게 총격으로 사망했지만 므시리 왕은 뛰어난 간계를 부렸다. 벨기에 캠프에 첩자를 들여보내 통역사로 일하게 했다. 북을 두드리며 노래하며 춤추는 유랑악단도 보내 적의 사정을 낱낱이 정탐했다. 어쨌든 정보가 뛰어난들 신무기를 당할 도리는 없었다.

므시리 국왕의 비운은 곧 레오폴드 2세의 행운이 되고, 이때부터 많은 부족이 벨기에에 굴복했다. 카탕카 사람들은 벨기에와 싸우던 전쟁으로 이런 전설을 남겼다.

"스테어스 민병대는 므시리 왕의 수급을 잘라 갖고 다녔다. 스테어스는 잔지바르로 철수하는 증기선에서 열병에 시달리다(1892년 같은 해) 사망했다."

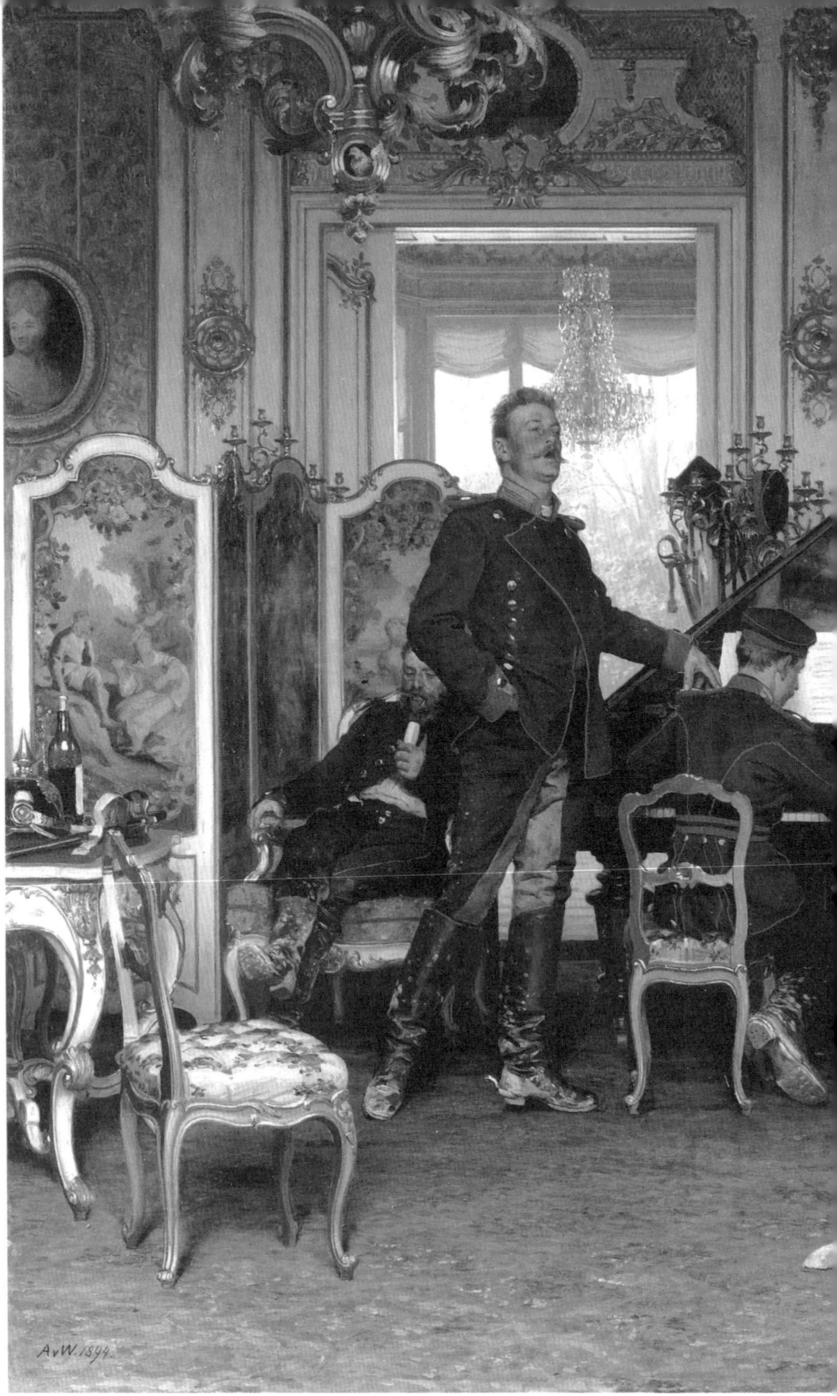
AvW. 1894.

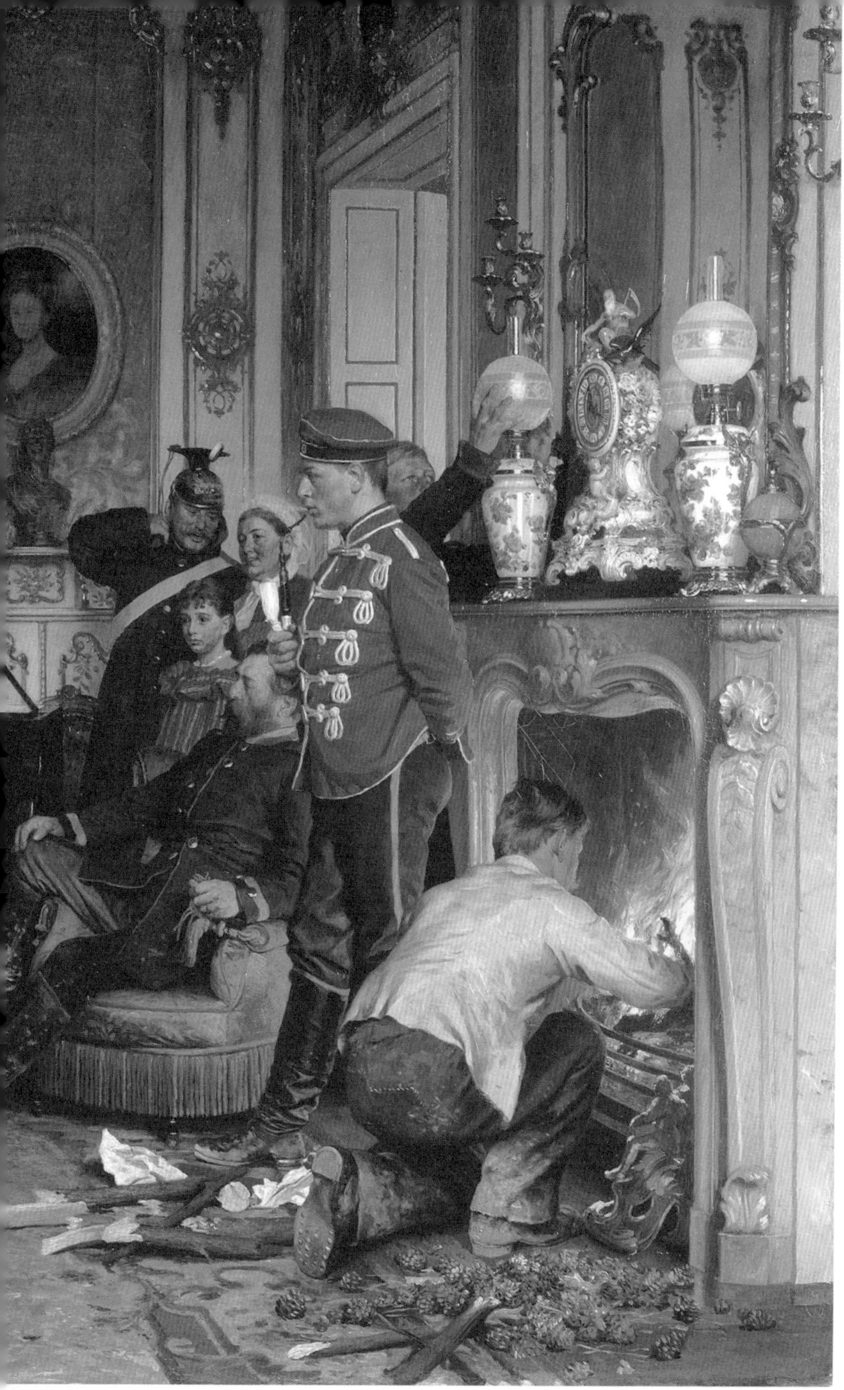

안톤 폰 베르너 〈파리 변두리의 프로이센 군대의 임시숙소〉 1894년

"영국은 당연히 카탕가 광산에서 보물이 쏟아지자 원한에 사무쳐 스테어스를 더러운 용병이자 대영제국의 배신자"로 낙인찍었다.

레오폴드 2세는 벨기에의 행복을 위해 일했을 뿐이라고 강변했는데 틀린 말은 아니다. 그가 뻔뻔하게 긁어모은 자산을 물려받은 벨기에 왕국의 백성은 어느 나라보다 부유하게 살고 있다. 반면에 아프리카 심장부에서 테러리스트들은 깊은 앙심을 품고 가슴을 치고 있다. 이슬람교도는 원한을 부채질하며 테러리스트들을 쉽게 끌어모으고 민족과 종교에 헌신할 전사 겸 순교자로 삼는다.

미술평론가 옥타브 미르보는 훗날 레오폴드 2세의 만행을 이렇게 묘사했다.

> 숲과 호수, 태양과 꽃밭과 낙원의 동화를 생각한다.
>
> 순진하고 매력적인 흑인을 생각한다. 어린아이처럼 착하고도 용감한 흑인이다. 어떤 탐험가의 이야기도 떠오른다.
>
> '흑인들은 귀엽고 정답다. 산토끼들 같다. 저녁에 숲가에서 몸을 가꾸고 향기로운 풀밭에서 논다.'
>
> 이런 사람들이지만 서로 죽이기도 한다. 피리불고 북치며 흥분해 웃고 떠들며 적을 쫓는다. 완벽한 청동상 같은 몸매로 아이들은 불룩한 배를 내놓고 달린다.
>
> 고대입상처럼 아름답고 큰 악동들 같다. 나뭇잎을 몸에 두르고 유리패물로 치장한다. 서로 떠밀면서 우리가 그들에게 팔아먹으려고 만든 시계와 축음기, 조잡한 물건 앞에

몰려들어 서로 놀려대고 또 우리를 조롱하듯, 웃고 껄떡대며 몸을 흔든다. 어린아이처럼 고개를 갸우뚱 거린다. 흑인 여자들은 손길에 민감하다. 시골 여자처럼 얼굴을 붉히며 어색한 몸짓으로 백인의 애무를 예민하게 받아들인다.(…)

그런데 갑자기, 그들을 위협하는 자들이 등장한다. 채찍을 든 노예사냥꾼, 밀수꾼, 관리들이다. 아프리카 군 감방에 갇힌 병사들처럼 가혹하게 채찍과 총에 떠밀려 일터로 가는 사람들만 보인다. (…)

아메리카의 열대지방, 말레이시아, 인도에서 고무채취는 농업이었다. 하지만 콩고에서는 최악의 인간적 착취다. 아시아, 아메리카에서처럼 애당초 콩고에서도 나무를 째고 수액만 받았다. 하지만 유럽 상인과 또 더 많은 고무가 필요한 산업을 상대로 레오폴드 2세의 재산을 관리하는 기업들이 큰 수익을 탐하면서, 결국 나무와 넝쿨들을 뽑아버렸다. 마을사람들은 소중한 자원을 더 이상 얻지 못하게 되었다. 흑인들은 열심히 일하지 않는다며 감시인들의 채찍질을 당했다. 흑인의 등짝은 문신 같은 핏자국으로 얼룩졌다. 게으름뱅이든 아니든 흑인들은 자기네 보물을 감춘다. 원정대는 사방에서 부족들을 약탈하고 잡아들였다.

젊은 여자들과 아이들을 인질로 삼았다. 고통으로 울부짖는 노인들을 조롱했다. 흑인들을 모아놓고 고무 무게를 달았다. 관리는 수첩을 확인하고 숫자가 맞지 않으면, 흑인들 목을 쳤다. 수십 명 씩….

우리의 타이어, 전선, 기계 케이블에 방수용 고무 수요는 나날이 어마어마하게 늘었다. 나무들에 상처를 내던 것과 똑같이 원주민에게 상처를 남겼다. 넝쿨들을 뽑아버리듯 사람들의 고장에서 사람들을 걷어내었다.(…)

흑인의 피가 우리의 타이어, 전깃줄마다 적시고 있다면…. 얼마나 을씨년스러운가! (…)

더구나, 레오폴드의 궁전과 환상, 여행과 사치에 얼마나 많은 돈이 들어가는지. 주주들도 배당금을 늘여만 갈 것이고, 신문을 매수하고, 의회의 입을 막을 텐데…. 그런 식으로 잔혹한 짓에 의회와 언론도 눈을 감아줄 텐데…. (옥타브 미르보 〈피에 물든 붉은 고무〉

최후의 낭만군주 루드비히 2세

〈노이슈반슈타인 성〉 포토크롬. 작자 미상

앞 장에서 보았다시피, 크고 작은 왕국의 군주들이 1871년 1월 18일 프랑스 베르사유 궁에서 열린 독일제국 선포식에 참석했다. 프로이센 재상 비스마르크는 프랑스와 싸워 이기면서 내친 김에 라인 강 동쪽의 여러 왕국을 합쳐 제국을 선언했다. 그러나 이 행사에 바이에른 국왕 루드비히 2세만 불참했다.

루드비히 2세는 독일제국의 출범에 무심했다. 왕은 자기 왕국에 아름다운 성 짓기에만 열중했다. 성의 건설은 루드비히 2세가 독일제국에 반대한 평화적 시위로도 볼 수 있다. 하지만 중신들은 막대한 돈이 들어가는 사업이라 국고가 빈다고 걱정했다.

개인이 제멋대로 지은 건축물이라면 보통 바르셀로나의 가우디 대성당을 꼽는다. 종유석이나 거대한 촛대처럼 보이는 대성당이다. 그렇다고 기본 첨탑구조를 무시하지는 않았다. 궁륭으로 벽과 천장을 받치고 환한 창을 뚫고, 넓고 시원한 공간을 배려했다. 기본은 고대의 전통을 지키되 장식을 상투적으로 반복하지 않았다. 개성을 적당히 '가미'했음에도 기본골격은 오랜 세월 지켜온 그대로였다.

독일의 최남단, 알프스의 북쪽 기슭의 동산 위에 높이 솟은 노이슈반슈타인 성은 경이롭다. 보기 드물고 빼어난 모습이라 놀랍다는 뜻만은 아니다. 마치 꿈에 보는 성처럼 서 있다. 노이슈반슈타인 성은 우리가 상상하는 수많은 성채의 이미지를 종합한, 건축가라면 절대 짓기 어려운 성이다. 건축가는 성을 지을 때 전통이 뒷받침하는 취향을 무시하기 어렵다. 세련된 안목이란 종종 전통에 길들여진 안목에 불과하다.

그러나 정말로 꿈꾸는 사람은 다르다. 동화 속의 이미지를 현실로 끌어낸다. 숲과 산을 그렇게 끌어내기는 어렵지만 건물만이라도 꿈꾸던 모습대로 만들었다. 주변의 자연도 동화 못지않은 곳을 선택했다. 첩첩이 또 겹겹이 높은 연봉이 병풍처럼 펼쳐진다. 구름이 항상 몰려와 서성대고 넓은 호반은 거울처럼 투명하다. 들에 짐승들이 뛰놀고 밭에서 사람들이 옹기종기 모여 일한다. 성은 바위산에 치솟은 봉우리, 바위에서 자라난 거대한 수정 덩어리처럼 보인다. 청순하다. 날씨에 따라 굵은 편백나무 숲 같아 보이기도 한다.

이런 성을 외면하는 전문가들이 있다. 여러 스타일로 뒤범벅되어 종합선물세트처럼 유치하다고 민망해한다. 기벽일 뿐이고, 독창성도 없고 부자연스럽다고. 베르사유 궁과 바티칸 대성당처럼 만천하에서 최고라는 건축물들을 염치없이 모방한, 정말이지 치졸한 시샘과 모방의 결과라고 혹평한다. 어쨌든 루드비히 2세와 대중은 노이슈반슈타인 성에 열광한다.

우리가 보고 있는 그림은 노이슈반슈타인 성이 완공된 직후의 것이다. 사진으로 찍은 것을 판화로 옮겨 다시 그 위에 채색하는 '포토크롬' 기법의 이미지다.

고대 영웅의 꿈

루드비히 2세는 겨울밤 달빛 아래 썰매를 타고 숲을 돌아다니곤 했던 괴짜 왕이다. 루드비히 2세는 바그너가 〈로엔그린〉, 〈탄호이저〉 같은 오페라에서 되살린 고대 북유럽 영웅들을 정말로 보고 싶어 했다. 이러니 현실을 외면했다는 소리를 들었다.

시인 보들레르는 루드비히 2세를 19세기에 단 한 명의 진정으로 "위대한 왕"이라고 했다. '위대한 왕'의 공상은 순수했다. 왕의 의지도 아름다웠지만 그의 죽음은 비참했다. 그는 군주로서 멀리 빛나가 자폐증으로 자기 세상에만 갇혔다가 사망했다.

유럽의 왕족은 정략결혼으로 정신분열증, 혈우병 등 유전적 고질에 시달리다 죽었는데, 자연의 뜻을 너무 무시했기 때문에 받은 피하기 힘든 비극이었다. 그들은 몸이 불편하니 눈앞의 현실에 당당히 맞서지 못했다. 까마득하고 포근한 신화에서 자기 뿌리를 찾고 고통을 이겨내려고 했다.

문인과 예술가들은 이상사회를 낭만적으로 꿈꾸었다. 반면에 군주와 귀족들은 강렬하게 신화에 매달려 꿈꾸는 자유 속에 살았다.

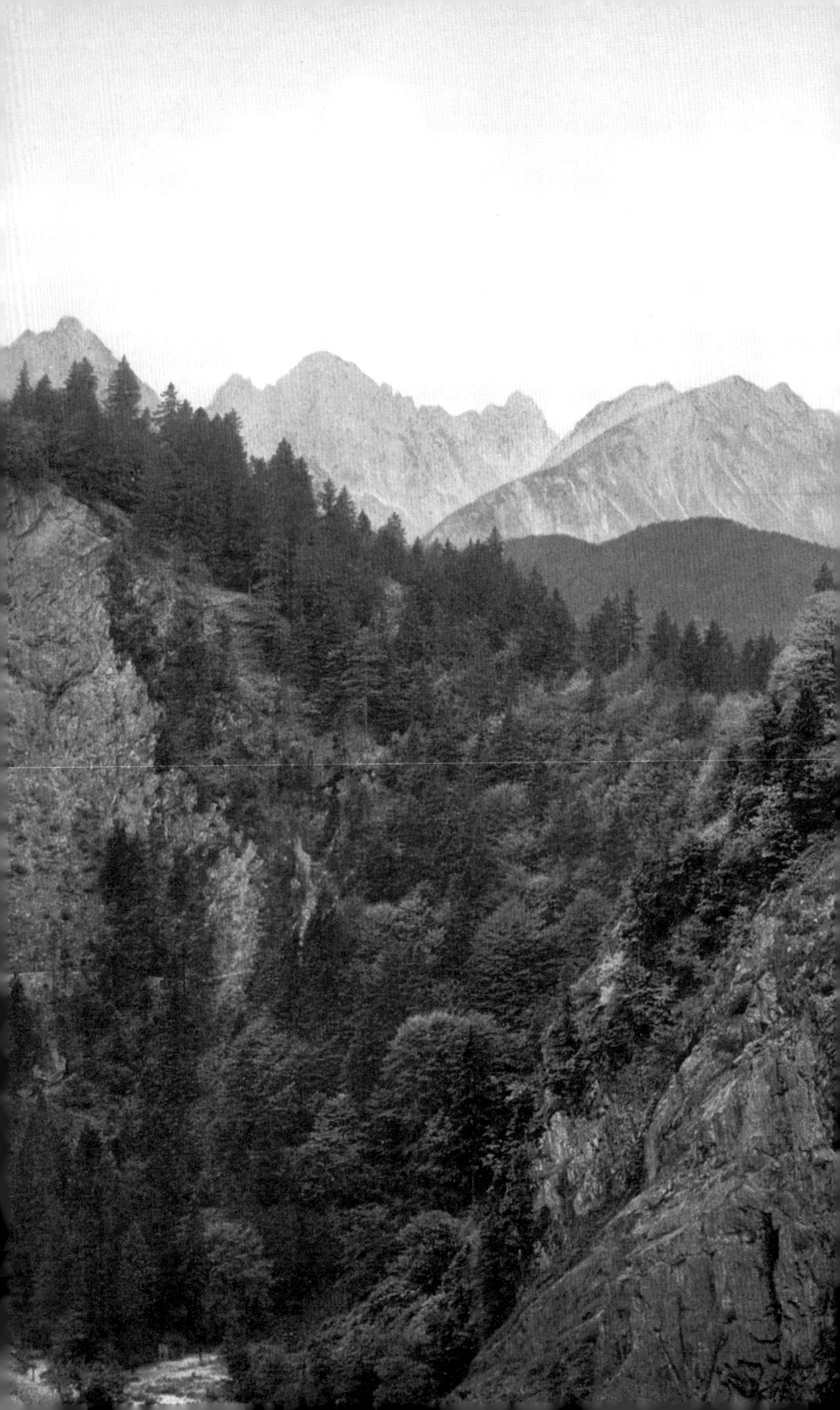

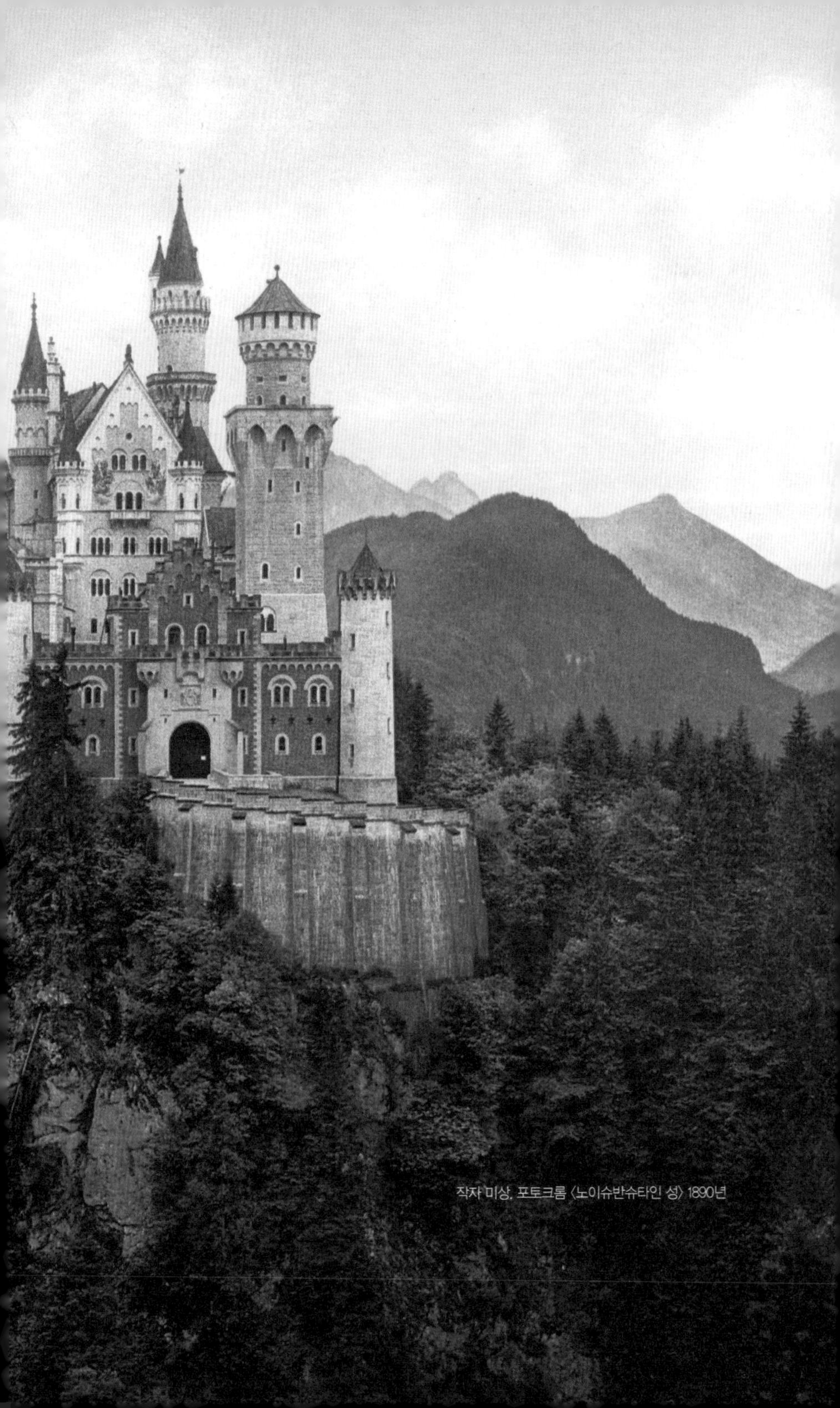

작자 미상. 포토크롬 〈노이슈반슈타인 성〉 1890년

현실정치를 지겨워했다.

루드비히 2세는 스무 살이던 1864년 아버지로부터 바이에른 왕국을 물려받았다. 190센티미터가 넘는 장신에 미남인 루브비히 2세는 가문의 근친혼에 따르는 정신분열증(치매의 일종)도 물려받았다.

루드비히 2세는 사촌 바이에른의 소피아와 약혼했다가 파혼했다. 루드비히 2세는 여자에 조금도 관심이 없이 남자에게만 관심을 쏟았다.

"악몽 같던 약혼시절"이라고 치를 떨면서도 루드비히 2세는 소피아를 자신의 우상 엘자, 엘리자베트라고 부르면서 동화 속의 주인공처럼 대했다. 엘자와 엘리자베트는 바그너의 〈로엔그린〉과 〈탄호이저〉의 여주인공들의 이름이다.

리하르트 바그너를 열렬히 좋아했던 루드비히 2세는 지금도 계속되고 있는 "바이로이트 음악제"를 지원했다. 바이로이트에 바그너 한 사람을 위한 오페라하우스를 지어주었다. 바그너의 생일날, 1872년 5월 22일에 맞춰 기공식을 가졌고 4년 뒤, 1876년 8월 13일 바그너의 오페라 〈니벨룽겐의 반지〉로 개막공연을 했다. 루드비히 2세는 오페라의 배경에 치솟은 환상적인 성을 좋아했다. 왕은 어린이들이 자동차 장난감을 좋아하듯 성을 좋아했는데, 노이슈반슈타인 성도 특별히 바그너를 위해 지었다.

루드비히 2세는 바그너를 애인으로 사모했는데 실제로 어느 정도까지 진도가 나갔는지 확증은 없다. 아무튼 바그너는 왕의 짝사랑 덕을 크게 보았다. 내각대신들은 국고를 걱정하며 바그너 지원을 극력 반대했다.

도대체 이런 영광을 누린 예술가가 어디 있을까. 이렇게 예술가를 위한 군주가 어디 있을까. 왕들은 천재가 나타나도 궁색한 종으로나 여기고 이용해먹을 생각이나 하지 않았던가. 거저 부려먹으면서도 생색이나 내고, 예술가를 자기네 위신을 치장하는 데에나 동원하고 써먹으려 하지 않았나!

루드비히 2세는 고질에 시달리면서 그 몹쓸 병만 물려받지 않았다고 믿으려 했다. 더욱 소중하고 특별한 것을 물려받았다고 믿고 싶어 했다. 바로 "게르만 문화"에 담긴 혼이다.

바이에른 왕국에 우호적이던 프랑스가 프로이센에게 패하고, 바이에른 왕국도 독일제국에 통합되었다. 바이에른 정부는 쿠데타를 일으켰다(1886년). 결국 루드비히 2세는 퇴위했다. 새 정부는 그를 미치광이라고 발표하고 삼촌 레오폴드 비테스바흐가 섭정으로 집권하고 루이의 동생이 이름뿐인 왕이 되었다.

루드비히 2세는 정신질환자 취급을 받으며 뮌헨 부근의 베르크성에 갇힌 지 사흘 만에 사망했다. 주치의 베른하르트 폰 구덴과 함께 슈타른베르크 호수에서 6월 13일 시신으로 발견되었다. 영구미제의 의문사였다. 물론 의문사란 흔히 명백한 자살이 아닌 경우 타살, 암살이 대부분이다. "젊고 미친 왕"은 이렇게 똑같이 미친 듯 급변하는 상황에서 세상을 떠났다.

루드비히 2세는 자살한 것이 아니라 얼어붙은 호수를 건너 도피하려다 심장마비로 사망했다고도 한다. 아무튼 모든 추측은 그의 사망과 함께 얼어붙고 절대 풀리지 않고 있다.

프랑스 취미

루드비히 2세는 프랑스를 무척 좋아했다. 프랑스 태양왕의 화려한 절대왕정을 부러워했으며 프로이센이 독일제국을 주도하는데 못마땅해 했다. 프로이센 왕국을 싫어했지만 그렇다고 독일의 통일을 바라지 못할 것도 없었다.

독일제국의 출발은 필연도 아니었고 자연스럽지도 못했다. 야심가 "철혈재상"에 의한 억지 통일이었다. 거대한 나라를 지배하려는 사람들은 통일이라면 무조건 좋은 것이라는 막연한 생각을 퍼트렸다. 큰 지배를 유지하려면 많은 사람이 고생하며 희생해야 하지만 이런 문제를 문제 삼을 줄 모른다. 거대한 통치기구로 민중을 억압하고 지배자가 되는 쾌감에 젖어 살며 제국들은 언제나 똑같은 소리로 억지를 감춘다. "제도를 정비하고…" 어쩌고 하거나 "백년대계를 위해…"라면서 통합을 무조건 미화한다. 인위적 질서가 마치 자연의 질서라도 된다는 듯 떠든다. 더 크게 '천하를 통일'하겠다는 몇 사람의 욕심 때문에 얼마나 많은 사람이 피를 흘렸나! 그런데 동서고금을 막론하고 천하통일은 인간이 할 일도 아니고 자연스러운 일도 아니라는 점을 잊곤 한다. 천하통일은 종교나 신화의 망상 속에서나 가능하다. 적당한 크기로 무리지어 사는 사람들의 시대가 반드시 평화로웠다는 증거는 없다. 하지만 더 크게 무리지어 사는 것을 당연한 질서처럼 생각하는 사회에서 사람들의 불행은 깊어지곤 했다. 큰 나라, 큰 질서가 반드시 오랜 평화를 보장했을까. 더욱 추악한 싸움판으로 사람들을 내몰지는 않았던가?

루드비히 2세처럼 평화를 꿈꾸던 사람이 비스마르크 같은 패권주의자의 주도로 독일제국이 통합되는 것을 어떻게 좋아할 수 있을까? 독일 사람은 국가를 어떻게 보았을까?

> 독일 사람들은 '국가'를 실감하지 못한다. 아르미니우스[기원 1세기 로마제국에 대항한 게르만, 체루스키 부족장. '헤르만'이라고 한다. 독일 민족주의의 상징이다] 시대에도 그랬지만 요즘도 독일 사람은 자신을 민족보다 부족이나 당의 일부라고 느낀다. 독일 사람들은 내면이 고립되어 그렇다. 독일 사람들 각자의 내면은 완전히 다르다. 그런데 이런 속을 터놓지 않은 채 그냥 이웃으로 붙어살고 있다.
>
> 마치 정원 속의 여러 꽃들 같다. 재기가 부족한 쾰른 사람은 괴테 같은 인물보다 훨씬 더 벨기에 사람 비슷하다. 순수한 니더작센 사람과 함부르크 사람은 영국인에 가깝다. (카이저를링 〈유럽의 해부〉)

루드비히 2세도 이런 식으로 자기 왕국의 고유한 생활을 지키려 하지 않았을까? 춥고 억센 북쪽 감자밭 사이로 돼지들이 뒹구는 땅에 익숙한 프로이센 사람들이 산 좋고 물 맑은 바이에른, 알프스 북쪽 기슭의 양치는 목동과 어떻게 하나가 될까?

선망하던 프랑스가 패하고 바이에른 왕국이 독일제국에 흡수되자, 루드비히 2세는 세상을 등지고 칩거에 들어갔다. 어린아이처럼 꿈에 매달려 살려고 하며 막대한 공사비도 아랑곳하지 않았다. 꿈에 그리던 호숫가에 세상에서 가장 멋진 성이나 짓고 살자! 많은 시해음모와 모략에 시달리고 "미친놈" 소리를 들었지만 왕은 오히려 불순한 적들을 '삶'이 뭔지 모르고 헛소리나 하는 자들이라 여기고 개의치 않았다. 루드비히 2세는 오래 된 전설 속의 독일 사람이 되어 자기 속으로만 깊이깊이 내려갔다.

일찍이 1806년 독일에서도 나폴레옹의 침공으로 신성로마제국이 해체되고 프로이센이 무너지면서 낭만주의 선풍이 불었다. 프랑스에서 들어온 평등사상에 반발하고 독일의 자존심을 되찾으려는 바람이다. '자유'에 대한 입장은 천차만별이었다. 입장 차이에도 누구나 '자유'를 궁극의 가치라고 믿었다. 개인이 꿈꾸는 자유든, 이상사회를 건설하려는 자유든, 외세와 변화를 거부하고 자신의 오래된 습관과 취미를 지키려는 자유든….

급격한 산업화에 격렬히 저항하는 낭만정신이 한껏 고조되었다. 낭만에 취한 사람들은 전통을 각별히 중시했다. 토종문화와 혈통과 고향땅을 사랑했다. 독일의 역사와 자연을 예찬하고, 산업사회를 역겨워했다. 이런 분위기는 1848년 봄의 시민혁명이 꺾이고 나서 시들해졌다. 군산(軍産)복합체와 결탁한 메테르니히 왕자가 이끄는 수구세력에 하이네, 마르크스를 비롯한 수많은 진보와 낭만의 화신이 독일에서 쫓겨났다. 그렇지만 루드비히 2세는 여전히 그 봄바람에 취해 있었다.

음악의 혼으로 지은 성

음악에서 바그너에 취했던 루드비히 2세는 건축에서 비올레 르 뒤크에 혼이 팔렸다. 건축가 비올레 르 뒤크는 곳곳에 방치된 고대, 중세의 종교, 민간 건축물을 복원했다. 그가 너무 서둘러 복원하는 바람에 건물의 원형을 해쳤다는 비판이 따랐다. 그러나 그의 활동으로 프랑스는 상상도 못할 위신을 얻었다. 프랑스에서 '고딕 스타일'이 처음 나왔다는 사실이 밝혀졌기 때문이다. '고딕' 예술은 높은 첨탑으로 천년 넘게 유럽 대륙을 압도했다. 이런 영예로운 스타일이 프랑스 북부의 넓은 평야에서 시작되어 널리 퍼졌다는 사실이 확인되었다. 부서진 성당을 해체하고 다시 짜 맞춘 덕이다. 결국 프랑스 정부는 고건축 복원활동은 국위선양에 도움이 된다며 지원했다. 이와 나란히 프랑스대혁명 이후 난리 때마다 유적을 파괴하며 분풀이하는 만행을 경고하고 문화유산을 보존하자는 생각도 널리 퍼졌다. 폐허로 뒹굴던 1천년 넘는 수도원 성당들이 가장 큰 혜택을 받고 부활했다. 그러자 또 다른 한편에서 유적 복원에 반대하는 여론이 들끓었다. 대다수 서민생활 개선을 위한 예산도 없는데 부패해 쫓겨났던 가톨릭 성직자를 달래고 종교를 선전할 돈이 어디 있냐고!

중세와 현대의 몽상으로 뒤섞인 성을 지으려던 루드비히 2세는 비올레 르 뒤크가 복원한 수많은 성을 찾아다녔다. 특히 중세의 성격이 뚜렷한 피에르퐁 성(파리 북쪽 근교)을 눈여겨보았다. 루드비히

2세는 사냥터 깊은 숲속으로 그 성을 찾아갔다. 왕은 피에르퐁 성을 크게 모방해 노이슈반슈타인 성을 지었다. 줄줄이 은밀하게 이어지는 방들, 넓은 연회장과 벽화로 꾸미는 회랑, 고대 로마의 별장처럼 넓은 안뜰과 르네상스의 기묘한 계단과 탑 등….

노이슈반슈타인 성은 지금은 막연히 유럽의 성채를 가리키는 원형이자 전 세계 각지의 놀이공원과 디즈니 월드에서 빠지지 않고 배경에 등장하는 성의 모델이다.

루드비히 2세는 프랑스의 태양왕을 너무 좋아해 그에게도 성을 바쳤다. 1886년 완공한 뮌헨과 잘츠부르크 사이의 쉬엠 호수 한복판 작은 섬에 지은 헤렌쉬엠제 성이다. 수도원 터를 개조한 성으로 베르사유 궁을 모방했다.

루드비히 2세가 프랑스를 우연히 좋아했던 것은 아니다. 루드비히 2세의 할아버지는 부르봉 왕가의 루이 16세가 '대부'였다. 그만큼 프랑스와 바이에른 왕가의 관계는 돈독했다. 프랑스 왕가에서는 라인 강 너머의 가톨릭을 믿는 바이에른 왕가가 극히 중요할 수밖에 없었다. 종교개혁 이후 개신교의 득세로 중유럽과 북유럽 많은 지역에서 가톨릭은 크게 밀렸다. 그래서 프랑스는 폴란드, 스웨덴처럼 가톨릭 수호자가 많은 나라와 항상 긴밀히 내통했다.

하나뿐인 관객

앞에서 말했다시피 루드비히 2세는 자폐증을 앓았다. 당시에는 없던 병명인데, 국왕 주치의의 제자였던 스위스 사람 오이겐 블로일러가 나중에 '자폐증'이라는 전문용어를 지어내 그의 증세를 진단했다.

> "환자 편에서는 그의 세계는 완전히 또 다른 현실이다. 물론 보통 사람들의 현실과 다를 수밖에 없다. 환자는 상상세계 속에 파묻혀 살지만, 현실을 분명히 이해한다. 행동과 처신에 지장은 없다.(…)
>
> 어려서부터 루드비히 2세는 고독하게 상징세계(장난감과 동화)와 전설에 열광했다. 왕이 되어서도 성들과 겨울정원과 동굴을 오가며 살았다.
>
> 그는 자신이 로엔그린, 탄호이저 같은 영웅으로 변신할 수 있는 세계를 만들었다.[파르치팔처럼 성배를 지키는 순진한 소년이 성배의 왕이 되는 식이다.](…)
>
> 왕의 기이한 꿈은 성내의 부엌에서 가장 두드러진다.
>
> 중세의 분위기를 현대의 기술과 접목시켰다. 냉온수 장치, 자동구이틀 등 루드비히 2세는 과학기술을 꿈의 실현에 이용했다. 꿈을 실현할 수만 있다면 수단방법을 가리지 않았다."

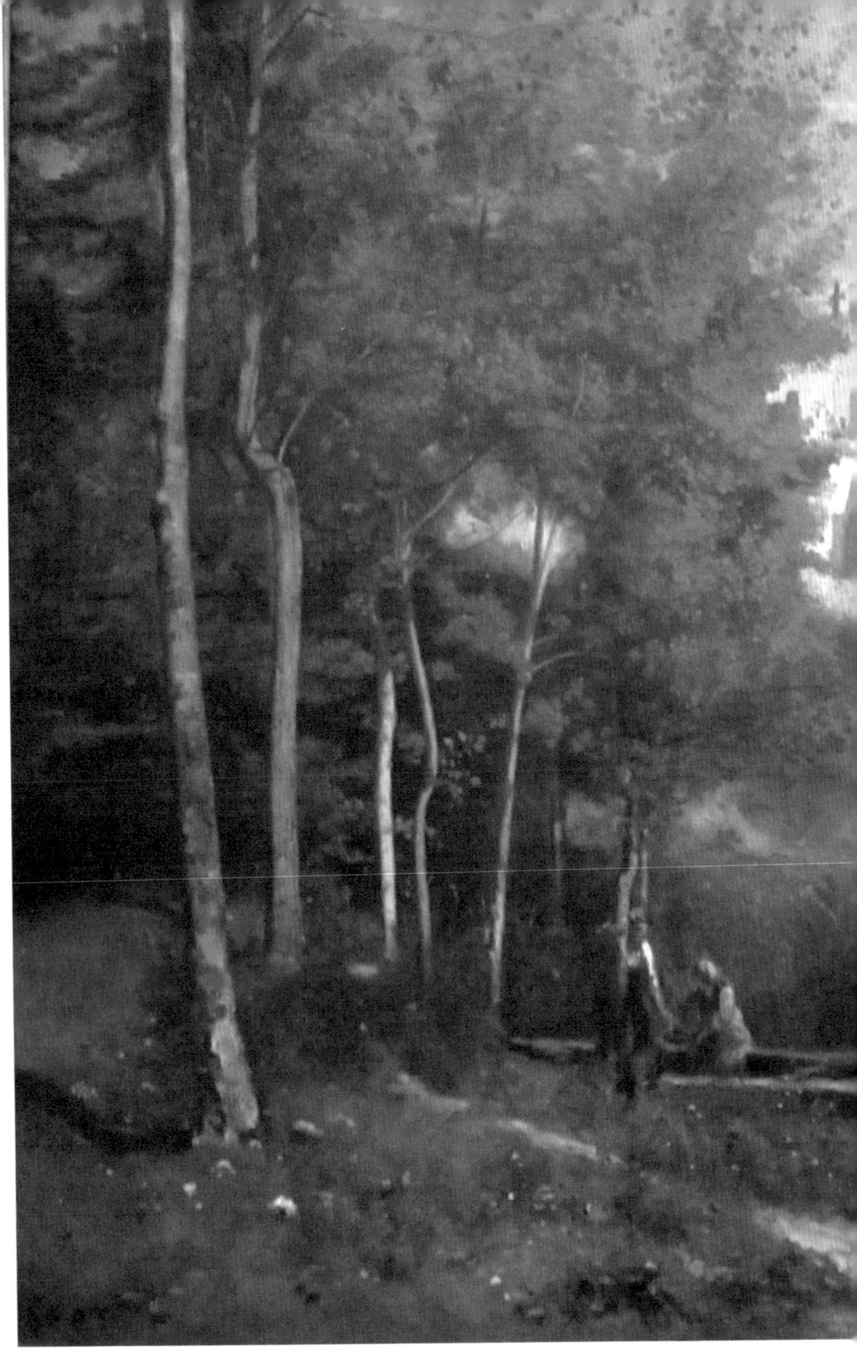

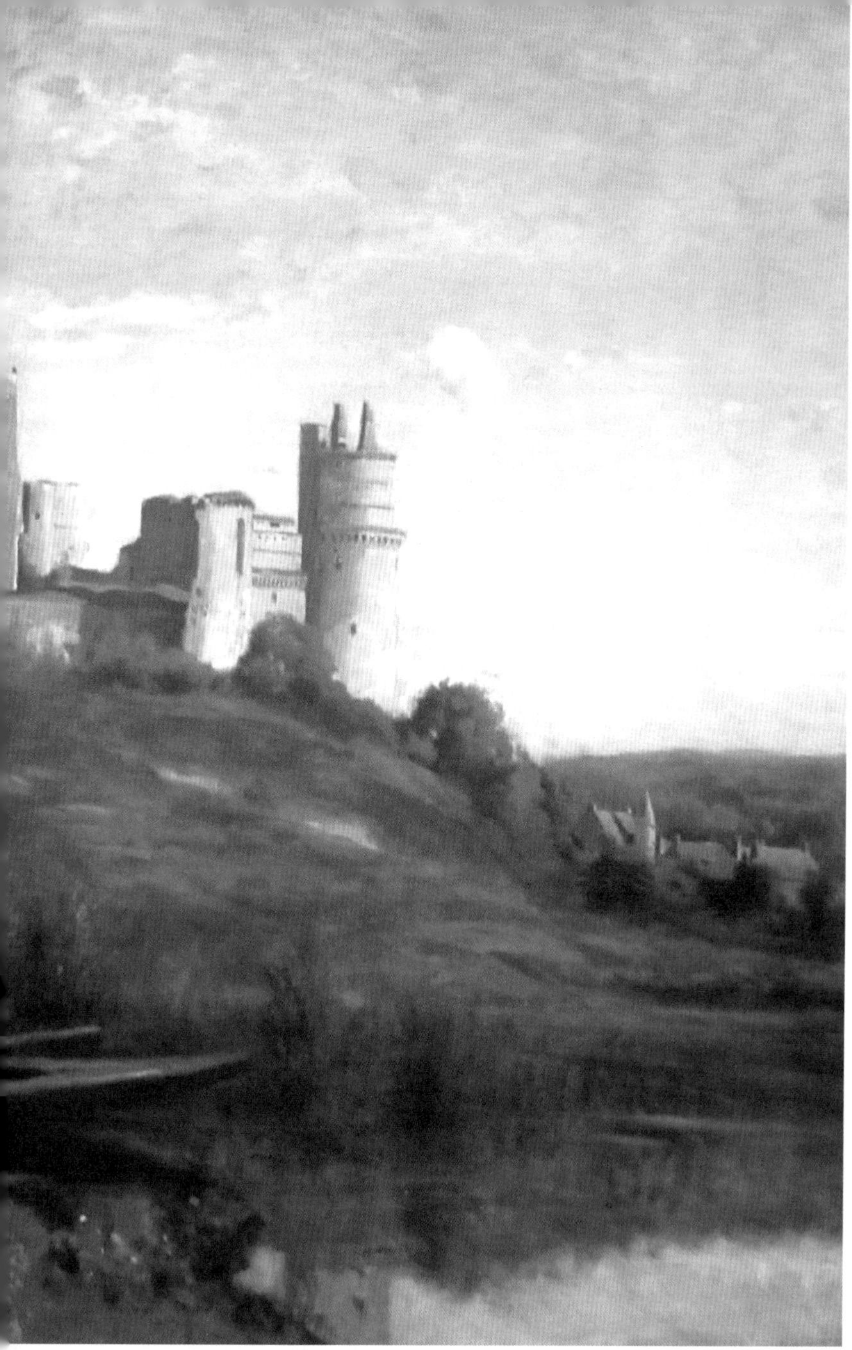

카미유 코로 〈피에르퐁 성의 유적〉 1866년

노이슈반슈타인 성은 이런 열망으로 쌓아올린 성이다. 신비와 몽상에 쌓인, 낭만주의의 마지막 물결은 이렇게 루드비히 2세의 최후처럼, 호수의 물안개에 둘러싸인 분위기를 띤다. 이런 스타일을 "낭만적 고딕"이라고도 한다. 먼 옛날의 스타일을 오늘의 스타일과 함께 버무린, 옛날을 그리워하는 감수성이 바탕이다.

루드비히 2세는 왕의 권력을 휘둘러 외로움을 달래지 않으며 정반대로 그는 음악에 실려 시간을 거슬러 올라가느라 외로운 줄 몰랐다. 나라를 무너뜨리는 격랑이 쏟아질 때, 왕은 백성과 함께 둑을 쌓지 않고 혼자 격랑을 헤치며 상류의 샘으로 올라가려고 했다.

종종 시인과 예술가들은 '고독을 즐긴다'고 한다. 그러나 정말 그렇게 했던 인물은 매우 드물다. 루드비히 2세는 정말이지 고독했다. 루드비히 2세는 겨울 사냥터로 들어가면 사냥을 나가지 않고 궁 안에 틀어박혀 지냈다.

남부독일 사람과 스위스 사람은 자주 의심을 사고 오해를 받았다. "정체가 무엇이냐"는 의문 때문이다. 알프스 산록을 끼고 있으면서 독일과 프랑스 양쪽의 문화에 두루 익숙하고 형제간에도 각자 두 나라 가운데 어느 한쪽과 결혼하며 국제가족으로 살았던 일이 많았다. 하지만 전쟁이 터질 때마다 가족은 금세 적국과 통하지 않았나 의심받고, 어느 한쪽을 택하라고 강요받았다. 민족의 갈등이 깊이 꼬여 있었다.

낭만시대의 정열과 광기는 기독교 세계에서 대외적으로 이슬람 문명에 대한 선망과 질시와 복합하게 얽혔다. 그러면서도 내부적으로 받아들이기 힘들어 했다. 국경과 정치는 선택을 강요했다.

우리가 분단된 땅에서 살다보니 남과 북 어디에서나 고향을 찾은 형제자매 때문에 엉뚱한 누명을 쓰고 고초를 겪던 사정과 똑같다. 일본 사람과 결혼한 한국 사람이 받는 오해도 비슷했다.

평화와 사랑에 국경이 없다고 떠든다. 그렇지만 그 사랑과 평화를 보장하고 감싸주는 사회는 거의 없다. 편협한 애국주의 분위기에서 우리의 삶에 무슨 국경이 있느냐며 괴로워했던 사람이 어디 한둘일까. 정직하지만 강한 정신력이 없었다면 어떻게 미쳐버리지 않을 수 있을까?

루드비히 2세는 정치 감각이 예민했다고도 한다. 왕국의 시급한 현안에 신속히 대응했다. 그는 전쟁을 혐오했고 백성의 태평과 행복만 바랐다.

"프로이센이 오스트리아를 제치고 독일통일을 주도하려 했을 때, 바이에른 왕국은 동맹했던 오스트리아 편에서 싸웠다. 하지만 바이에른은 군사대국이 아니었다. 왕은 무력증강 대신 성을 짓고 예술에 국고를 쏟았다. 바이에른 왕은 정치적 영향력이 있던 프로이센의 바그너를 찾아가 도움을 청하기도 했다. 또 문제를 내각에 맡겼지만 왕이 호수 한복판의 섬에서 놀기만 한 것은 아니다. 국사를 보았다. 루드비히 2세는 섬에 칩거하며 고민했다. 군대에는 프로이센에 너무 격하게 저항하지 말라고 명했다."

이유는 병사의 생명을 아꼈기 때문이다. 자기 왕국보다! 폭군들은 병사들을 전쟁터로 내몰기나 하고 자신은 뒤에서 셈이나 하는 세상에서 이런 군주가 또 있을까! 뛰어난 전술이었다.

> 루드비히 2세는 동맹국과 약속을 저버리지 않고, 적을 지나치게 적대시하지 않으면서 중립국으로 처신하려고 했다. 루드비히 2세는 프로이센을 절대로 좋아하지 않았다. 하지만 나라의 장래도 생각해야 했다. 비스마르크의 침공에도 큰 화를 면하고 패전 손해배상을 최소화했다. 바이에른 왕국의 상처는 대단치 않았다. (…)
>
> 루드비히 2세는 무엇보다 우선 왕국의 독립을 어떻게든 지켜보려 했다. 왕은 끝까지 독일제국으로 병합을 원치 않았다. 절망하면서도 줏대를 꺾지 않아, 베르사유의 잔치에 나가지 않았다. (〈루드비히 2세의 삶과 과업〉 엘리자베트 퐁텐 바슐리에)

아무튼 루드비히 2세는 비스마르크의 회유를 받아들여 제국의 탄생에 끝까지 저항하지는 않았다. 조용히 입을 다물고 미친 척했다.

"루드비히 2세는 삶을 자기가 좋아하는 대로 움직일 수 있는 한 편의 연극이자 구경거리라 생각했다. 그러나 관객은 단 한 사람 자기 자신뿐인 세계였다." (자크 뱅빌)

다른 사람을 감동시키려면

먼저 자신이 감동하지 않으면 안 된다.

그렇지 못하면 제 아무리 정교한 작품이라도

결코 생명력을 갖지 못한다

장 프랑수아 밀레

글을 마치며

이렇게, 작은 왕국의 왕은 죽고 꿈같은 성만 남았다. 평화롭던 먼 옛날에 대한 꿈은 차츰 사라졌다. 꿈조차 해골만 남겼다.

베를린 회의 이후, 제국들은 식민지개발과 산업화에 더욱 박차를 가했다. 전 세계가 '현대문명'을 예찬하면서 개발의 삽질을 했다. 19세기 초부터 마이소르 왕국의 '호랑이' 왕을 비롯해 수많은 민족과 영웅이 대륙에서 사라지거나 서구제국에 예속되었다. 나라를 내세우지 않지만 기업과 종교를 위장한 집단에도 예속되었다.

19세기 마지막까지 에티오피아 왕국만 서구열강에 쓰러지지 않고 독립을 지켰다. 자연과 어울려 살던 사람들은 더욱 깊은 오지로 들어갔다.

열강의 식민지 정책으로 아시아, 아프리카 민중의 고통은 가중되었다. 안으로는 무능한 권력, 밖으로는 야만적인 외세의 침략으로 신음했다.

어느 때나 푸른 물결과 파란 하늘을 누비는 구름만 둥실 떠다녔나면 얼마나 좋았을까! 하지만 그렇지 못했다. 짙푸른 물결 밑으로 검붉은 피바다가 펴졌다. 시원한 바람 뒤에는 매섭고 모진 한파가 덮쳤다. 낭만은 거대한 풍경이 엎치락뒤치락하며 앓는 소리였다.

자연과 또 덧없는 우리의 삶을 사랑하는 낭만적 인간들은 순진한 사람 소리를 들으면서 몰락했다. 지배세력은 낭만주의자를 '세상 물정 모르는 사람', '헛소리나 일삼거나 공상에 취한 사람'으로 몰아 붙였다. 가장 인간다운 사람들을 가장 비인간적 사람으로 취급했다. 많은 사람이 너무 약삭빠르게 머리를 굴리다보니 계속 헛돌아가는 줄 몰랐던 것 아닐까?

제국주의 세력은 전쟁을 서슴지 않았다. 과거와 다른 전쟁이다. 옛날에는 서로 신앙이 같으면 싸워서는 안 된다고 믿었다. 일찍이 한 동포였던 먼 옛날의 뿌리까지 들추며 어떻게든 살상을 피하려 했다. 그렇지만 19세기 지배세력은 프랑스 대혁명 이후 자리 잡은 보편적 인간애를 배신했다. 모든 인간적 유대와 이해의 바탕을 무시했다. 특권과 돈에만 눈이 멀고 나머지는 그냥 지배와 치부를 위한 구실과 명분이었다. 종교사제와 군대와 외교관을 앞세워 우리가 보았던 대로 세계를 지배하러 다녔다. 더 많은 권력과 금력을 차지하려고 투자처를 물색하는 사람들이 승승장구했다. 증시가 상징하듯 세계경제는 거대한 도박판을 키웠다. 기만과 사술이 틈을 노리는 시장이다.

개발과 투자에 바탕을 둔 진보는 과학기술을 궁극적 가치처럼 내세웠다. 대중은 과학을 맹신하다 못해 과학을 숭배할 지경이다. 과학을 신흥종교처럼 믿는 미신이다. 모더니즘, 새롭고 첨단적인 것에 대한 도취는 합리성을 내세운 해괴한 신앙심이 바탕이다. 사실 이것은 인공의 첨단에 매달린 믿음이지 자연의 첨단에 매달린 믿음은 아니다.

문명개화론은 잔인한 첨단무기를 든 야만국을 번영의 제국으로 노래했다. 이렇게 제국 세력은 문명과 문화가 반드시 인간을 위하거나 인간적인 것만도 아니라는 점을 증명했다.

20세기에 두 차례의 세계대전과 6·25전쟁, 베트남전쟁과 팔레스타인전쟁으로 이어지며 사람들은 무섭게 대립했다. 서로 이를 갈고 증오하며 지옥불처럼 끔찍한 핵폭탄까지 터트리고 나서 지구는 무섭게 얼어붙어 냉전시대가 되었다. 화상을 입은 채 얼어붙은 세기였다. 그 참혹하게 일그러진 대지와 바다에서 우리는 서로 살벌하고 초자연적인 무기로 공갈치면서 무서움을 잊으려하는 듯 큰소리치며 살고 있다.

우리는 이런 냉기가 아직도 녹지 않은 땅에서 살고 있다. 그런데 땅만 얼어붙었다면 모를까…. 우리의 마음도 얼어버렸다. 심지어 일부 정치인들은 잠시나마 따뜻하게 녹는 땅조차 내버려두지 않는다. 인공제빙기라도 동원해 살얼음판 정국을 만들고 자빠지는 사람들을 보면서 소리 없이 웃고 싶어서 일까?

우리는 너무 얼어붙었다. 어디서든 따뜻한 기운을 접해야 한다. 촛불로라도 몸을 녹이겠다고, 따뜻한 바람을 일으키겠다고 많은 시민이 지난 겨우내 슬픈 자화상을 그려보였다.

*본문의 인용문은 필자가 찾아 읽은 책자에서 곧장 번역했다. 국내에 처음 소개되는 자료들이다.

본문 수록 도판 목록

페이지	수록한 그림
109	카를 스피츠베크 〈여권 있습니까?〉 1845년경 Carl Spitzweg Wo ist der Pass 32.8cm×29.7cm
114	에른스트 헨셀러 〈호프만 폰 팔러스레벤〉 1898 Ernst Henseler, Hoffmann von Fallersleben
122~123	데이빗 로버트 〈아라비아 아카바 만의 대상(隊商)〉1839년 David Roberts, Isle of Graia Gulf of Akabah Arabia
125	요제프 데니스 오데바이러 〈로드 바이런의 주검〉 1826년경 Joseph Denis Odevaere, Lord Byron on his Death-bed 166cm×234.5cm
136	알렉상드르 가브리엘 드캉 〈이즈미르 순찰대〉 1831년 Alexandre-Gabriel Decamps, The Turkish Patrol, 115cm×179cm
141	외젠 들라크루아 〈민중을 이끄는 자유의 여신〉 1830년 Eugene Delacroix, Liberty Leading the People, 260cm×325cm
145	외젠 들라크루아 〈모로코 술탄의 행차〉 1845년 Eugene Delacroix, The Sultan of Morocco and his Entourag
157	오귀스트 라페 〈1802년 아이티 혁명전쟁 크레타피에로 전투〉 1839년 Auguste Raffet, Attack and take of the Crete-a-Pierrot.
159	장비에 수코돌스키 〈생 도맹그 종려수 고지전〉 1845년 Janvier Suchodolski, Battle at San Domingo
161	19세기 판화 〈아이티 혁명가 투생 루베르튀르〉 Toussaint Louverture 작자미상
162	19세기 판화 〈수리남 농장주의 아침〉 작자미상
169	콩트 드 지라르댕 〈투생 루베르튀르〉 1804년 Comte de Girardin, A portrait of Toussaint Louverture
171	이스트만 존슨 〈자유를 향한 질주, 탈주하는 노예〉 1862년 Eastman Johnson A Ride for Liberty – The Fugitive Slaves
172	이스트만 존슨 〈주는 나의 목자〉 1863년경 Eastman Johnson The Lord is My Shepherd, oil canvas, 42.2cm×33.3cm

페이지	수록한 그림
240~241	장아돌프 보세 〈1860년 8월 16일 베이루트에 상륙한 프랑스 원정대〉 1870년경 Jean-Adolphe Beauce, Debarquement du corps expeditionnaire a Beyrouth,
244~245	펠릭스 필리포토 〈1840년 12월 14일 파리 근교에 도착한 나폴레옹1세 유해 운구함 '도라드' 호〉 1867년 Felix Emmanuel Philippoteaux, Arrival of "la Dorade" at Courbevoie on 14 December 1840, 125cm×200cm
249	레옹 모렐 파티오 〈1840년 12월 8일 셰르부르 앞바다에 도착한 나폴레옹 1세 유해〉 1841년 Leon Morel-Fatio, Transfert of the ashes of Napoleon Ier from Belle Poule onto Normandie in Cherbourg ways, 8 December 1840
254~255	루이 르브르통 〈1861년 12월 18일 보나르 함대의 베트남 비엔 하오 공격〉 1862년 Louis Le Breton, Prise et incendie de Bien-Hao le 18 decembre 1861
258~259	엘리자베스 톰슨 〈패잔병〉 1879년 Elizabeth Thompson, Remnants of an Army, 132.1cm×233.7cm.
262	제임스 래트레이 〈아프가니스탄 유목민〉 1848 James Rattray, Afghan Nomade
274~275	윌리엄 와일드 〈사람과 염소가 보이는 언덕에서 바라본 맨체스터〉 1852년 William Wyld, Manchester from Kersal Moor
278	토머스 베인스 〈알고아 만으로 입항하는 영국이민〉 1853년 Thomas Baines, British Settlers landing in Algoa Bay in 1820.
280	포드 매덕스 브라운 〈영국이여 안녕!〉 1855년 Ford Madox Brown, The Last of England
283	루이 들라포르트, 프란시스 가르니에 〈인도차이나 탐사〉에 수록된 동판화. 1873년 Louis Delaporte, Francis Garnier, 〈Voyage d'exploration en Indo-Chine〉

페이지	수록한 그림
286	루이 들라포르트, 프란시스 가르니에 〈인도차이나 탐사〉에 수록된 동판화, 1873년. Louis Delaporte, Francis Garnier, 〈Voyage d'exploration en Indo-Chine〉
290~291	고드프루아 뒤랑 〈영국과 프랑스 연합군의 원명원 점령〉 1860년 Godefroy Durand, Looting of the YuanMingYuan by Anglo French forces in 1860
293	에밀 바야르 〈팔리교 전투가 벌어진 날 저녁〉 1860년 Emile Bayard, La bataille de Palikiao
298	미켈레 고르디자니 〈카스틸료네 백작부인〉 1862년 Michele Gordigiani, Comtesse de Castiglione
301	피에르 루이 피에르송 〈카스틸료네 백작부인〉 1860년경 Pierre Louis Pierson, Comtesse_de_Castiglione
307	제롤라모 인두노 〈가리발리 독립의용군으로 입대하러 떠나는 아들〉, 1860년 Induno Gerolamo, La partenza del garibaldino, 59.8cm×45.3cm
312~313	안톤 폰 베르너 〈베르사유 궁의 독일제국 선포식〉 1885년 Anton_von_Werner, The proclamation of the German Empire, 250cm×250cm
315	프란츠 폰 렌바흐 〈비스마르크〉 1890년. Franz von Lenbach, Portrait of Otto von Bismarck, 121cm×87.5cm
324~325	안톤 폰 베르너 〈파리 변두리의 프로이센 군대의 임시숙소〉 1894년 Anton von Werner, Im Etappenquartier vor Paris, 120cm×158cm
332~333	작자 미상. 포토크롬 〈노이슈반슈타인 성〉 1890년 Neuschwanstein Castle
342~343	카미유 코로 〈피에르퐁 성의 유적〉 1866년 Camille Corot, Ruines du chateau de Pierrefonds, 74.5cm×106.4cm